V&R

Harmjan Dam

Kirchengeschichte im Religionsunterricht

Basiswissen und Bausteine für die Klassen 5–10

Vandenhoeck & Ruprecht

RU praktisch sekundar

Für meine Lehrer: Auke J. Jelsma, Hommo Reenders († 2009) und Jaap van Gelderen
Ich danke Dr. Brigitte Lob und Bernhard Böttge für die kritische Durchsicht des Manuskripts.

Mit zahlreichen Abbildungen und Kopiervorlagen

Bibliographische Information der Deutschen Nationalbibliothek

Die Deutsche Nationalbibliothek verzeichnet diese Publikation in der Deutschen Nationalbibliografie; detaillierte bibliografische Daten sind im Internet über http://dnb.d-nb.de abrufbar.

ISBN der gedruckten Ausgabe: 978-3-525-77641-4
ISBN der elektronischen Ausgabe: 978-3-647-77641-5

Printed in Germany.
Satz: textformart, Göttingen
Druck und Bindung: ⊕ Hubert & Co, Göttingen

Gedruckt auf alterungsbeständigem Papier.

Inhalt

Basiswissen, Bausteine und Kompetenzen – Einleitung

Basiswissen und Bausteine für die Klassen 5 bis 10, so lautet der Untertitel dieses Buches mit didaktischen Bausteinen für die Kirchengeschichte. Basiswissen, kann man so etwas heute noch fordern? Ist dies nicht völlig unzeitgemäß? Wird nicht seit einigen Jahren Abschied genommen von Lehrplänen, in denen formuliert wird, was Schülerinnen und Schüler wissen sollen? Lautet die didaktische Forderung heute nicht, dass anstelle des Eintrichterns von Wissensbeständen Kompetenzen vermittelt werden sollen?

Die Debatte um die Bildungsstandards („von Input zu Output") hat sich in den letzten Jahren aber insofern gewandelt, dass die anfängliche Euphorie – „Kompetenz statt totes Wissen" – verklungen ist. Die Fähigkeiten, die in der Schule vermittelt werden müssen, so zeigt sich immer klarer, machen sich an Schulfächern fest und diese haben nun mal bestimmtes Fachwissen und spezifische Inhalte. Die Schulfächer spiegeln die wissenschaftlichen Disziplinen wider und bilden damit unterschiedliche Zugänge zur Wirklichkeit. Sogar die Kompetenzmodelle zeigen von Fach zu Fach Unterschiede. Kompetenz lässt sich nicht ohne Wissen vermitteln. Es ist nicht beliebig, an welchem Wissen die Fähigkeiten trainiert werden. Was aber aus der Debatte um Bildungsstandards bleibt, ist die Einsicht, dass nicht sämtliches Wissen relevant und notwendig ist. Verstärkt stellt sich die Frage nach einem Kerncurriculum und nach Basiswissen: Was müssen die Schülerinnen und Schüler am Ende der Schulzeit wenigstens (kompetenzorientiert!) bearbeitet haben, damit eine Basis vorhanden ist, mit der weiteres Wissen und Können verknüpft werden kann? In diesem Sinne hat guter Religionsunterricht immer schon Kompetenzen vermittelt.

Im Fach Evangelische Religion gehört „Kirche" in der Mittelstufe zu den zentralen Themen der Kerncurricula. Die Kirche hat eine 2000 Jahre alte Geschichte und sie ist nicht ohne Wissen um diese Vergangenheit zu verstehen. Das Buch bietet Basiswissen, das Schülerinnen und Schülern in der Sekundarstufe I (Gymnasium und Realschule) kompetenzorientiert vermittelt werden muss. Vor allem zeigt es, wie Sie als Religionslehrer/-in diese Inhalte und Kompetenzen ganz praktisch mit Arbeitsblättern, kleinen Forschungsaufträgen, Rollenspielen, fingierten Texten oder Bildmaterial lebendig vermitteln können. In zwölf Schritten, die auf je einige Unterrichtsstunden ausgelegt sind, gehen Sie mit Ihren Schülerinnen und Schülern an den wichtigsten Stationen der protestantischen Kirchengeschichte entlang. Sie orientieren sich an den repräsentativen Knotenpunkten, Wendepunkten, Grundthemen bzw. Brennpunkten der Kirchengeschichte, die sich in der Kirchengeschichtsdidaktik der letzten 100 Jahre herausgebildet haben.

Der einleitende Text zu jedem Thema bietet Ihnen in Kurzform die notwendigen Hintergrundinformationen. Die Arbeitsblätter beinhalten konkrete, erprobte Unterrichtsmaterialien: Bilder, Quellentexte, Zeittabellen, Karten, fiktionale Texte usw. Die Sets der Arbeitsblätter bilden einen Durchgang durch die 20 Jahrhunderte der Geschichte der Kirche und ein Raster, an dem Verknüpfungen mit den Inhalten des Faches Geschichte möglich sind. Sie ergänzen zum Teil die Materialien und Texte, die in den gängigen Schulbüchern vorkommen und sind – je nach regionalen Begebenheiten – durch weitere Bausteine zu ergänzen. Als Kerncurriculum bietet das vorliegende Material den Schülerinnen und Schülern das notwendige, anschlussfähige Wissen für die Oberstufe des Gymnasiums.

In folgender Literatur finden Sie die Begründungen für die didaktischen Entscheidungen der von mir gewählten Zugänge und Methoden:

Harmjan Dam, Kirchengeschichte lebendig. Schönberger Impulse – Praxisideen Religion. Frankfurt/M. 2002.

–, Mit Kirchengeschichte Kompetenzen vermitteln – am Beispiel Reformation. In: Jahrbuch für Religionspädagogik 22 „Was ist guter Religionsunterricht". Neukirchen 2006, S. 215–228.

Harmjan Dam

1. Paulus, Nero und Diokletian
Aus einer jüdischen Sekte wird die christliche Kirche

Wann beginnt eigentlich die Geschichte der Kirche? Die einfache Antwort würde lauten: „Als die Kirche entstanden war und die Menschen anfingen, in Vergangenheitsform darüber zu schreiben.“ Die erste Kirchengeschichte wurde aber erst zwischen 304 und 324 n. Chr. geschrieben. Dieses Buch verfasste Bischof Eusebius, kurz nachdem das Christentum unter dem römischen Kaiser Konstantin nicht länger verfolgte Religion war. Viel früher, ca. 80–90 n. Chr., schrieb der Evangelist Lukas seine Apostelgeschichte, die auch als eine Art Kirchengeschichte aufgefasst werden könnte. Er – und dies finden wir in keiner anderen Quelle – nimmt das Pfingstereignis, das um ca. 33 n. Chr. Geburt stattgefunden haben könnte als Anfang der Kirche. Da zeigt sich, dass Gottes Geist bei denen ist, die im Namen Jesu Gottes Reich verkünden. Die katholische Kirche sieht aber die Anfänge der Kirche schon bei Jesus selbst. Hat er nicht in den drei Jahren, die er in Galiläa herumgewandert ist, Jünger um sich gesammelt, die man später nach seinem Tod als die ersten Christen bezeichnete? Hat er nicht Petrus die „Schlüssel des Himmelreiches“ gegeben? Hat er nicht beim letzten Abendmahl und bei seiner Himmelfahrt den Jüngern den Auftrag erteilt, eine Gemeinschaft zu bilden, zu taufen und Mission zu treiben?

Wenn wir Kirche umschreiben als die Gemeinschaft der Nachfolger Jesu Christi, bildet der Auferstehungsglaube ein zentrales Ereignis. Dann gibt es am Anfang der Kirche zwei Fakten: Nach dem Tod Jesu am Kreuz sind alle Jüngerinnen und Jünger bestürzt, verwirrt und hoffnungslos (Mk 14,50) und einige Tage später verkünden sie voller Überzeugung, dass Jesus lebt (Lk 24, Emmaus). An verschiedenen Orten kommen die Menschen zusammen, für die Jesu Botschaft weiter geht. Einige sind geflüchtet in den Norden Israels, andere sind in Jerusalem geblieben. Die Nachfolger des jüdischen Rabbis Jesus von Nazareth bilden kleine Gemeinschaften, die in seinem Sinne zusammen essen, beten, reden und handeln. Sie sind getrieben von der Frage wie Gottes Reich, so wie Jesus es verkündet hat, Wirklichkeit werden kann. Es könnte sein, dass diese Gruppen sich beim Pfingstfest begegnet sind und in ihrer Überzeugung gefestigt wurden. Die ersten Christen bezeugen jedenfalls, dass Gottes Geistkraft stärker ist, als es bei Jesu Tod den Anschein hatte.

Paulus

Auch für Paulus, einen jüdischen Rabbi und römischen Bürger, war die Erfahrung der Geistkraft Gottes entscheidend für sein weiteres Leben. Er war in der jüdischen Diaspora aufgewachsen, in Tarsis im Süden der heutigen Türkei. In Jerusalem hatte er bei Rabbi Gamaliel studiert und bekannte sich zur Gruppe der Pharisäer, der „Abgesonderten“, streng nach dem Gesetz Mose lebenden Juden. Auch Jesus hatte zu dieser Gruppe große Nähe gehabt. Hier gilt die allgemein menschliche Regel, dass man sich nur streitet mit jemandem, zu dem man eine gewisse Nähe hat. Ganz andere Menschen sind oft überhaupt nicht im Blick. Genauso wie die Pharisäer sich oft mit Jesus stritten, verfolgte Paulus als Pharisäer die ersten Christen. Sie bedrohten in seinen Augen die Gültigkeit der Thora: „Warum halten die Nachfolger von Jesus sich nicht mehr an die von Gott gegebene Vorschrift, den Ruhetag zu respektieren?“, „Warum richten sie sich immer noch nach dem Rabbi Jesus, der als Gotteslästerer rechtskräftig verurteilt wurde?“ Paulus soll sogar die Steinigung des Jesus-Anhängers Stephanus miterlebt und gutgeheißen haben.

Material

Mit M1 können die Schülerinnen und Schüler anhand von Bibeltexten einen Steckbrief von Paulus rekonstruieren. Folgenden Text sollten sie auf ihrem Arbeitsblatt haben. Mögliche Ergänzungen und Erläuterungen stehen in Klammern:

- Geburtsort: Tarsis (jetzt Tarsus in der Nähe von Adana in Anatolien, Süd-Türkei).
- Staatsbürgerschaft: Paulus war römischer Staatsbürger. Er gehörte zum Volk der Juden (Israeli, Hebräer), zum Stamm Benjamin.
- Beruf: Zeltmacher und Sattelmacher. (Er war kein Priester oder Pfarrer, sondern verdiente sein Geld mit einem Handwerk. Auch heute arbeiten viele christliche Prediger in Afrika, Asien und Lateinamerika unter der Woche in einem anderen Beruf.)
- Anfängliche religiöse Überzeugung: Jude, Pharisäer („Abgesonderter", streng orthodox).
- Lebenswende: Anfänglich verfolgte Paulus die Christen.
- Spätere religiöse Tätigkeit: Missionar, Prediger. Das Christentum begann als jüdische Sekte.
- Lebensende: Zwei Jahre gefangen in Rom, dann ca. 62 n. Chr. enthauptet.

Die dramatische Geschichte von Paulus Bekehrung („vom Saulus zum Paulus") zeigt exemplarisch, wie wichtig die Erfahrung der Geistkraft Gottes für die Entstehung und Entwicklung der Kirche war.

Mit M2 können die Schüler/innen entdecken, dass es sich bei der Erzählung in Apg 9 um eine symbolische Geschichte handelt, die erzählen möchte, dass Saulus „von Gottes Liebe berührt wurde", dass ihm „die Schuppen von den Augen fielen", dass er „wie Saul damals" zur Einsicht kam, dass er (obwohl er nicht zu den ersten Jüngern Jesu gehörte) von Gott selbst zum Apostel (Missionar) berufen wurde.

Nach der exegetischen Bearbeitung von M2 kann gut die Nacherzählung in der Kinderbibel von Karel Eykmann und Bert Bouman (Die Bibel erzählt, Gütersloh/Freiburg 1997) S. 408–411 gelesen werden.

Paulus entdeckte, dass nicht das Einhalten von Gottes Gesetzen (Judentum), sondern das Leben aus Gottes geschenkter Nähe (wie bei Jesus) den Menschen frei macht. Jeder kann durch das Ausgerichtet-Sein auf Gottes Nähe zum Kind Gottes werden. Gott, so entdeckte Paulus, ist nicht nur ein Gott der Juden. Die inhaltliche Auseinandersetzung mit dieser Wende wird in einer Versammlung der Apostel („Apostelkonzil", Apg 15), ca. 48 n. Chr. exemplarisch deutlich. Hier erfolgte faktisch die Veränderung der Nachfolger Jesu von einer jüdischen Sekte zur christlichen Kirche (siehe unten bei M3).

Paulus steht exemplarisch für die vielen Nachfolgerinnen und Nachfolger Jesu, die die Geschichte von Gottes Liebe weitererzählt und weitergelebt haben. Je mehr sie sich im Römischen Reich verbreiteten, desto universaler wurde der Inhalt ihres Glaubens. Die kleine Sekte des jüdischen Rabbis Jesus, die sich anfänglich „Menschen vom Weg" (*ò hodos*) nannten, adaptierte griechische und römische Denkmuster, um den Griechen und den Römern ihre befreiende Botschaft klarmachen zu können. Die Art, wie Jesus seine Gottesbeziehung vorgelebt und weitergegeben hat, wurde für sie so maßgeblich, dass sie Jesus ihren Herrn, ihren Heilsbringer (Griechisch *christos*, Hebräisch *Messias*), ja sogar „Sohn Gottes" nannten. Von anderen wurden sie dann als „christianoi" (Apg 11,26) bezeichnet, ein Name, der sich als Unterscheidungsmerkmal zu „Juden" durchsetzte: Christen.

Paulus hat als einer der Ersten maßgeblich zu dieser Denkentwicklung beigetragen. Er hat die jüdischen Diasporagemeinden in den Hafenstädten des Römischen Reiches besucht. Durch seine Predigten in den jüdischen Lehrhäusern (Synagogen) entstanden dort erste „christliche" Gemeinden, die auch für Nicht-Juden attraktiv waren. Er schrieb diesen Gemeinden Briefe, die nicht ohne Grund in der christlichen Bibel aufgenommen sind. Sie sind die ältesten Texte des Neuen Testaments. Es gibt gute Gründe zu sagen, dass Paulus der Erste war, der seinen Glauben als Christ reflektiert und aufgeschrieben hat.

Mit M3 können die Schülerinnen und Schüler anhand der Bibel entdecken und buchstäblich nachzeichnen, wie Paulus „bis an das Ende der Welt" (Mk 16,15) gekommen ist und wie die christliche Botschaft nach Rom kam. Schließlich ist der spätere Bischof von Rom der heutige Papst. Mit dem Vollzug der Todesstrafe an Paulus kann im Unterricht der Schritt zu den Christenverfolgungen gemacht werden. Vorher sollte aber noch auf die Gründe für die starke Ausbreitung des Christentums eingegangen werden.

Das Christentum wird zur Weltreligion

In einem Unterrichtsgespräch können folgende Gründe für die Ausbreitung des Christentums erarbeitet werden.

Die ersten Christen wollten, getrieben von der Geistkraft Gottes, allen Menschen die „gute Nachricht von der Liebe Gottes" verkünden (Mission).

Wie wir bei Paulus schon sahen, fühlte er sich zur Verbreitung der Guten Nachricht gedrängt durch den Geist Gottes und von seiner Überzeugung, die Wahrheit Gottes gefunden zu haben. Ohne diesen Grund, der auch für Silas, für Barnabas, für Stefanus und für die vielen anderen Apostelinnen und Apostel gilt, ist die Ausbreitung des Christentums nicht zu verstehen. Die funktionalen historischen Motive, die noch genannt werden, spielen zwar eine wichtige Rolle, sie reichen aber nicht zur Erklärung aus.

Das Christentum war für arme Menschen, Sklaven und Frauen attraktiv.
Die Attraktivität der Guten Nachricht hat mit der Zuwendung Jesu zu den Unterschichten zu tun. Ihnen ist das Reich Gottes insbesondere nahe gekommen. In der Nachfolge Jesu haben die ersten Christen den Hungrigen zu essen gegeben, die Nackten gekleidet, die Gefangenen besucht (Mt 25,31 ff.). Jesu Umgang mit Prostituierten, mit Zöllnern, Kollaborateuren, mit Sklaven machte das Christentum für Arme, Randgruppen, Frauen usw. attraktiv. Christen lebten die Nachfolge und verkündeten, dass das Reich Gottes nahe war. Auch die Rituale (die heiligen Zeichen: Sakramente) bestätigten diese Botschaft. Die Taufe bedeutet für alle Menschen, ungeachtet ihrer Zugehörigkeit zu bestimmten Schichten, einen Neuanfang und ist das Zeichen, dass sie von Gott angenommen sind. Im Abendmahl zeigt sich das Teilen der Christen untereinander, ihre Gemeinschaft miteinander und ihre Verbundenheit mit Jesus Christus.

Die Juden wohnten als Händler in vielen Hafenstädten des Römischen Reiches. Hier konnten Paulus (und andere) in den Synagogen und auf öffentlichen Plätzen predigen.
Paulus, Silas, Barnabas und andere orientierten sich in ihrer Mission schon früh außerhalb Israels. In den Städten, wo Juden wohnten, hatten sie in den Synagogen zunächst einen Ort für ihre Verkündigung und für die Auseinandersetzung über ihre Interpretation des Judentums. Hier entstanden die ersten christlichen Gemeinden und die ersten Hauskirchen. Dort wurden auch Nicht-Juden Anhänger dieser Bewegung. Erst viel später verbreitete sich das Christentum aus den Städten heraus auch aufs Land.

Die Römer hatten in ihrem Reich (Mittelmeerraum) gute und sichere Transportverbindungen; es war eine Zeit ohne große Kriege („pax romana“).

Die Macht des Römischen Reiches war vor allem auf seiner militärischen Stärke gegründet. Für den schnellen Transport der Truppen, Güter und Steuereinnahmen im ganzen Reich war eine gute und sichere Infrastruktur aufgebaut: Es galt die „pax romana“. Auch Menschen und Ideen konnten ohne große Gefahr durch das Mittelmeergebiet reisen, was der Verbreitung des Christentums zugute kam.

Das Christentum forderte nicht mehr die jüdische „Beschneidung“, es löste sich vom Judentum und wurde zur Weltreligion.
Für das Wachstum des Christentums war die „Universalisierung“ eine wichtige Voraussetzung. Das Apostelkonzil im Jahr 48 n. Chr. wurde schon genannt. Hier bekamen die sog. Heidenchristen („Unbeschnittenen“) den gleichen Rang wie die Judenchristen. Paulus wurde mit der Heidenmission beauftragt. Er versprach dafür, durch eine Kollekte zur Finanzierung der jüdisch-christlichen Gemeinde in Jerusalem beizutragen. Im Jahr 62 eskalierten die Gegensätze zwischen Juden und Christen durch die Verurteilung und Hinrichtung von Jakobus, dem Bruder Jesu, durch König Herodes (Enkel von Herodes d. Gr.). Auch Petrus wurde von ihm verhaftet. Daraufhin flüchteten Barnabas und Paulus und viele Christen in die Diaspora: nach Pella und Antiochia (Apg 11,26; 12,1 f.). Nach dem römisch-jüdischen Krieg (66–

Tafelbild

Warum breitete die Kirche sich so stark aus?

- Die ersten Christen wollten, getrieben von der Geistkraft Gottes allen Menschen die „gute Nachricht von der Liebe Gottes“ verkünden (Mission).
- Das Christentum war für arme Menschen, Sklaven und Frauen attraktiv.
- Die Juden wohnten als Händler in vielen Hafenstädten des Römischen Reiches. Hier konnten Paulus (und andere) in den Synagogen und auf öffentlichen Plätzen predigen.
- Die Römer hatten in ihrem Reich (ganzer Mittelmeerraum) gute Transportverbindungen; Es war eine Zeit ohne große Kriege („pax romana“).
- Das Christentum forderte nicht mehr die „Beschneidung“, löste sich vom Judentum und wurde zum Weltreligion.

70 n. Chr.), der mit der Zerstörung des Tempels in Jerusalem endete, flüchteten auch viele Juden ins Ausland. Diese Diaspora-Juden wurden orthodoxer, was die Unterschiede zum Christentum noch vertiefte. In den jüngsten Schriften des NT sind antijüdische Spuren sichtbar. Dennoch bleibt die Wurzel des Christentums das Judentum.

In M3 geht es auch vertieft um die Auseinandersetzung zwischen Christen mit hellenistischem und jüdischem Hintergrund. In Apg 15 beschreibt Lukas die berühmte Versammlung der Apostel, auch „Apostelkonzil" genannt. Es ging um die Frage, ob für alle Christen die gleichen Lebensregeln wie für Juden galten. Dies machte sich vor allem an der Frage der Beschneidung fest. Anders gefragt: Muss man zuerst Jude werden, um danach Christ werden zu können?

Die Apostelversammlung kann man gut mit Schülerinnen und Schülern nachspielen. Die Klasse wird dazu in zwei Gruppen geteilt, die Juden-Christen und die „griechischen Christen". Nachdem Apg 15,1–6 gelesen wurde, sammeln die Gruppen in einem „Lawinengespräch" (zuerst allein, dann zu dritt, dann als halbe Klasse) Argumente für die eigene Position. Das Spiel selbst dauert ca. 15 Minuten. Die Lehrkraft leitet die Besprechung. Sie liest anschließend Apg 15,7–35. Am Text entlang (z. B. chronologisch beim zweiten Durchlesen) kann durch ein Unterrichtsgespräch an der Tafel festgehalten werden, wie in der christliche Kirche Streit geschlichtet wird. Gute Klassen könnten einen Vergleich zu Gal 2 ziehen, wo der Umgang mit Differenz angesprochen wird.

Nero und Diokletian: Verfolgung

Solange die Christen als jüdische Sekte galten, genossen sie die Freiheit aller Juden, nicht an dem kaiserlichen Opferkult teilnehmen zu müssen. Vor allem nach 66, als Judentum und Christentum sich immer mehr auseinander bewegten und es für Christen wichtig wurde, nicht als Jude verfolgt zu werden, galt für die Christen die Pflicht der Teilnahme an den politischen Opfern für den Kaiser. Die Hintergründe der Christenverfolgung unter Kaiser Nero im Jahr 64 waren aber andere. Der römische Historiker Publius Cornelius Tacitus (ca. 55–120) beschreibt in den *Annalen* den Brand Roms, der den Hintergrund für die Christenverfolgung bildete.

Mit M4 entdecken die Schülerinnen und Schüler (in einem leicht vereinfachten Text), dass das Motiv Neros vor allem war, einen Sündenbock für den Brand zu finden, den er selbst entfachen ließ. Die Christen boten sich an, weil von ihnen Handlungen bekannt waren, die als Schandtaten gedeutet wurden. So wurde behauptet, dass die Christen beim Abendmahl Blut trinken würden, und die Liebesgemeinschaft, über die sie immer wieder sprachen, würde auf sexuelle Exzesse hindeuten. Nach 70 bildete für Christen im römischen Staat der Kaiserkult in zweierlei Hinsicht ein Problem. Nicht nur entzogen sie sich dem politischen Gemeinschafts- und Einheitsritual, sie galten außerdem durch ihre Verweigerung, den römischen Götter-Pantheon anzuerkennen, als „a-theistisch", als gott-los. Sie wollten, abgesehen von einigen „lapsi" (Gefallenen), nicht den Kaiser anbeten, sondern nur den alleinigen Gott, den Jesus seinen Vater nannte. In dem (wieder etwas vereinfachten) Brief von Kaiser Trajan an den Statthalter Plinius (im Jahr 112) zeigt sich die ambivalente Regelung, die im Umgang mit Christen empfohlen war: „nicht aufspüren, aber wenn angezeigt, bestrafen".

Bei der vierten Frage zu M4 nach heutigen „Sündenböcken" könnten die Schülerinnen und Schüler radikale Muslime nennen oder „Ausländer, die Arbeitsplätze wegnehmen". Vielleicht nennen sie auch „Banker", die als „Heuschrecken" den Finanzmarkt unsicher machen. Hier könnte es im Unterricht sinnvoll sein, die eigentliche „Sündenbock-Geschichte" vom jüdischen Versöhnungstag (Lev 16) zu erzählen, die nichts mit Vorurteilen, sondern etwas mit dem rituellen Wiederherstellen der Gemeinschaft zu tun hat.

Im 1. und 2. Jahrhundert waren die Christenverfolgungen nie flächendeckend, sondern immer in bestimmten Zeiten und bestimmten Regionen. Anfang des 4. Jahrhunderts (303–313) erreichten sie unter Kaiser Diokletian einen schrecklichen Höhepunkt. Sein Herrschaftsgebiet erstreckte sich vor allem im östlichen Teil des Römischen Reiches. Er hatte u. a. einen Palast bei Split (Kroatien) und residierte in der Nähe des heutigen Istanbuls. Weil er die Reichseinheit in Gefahr sah, ging er mit aller Strenge gegen Christen vor, die sich nicht am Kaiserkult beteiligten.

In M6 entdecken die Schülerinnen und Schüler, dass die christliche Kirche sich schon gefestigt hat. Es gab Presbyter (Kirchenvorstände) und Episkopoi (Bischöfe), viele Hauskirchen und sogar größere Basiliken. Gleichzeitig blieb aber das Christentum und insbesondere die Verehrung eines

Gekreuzigten verdächtig. Das bekannte „Spottzeichen" sollte jeder Schüler einmal gesehen haben. Es zeigt ein Graffito an einer römischen Hauswand, von dem vermutet wird, dass es aus dem Anfang des 3. Jahrhunderts stammen könnte (manche Wissenschaftler bezweifeln jedoch die Authentizität). Die Aufschrift in griechischen Großbuchstaben lautet: ALEXAMENOS SEBETE THEOS (Alexamenos betet seinen Gott an). Der (junge?) Alexamenos steht neben dem Kreuz und dort hängt Jesus, abgebildet mit einem Eselskopf.

In manchen Schülergruppen kann die Gegenargumentation von Paulus (1 Kor 1,17–25) besprochen werden. Er bestätigt, dass das Kreuz für Nicht-Christen eine Dummheit, Unsinn, eine Torheit (Skandalon) darstellt. Aber Christen glauben, dass die Macht Gottes in Jesus Christus sichtbar geworden ist. Die Juden glauben an die Schöpfung, die Griechen haben die rationale Erkenntnis, aber beide haben trotzdem Gott nicht gefunden. Christen wissen: Gottes Stärke zeigt sich in der Schwachheit.

Der (wieder leicht vereinfachte) Quellentext von Laktanz beschreibt die immer schwerer werdenden Verfolgungen. Zuerst wurde die Kathedrale bei Diokletians Istanbuler Palast zerstört, dann wurden die christlichen Gottesdienste verboten. Priester wurden verhaftet, heilige Bücher und Abendmahlsgeschirr wurden aus den Kirchen geraubt. Die letzte Steigerung war Folter, Arbeitslager und Tod.

Die notwendige Aktualisierung kann durch eine kleine Internet-Recherche erfolgen. Die Schülerinnen und Schüler entdecken, wie und wo heute im Irak, in China, Nigeria, Indonesien usw. Christen verfolgt werden. Sie lernen das Recht auf Religionsfreiheit schätzen.

Kompetenzen

Im Unterricht kommt es darauf an, dass die Schüler/innen mit der Bibel und mit Quellentexten aus der Kirchengeschichte entdecken, wie es nach dem Tod Jesu Christi weitergegangen ist und wie aus einer kleinen jüdischen Sekte eine Weltreligion wurde. Die hier aufgenommenen Materialien sind für ca. 6 bis 8 Unterrichtsstunden in den Klassen 5, 6 oder 7 des Gymnasiums oder der Realschule gedacht. Für den Aspekt „Ausbreitung und Verfolgung" ist Klasse 7 empfohlen, weil hier im Fach Geschichte in der Regel die Zeit der Römer besprochen wird.

Wahrnehmen und Deuten

Die Schüler/innen können handlungsorientiert die Bibeltexte finden, die diese Entwicklung beschreiben. Sie lernen, die Texte einerseits als historische Information zu nehmen (Paulus' Romreise), sie andererseits zu interpretieren im Licht der älteren jüdischen Symbolbedeutung, insbesondere durch die Exegese der Lebenswende bei Paulus. Sie können biblische Geschichten sowohl als rein historische Erzählungen wie auch als Glaubensgeschichten deuten.

Urteilen und Handeln

Die Relevanz und Aktualität dieser frühen Kirchengeschichte entdecken die Sch. vor allem, wenn sie bei den Christenverfolgungen einen Vergleich zwischen damals und heute ziehen. Warum ist es nicht gefahrlos Christ/-in zu sein?

Dialogfähigkeit

Im Rollenspiel zu Apg 15 entdecken die Schülerinnen und Schüler, dass ein „Konzil", bzw. eine Synode oder ein „Bruderrat" die Grundform der Entscheidungsfindung der christlichen Kirche ist. Das Streben nach Konsens bildet bis heute das Kriterium für die Art, wie in der christlichen Kirche Entscheidungen zu treffen sind (vgl. Kapitel 11 und 12).

Literatur

Friedrich Wilhelm Graf und Klaus Wiegand: Die Anfänge des Christentums, Frankfurt/M. 2009

Herbert Gutschera/Joachim Maier/Jörg Thierfelder: Geschichte der Kirchen, Freiburg i.B. 2003, S. 11–32

Rainer Lachmannn/Herbert Gutschera/Jörg Thierfelder: Kirchengeschichtliche Grundthemen, TLL 3, Göttingen [3]2010. S. 43 -58

Paulus – Wegbereiter des Christentums. Welt und Umwelt der Bibel 1/09

Adolf Martin Ritter: Alte Kirche. Kirchen- und Theologiegeschichte in Quellen. Band 1, Neukirchen [9]2007

Friedrich Winkelmann: Geschichte des frühen Christentums, München 1996

Robert Wittek: Apostel, Mönche, Missionare, Mühlheim 2000

M1 Steckbrief von Paulus, dem ersten Christen

Geburtsort: ______________________

Staatangehörigkeit/Religion: ______________________

Beruf: ______________________

Anfängliche religiöse Überzeugung: ______________________

Lebenswende: ______________________

Spätere Tätigkeit: ______________________

Lebensende: ______________________

Brief an die Philipper, Kapitel 3, Vers 5 und 6 (Phil 3,5–6)
Brief an die Galater (Gal) 1,15–24
Apostelgeschichte (Apg) 9,1–30
Apg 16,9–10
Apg 17,2–4,
Apg 18,1–4
Apg 28,20–31

1. Bildet sieben Kleingruppen von drei oder vier Personen. Verteilt die Bibelstellen aus dem Neuen Testament unter euch, lest sie und macht daraus einen Steckbrief („Rekonstruktion") zum Leben von Paulus. Tragt anschließend eure Ergebnisse zusammen.
2. Vergleiche die beiden Bilder von Paulus. Welchen Eindruck habt ihr von seinem Charakter?

Dürer, Paulus, 1526

Rembrandt, Selbstbildnis als Paulus, 1661

Vom Saulus zum Paulus M2

Saulus aber schnaubte noch mit Drohen und Morden gegen die Jünger des Herrn und ging zum Hohenpriester und bat ihn um Briefe nach Damaskus an die Synagogen, damit er Anhänger des neuen Weges, Männer und Frauen, wenn er sie dort fände, gefesselt nach Jerusalem führe.

Als er aber auf dem Wege war und in die Nähe von Damaskus kam, umleuchtete ihn plötzlich ein Licht vom Himmel und er fiel auf die Erde und hörte eine Stimme, die sprach zu ihm: Saul, Saul, was verfolgst du mich? Er aber sprach: Herr, wer bist du? Der sprach: Ich bin Jesus, den du verfolgst. Steh auf und geh in die Stadt, da wird man dir sagen, was du tun sollst.

Die Männer aber, die seine Gefährten waren, standen sprachlos da; denn sie hörten zwar die Stimme, aber sahen niemanden. Saulus aber richtete sich auf von der Erde, und als er seine Augen aufschlug, sah er nichts. Sie nahmen ihn aber bei der Hand und führten ihn nach Damaskus; und er konnte drei Tage nicht sehen und aß nicht und trank nicht.

Es war aber ein Jünger in Damaskus mit Namen Hananias; dem erschien der Herr und sprach: Hananias! Und er sprach: Hier bin ich, Herr. Der Herr sprach zu ihm: Steh auf und geh in die Straße, die die Gerade heißt, und frage in dem Haus des Judas nach einem Mann mit Namen Saulus von Tarsus. Denn siehe, er betet und hat in einer Erscheinung einen Mann gesehen mit Namen Hananias, der zu ihm hereinkam und die Hand auf ihn legte, damit er wieder sehend werde. Hananias aber antwortete: Herr, ich habe von vielen gehört über diesen Mann, wie viel Böses er deinen Heiligen in Jerusalem angetan hat; und hier hat er Vollmacht von den Hohenpriestern, alle gefangen zu nehmen, die deinen Namen anrufen. Doch der Herr sprach zu ihm: Geh nur hin; denn dieser ist mein auserwähltes Werkzeug, dass er meinen Namen trage vor Heiden und vor Könige und vor das Volk Israel. Ich will ihm zeigen, wie viel er leiden muss um meines Namens willen.

Und Hananias ging hin und kam in das Haus und legte die Hände auf ihn und sprach: Lieber Bruder Saul, der Herr hat mich gesandt, Jesus, der dir auf dem Wege hierher erschienen ist, dass du wieder sehend und mit dem Heiligen Geist erfüllt werdest. Und sogleich fiel es von seinen Augen wie Schuppen und er wurde wieder sehend; und er stand auf, ließ sich taufen und nahm Speise zu sich und stärkte sich.

Lukas 19: Jesu Weg ging

von ______________________

nach ______________________

2 Mose 3,2–6: Wer sah hier Licht und wurde berufen?

____

Lukas 24,6–8: Was war mit drei Tagen?

____

____

1.Samuel 3,1: Wer wird hier wozu gerufen?

____

____

Lukas 7,21–23 und 18,35–43: Was hat Jesus gemacht?

____

Matthäus 28,19–20: Von wem hat Paulus den Auftrag Apostel zu sein?

____

Welche Menschen wurden vom Heiligen Geist erfüllt? Apostelgeschichte 2:

____

Wer wurde mit dem Heiligen Geist erfüllt und ließ sich taufen? Markus 2,34:

____

1. Vergleiche die Geschichte von der Wende im Leben des Paulus, so wie Lukas sie beschrieb, mit jüdisch-biblischen Geschichten und mit den Evangelien. Bedenke, dass Lukas Juden, Griechen und Römer von der Wahrheit des Christentums überzeugen wollte. Dafür brauchte er bekannte Erzählungen aus dem Alten Testament und dem Neuen Testament.
2. Erkläre in eigenen Worten, warum Lukas auf die anderen Textstellen verweist.

M3 Wie Paulus die Gute Nachricht bis Rom verbreitete

Paulus reiste zwischen den Jahren 49 und 60 quer durch die damalige bekannte Welt: das Römische Reich, das das ganze Mittelmeer umfasste. In der Apostelgeschichte in der Bibel kann man seine Reise von Jerusalem nach Rom genau nachvollziehen.

1. Lies in der Apostelgeschichte (Apg) 23,23–35, Apg 27,3–44, Apg 28,1 und Apg 28,11–15 nach, wie Paulus von Jerusalem nach Rom gereist ist und zeichne es auf dieser Karte ein.

In der Zeit von Paulus kam es zu Uneinigkeit über die Frage, wer sich Christ nennen dürfte und wer nicht. Jesus, die zwölf Freunde Jesu und auch Paulus waren Juden. Paulus aber war in die Welt gereist, wo Menschen in einer griechischen und römischen Kultur aufgewachsen waren, und hatte sie von der Botschaft Jesu überzeugt. Galten nun für sie, nachdem sie Christ geworden waren, die gleichen Lebensregeln wie für Juden? Mussten die Jungen sich z. B. beschneiden lassen oder mussten sie beim Essen auf Schweinefleisch verzichten? Mussten sie also zuerst Jude werden, um danach Christ werden zu können?

2. Bildet zwei Gruppen:
   a) die Juden-Christen (zum Christentum bekehrte Pharisäer) – sie meinen, dass man, um Christ zu werden, zuerst Jude werden sollte.
   b) die griechischen Christen (Paulus und Barnabas) – sie meinen, dass nicht alle jüdische Lebensregeln und Gesetze für Christen gelten müssen.
3. Lest nun Apostelgeschichte (Apg) 15, Vers 1–6 und sammelt Argumente für eure Position.
4. Spielt in ca. 15 Minuten, wie dieses „Apostelkonzil" verlaufen sein könnte.
5. Anschließend lest ihr Apg 15, 7–35 und schreibt auf, wie in der christlichen Kirche Streit geschlichtet wird.

Verfolgung unter Kaiser Nero | M4

Der römische Historiker Publius Cornelius Tacitus (ca.55–120) beschreibt in den Annalen den Brand Roms im Jahr 64, der den Hintergrund für die Christenverfolgung unter Nero bildete.

Weder durch menschliche Hilfe und durch Schenkungen Neros, noch durch Sühneopfer an die Götter ließ sich das schreckliche Gerücht vertreiben, dass das große Feuer (das einen Teil der Stadt verwüstete) auf Neros Befehl angezündet worden war. Um dem Gerücht ein Ende zu bereiten, schob der Kaiser die Schuld auf jene Menschen, die durch ihre Schandtaten gehasst waren und die das Volk „Christen" nannte. Er strafte sie durch verschiedene Arten der Folter. Dieser „Christus", von dem der Name stammt, war in der Zeit von Kaiser Tiberius durch den Statthalter (Prokurator) Pontius Pilatus hingerichtet worden. Ihr verderblicher Glaube wurde dadurch für einige Zeit unterdrückt, trat aber später wieder hervor und verbreitete sich in Judäa, wo er entstanden war. Er verbreitete sich auch in Rom, wo alle möglichen abartigen religiösen Gebräuche zusammenkamen und Anhänger fanden.

Zuerst wurden diejenigen aufgegriffen, die sich öffentlich als Christ bekannten, und nach ihren Hinweisen eine ungeheure Menge Leute. Man verhaftete sie nicht wegen Brandstiftung, sondern wegen allgemeiner Menschenverachtung. Bei ihrer Hinrichtung trieb man auch noch Spott mit ihnen. Man steckte sie in Tierhäute und ließ sie durch Hunde fressen, schlug sie an Kreuze oder zündete sie abends an, damit sie als Fackeln dienten. Nero hatte sogar seinen Park für diese Show hergegeben und veranstaltete zudem Spiele im Zirkus. Er begab sich in der Kleidung eines Wagenlenkers unters Volk oder zeigte sich stehend auf einem Rennwagen. Aus diesem Grund entstand aber Mitleid für diese Menschen, obwohl sie schuldig waren und die härtesten Strafen verdient hatten. Man sah, das sie nicht für das Gemeinwohl (die „res publica"), sondern wegen der Grausamkeit eines einzelnen Mannes geopfert wurden.

Kaiser Trajan schreibt ca. 112 n. Chr. seinem römischen Consul Plinius, welche Maßnahmen er gegen Christen unternehmen muss, die nicht am rituellen Opfer für den Kaiser teilnehmen.

Du bist, als du die verschiedenen Fälle der Verfolgung von Christen untersucht hast, nachdem sie bei dir angezeigt wurden, auf die richtige Weise verfahren. Man kann in der Tat nicht allgemein Gültiges regeln, das immer als feste Regel gelten kann. Man soll sie nicht aufspüren, aber wenn sie angezeigt oder verhaftet werden, muss man sie bestrafen. Wenn einer aber abstreitet, Christ zu sein und tatsächlich durch das Darbringen eines Opfers an unsere Götter zeigt, dass er es wirklich meint und Reue zeigt, so soll man ihn begnadigen. Dies gilt unabhängig davon, wie sehr er sich in der Vergangenheit schuldig gemacht hat. Anonyme Anzeigen gelten nicht als Anklage. Das wäre ein schlechtes Beispiel und entspricht nicht dem Geist unserer Zeit.

Das Colosseum in Rom und der Triumphbogen für Kaiser Konstantin, der die Verfolgungen beendete

1. Beschreibe die Motive, die Nero für die Verfolgung der Christen hatte.
2. Stelle eine Vermutung an, welche „Schandtaten" hier gemeint sein können.
3. Vergleiche die Motive bei Nero mit dem Umgang mit Christen, der Trajan dem Statthalter Plinius empfiehlt.
4. Überlege, welche Gruppierungen heute als „Sündenbock" für ungewünschte gesellschaftliche Entwicklungen (Armut, Unrecht, Streit) genannt werden.

M5 Christenverfolgungen unter Kaiser Diokletian

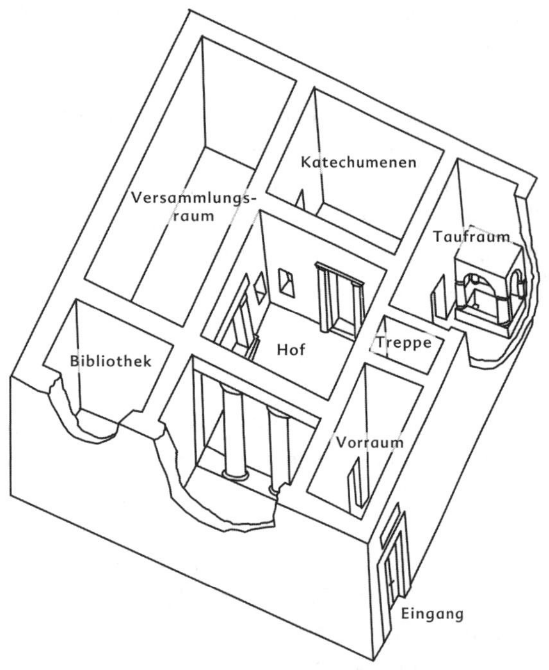

Christliche Hauskirche in Duro Europos, um 233

Spott-Kruzifix (Graffiti) an Hauswand in Rom

Der zum Christentum bekehrte Laktanz, der Hoflehrer für Rhetorik war, beschreibt zwischen 316 und 321 die Verfolgungen unter Kaiser Diokletian am 23. Februar 303:

Als dieser Tag angebrochen war, erschien plötzlich am frühen Morgen der örtliche oberste Politiker (Präfekt) mit einigen hohen Offizieren und Finanzbeamten vor der Kirche in Nikodemien. Die Türen wurden aufgebrochen und man suchte nach einem Gottesbild. Man fand jedoch nur Schriften, die gleich verbrannt wurden, und gab die Kirche zur Plünderung frei. Da es zu gefährlich schien, die Kirche, die direkt gegenüber dem Palast von Diokletian lag, anzuzünden, ließ man Soldaten die Kirche in einigen Stunden dem Erdboden gleich machen.
Am nächsten Tag wurde ein Beschluss bekannt gemacht und als Edikt angeschlagen, dass alle Anhänger dieser Religion ihre Ämter und Titel verloren haben. Ohne Rücksicht auf Rang oder Stand sollten sie gefoltert werden. Alle Klagen gegen sie sollten vom Gericht angenommen werden. Selbst würden sie weder gegen erlittenes Unrecht, noch gegen Ehebruch oder Diebstahl klagen können. Jeglicher Rechtschutz sei ihnen zu entziehen. Als jemand dieses Edikt abnahm und zerriss, wurde er augenblicklich vor dem Richter geführt, gefoltert und nach allen Regeln der Kunst geröstet und schließlich, nachdem er alles mit bewundernswerter Geduld ertragen hatte, zu Asche verbrannt. (Dieses Schicksal sollte später große Gruppen Christen treffen.)

Nach: Laktanz, Über die Todesarten der Verfolger 10–15.

1. Vergleiche die Hauskirche mit heutigen Kirchengebäuden.
2. Beschreibe das Graffito und stelle Vermutungen an, was es bedeuten könnte.
3. Recherchiere im Internet, in welchen Ländern heute Christenverfolgungen vorkommen und warum dies passiert.

2. Konstantin

Im Römischen Reich wird das Christentum zur Staatsreligion

Eine Geschichte der Kirche kommt nicht um den römischen Kaiser Konstantin herum, auch wenn seine Rolle für das Christentum fast von Anfang an umstritten ist. In der reformatorischen Kirchengeschichtsschreibung steht er öfter für die Verfälschung des in Moral und Glauben viel höher stehenden ursprünglichen Christentums. Die Konstantinische Wende gilt als „Sündenfall", vor allem für die Theologen, die die Vermischung von Kirche und Staat (z.B. eine Volkskirche, die die Waffen des Vaterlandes segnet) ablehnen. Am Anfang des 4. Jahrhunderts war Konstantin für die Christen, die nach den Verfolgungen unter Diokletian die Duldung und Anerkennung ihrer Glaubensüberzeugung erlebten, der von Gott gesandte Held, der neue Mose. Insbesondere die ersten beiden Biografien Konstantins, die Beschreibungen von Laktanz und Eusebius (die ältesten Quellen) haben stark zu diesem Heldenbild beigetragen.

Wie man es auch beurteilt, die Anerkennung des Christentums und die spätere Erhebung zur Staatsreligion unter Kaiser Theodosius im Jahr 381 bilden in der Weltgeschichte und in der Geschichte der Kirche einen entscheidenden Wendepunkt. Um 300 zählten schätzungsweise nur ca. 5–10% der Einwohner des Römischen Reiches zum Christentum, im 6. Jahrhundert waren es fast alle. Laut dem bekannten französischen Althistoriker Paul Veyne ist die Rolle Konstantins für die Verbreitung des Christentums essentiell gewesen: „Ohne Konstantin wäre das Christentum eine avantgardistische Sekte geblieben." (S. 13).

Der Sieg durch das Gotteszeichen

Konstantin wurde 285 geboren und wuchs am Kaiserhof von Diokletian in der Nähe des heutigen Istanbul auf. Seine Mutter Helena und auch sein Vater sollen eine Nähe zum Christentum gehabt haben. Schon früh muss er von der Standhaftigkeit der Christen unter den Verfolgungen von Diokletian beeindruckt gewesen sein. Als Konstantin 20 Jahre alt war, wurde er zu seinem Vater Konstantius nach Britannien geschickt und trat dort in den Dienst der Armee. Schon bald war er einer der vier Unterkaiser und wollte es gegen seine Rivalen aufnehmen. Bei einer entscheidenden Schlacht gegen den Unterkaiser Maxentius im Jahr 312 hatte Konstantin eine Vision. Laktanz schreibt um 316, dass Konstantin ein Zeichen gesehen haben soll, während seine Truppen bei der Milvischen Brücke über den Tiber vor den Toren Roms lagen. In der späteren Biografie von Konstantin, geschrieben von Eusebius von Caeserea, wird berichtet, dass Konstantin im Gebet eine Lichtvision hatte. Im Himmel sah er gegen das Licht der Sonne ein Zeichen leuchten. „Ich habe es selbst von Konstantin erzählt bekommen und er hat geschworen, die Wahrheit zu sagen", schreibt Eusebius dazu. Wie bei Paulus, so beschrieben in der Apostelgeschichte, traf „das Licht" auch ihn unerwartet. In einem Traum kurz danach soll Jesus selbst die Vision bekräftigt haben. Das Zeichen ist das berühmte Christusmonogramm (Chi-Rho), auch Labarum genannt. Gleichzeitig soll Konstantin laut Eusebius die Worte gehört haben: „Durch dieses Zeichen wirst du siegen." Konstantin ließ daraufhin das Zeichen an den Schilden seiner Soldaten befestigen und eine Kaiserstandarte mit dem Labarum anfertigen, die er im Kampf mitführte. Wie durch ein Wunder brach mitten im Gefecht die Brücke, die Maxentius zum Angriff auf Konstantins Heer hat bauen lassen, zusammen und Konstantin erlangte den Sieg.

Nun hatte Konstantin zusammen mit dem Oströmischen Kaiser Licinius die Herrschaft des ganzen Reiches inne. Das Christuszeichen, das Konstantin im Sonnenlicht gesehen hatte, vertiefte seine Bindung an Christus. Sein Sinneswandel, der nicht vom politischen Kalkül eingegeben war, bildete eine entscheidende Wende für das Christentum.

Im Jahr 313 bestätigten beide Kaiser in Mailand das sog. Toleranz-Edikt, das 311 vom oströmischen Kaiser Galerius erlassen war. Das Christentum wurde zur „religio licita", zur geduldeten Religion, erhoben. Durch die breiten und erfolglosen Verfolgungen um 303 war allen im Römischen Reich die Sinnlosigkeit von Diokletians Handeln klar geworden. Das Christentum war eine stabile Parallelgesellschaft mit Sakramenten, Büchern, Dogmen und Priestern geworden. Sie wuchs stetig und die Christen kehrten nicht zum römischen Götter-Pantheon zurück.

In den kommenden Jahrzehnten sollte sich eine allmähliche Christianisierung des Reiches vollziehen. Die Kirchengebäude wurden den Christen zurückerstattet, die christlichen Geistlichen bekamen die gleichen Vorrechte wie die Tempelpriester, Bischöfe wurden zu Richtern ernannt, die Kirche durfte Vermögen bilden, der Sonnentag (dem höchsten Gott Apollo gewidmet) wurde gleichzeitig Ruhe- und Feiertag für die Christen, der Kaiser wurde auch für die christliche Kirche der Pontifex Maximus. Diese Rolle des Obersten Priesters, heute würden wir sagen „Minister für Religionsfragen", machte den Kaiser verantwortlich für den Vertrag mit den Göttern. Diesen Titel trägt bis heute der Papst!

Der unerwartete Segen bedeutete aber gleichzeitig eine Verpflichtung für die Kirche (Kantzenbach). Konstantin wollte die Alleinherrschaft, auch in der Kirche. Dies gelang ihm im Jahr 324 durch die Ermordung seines Rivalen Licinius und dessen 11-jährigen Sohnes. Als Oberster Priester rief er 325 in Nizäa, im asiatischen Teil von Istanbul gelegen, ein Konzil zusammen, um den inhaltlichen Differenzen in der Kirche ein Ende zu setzen. Im trinitarischen Streit setzte das erste „ökumenische Konzil", nicht ohne Druck von Konstantin, die orthodoxe Auffassung der „Wesenseinheit" von Gott Vater und seinem Sohn Christus, durch. Die Anhänger von Bischof Arius, die in Jesus auch menschliche Züge sahen, erhielten als Ketzer Versammlungsverbot. Die Idee der Göttlichkeit Jesu Christi, des Pantokrators, als desjenigen, der alles regiert, hat unter dem Alleinherrscher Konstantin gesiegt.

Byzanz, Konstantinopel, Istanbul

Im Jahr 330 setzte Konstantin sich ein weiteres Denkmal für die Ewigkeit. An der Stelle des alten Byzanz entstand eine neue Stadt, das neue Rom, die Polis des Konstantin: Constantinopolis. Konstantinopel sollte nach dem Untergang des weströmischen Reiches im Jahr 410 die Hauptstadt des Römischen Reiches sein. Die Kirche der Heiligen Sophia war Hauptkirche der östlich-orthodoxen Kirche und Konstantinopel ist bis heute Sitz des orthodoxen Patriarchen. Als Konstantinopel 1453 von den Türken eingenommen wurde, verkürzte sich der Name zu Istanbul. Die Hagia Sophia bekam vier Minarette und wurde zur Moschee. Das Zentrum der Orthodoxie verschob sich über Kiew nach Moskau. Erst in den 50er Jahren des 20. Jahrhunderts machte Kemal Pascha die Hagia Sophia zum Museum und die übertünchten Mosaike, Fresken und Ikonen wurden freigelegt.

Im Jahr 337 starb Konstantin. Als Kriegsherr und Oberster Richter hatte er die Gewaltlosigkeit des Christentums nie konsequent leben können. Er ließ sich jedoch auf seinem Sterbebett von Bischof Eusebius von Caesarea (seinem Biographen) taufen und so definitiv an Christus binden.

Es sollte noch bis zum Jahr 381 dauern, bis das Christentum durch Kaiser Theodosius zur Staatsreligion erhoben wurde. Je mehr das Christentum in dieser Zeit die Gestalt einer breiten Volkskirche gewann, desto mehr hatten kleinere Gruppen („Sekten") und auch das Mönchtum Zulauf. In dieser Zeit begann auch die Heiligenverehrung von Märtyrern. Vor allem das Mönchtum spielte für die Weiterentwicklung des Christentums im Mittelalter eine große Rolle.

Konstantins Statue und Münzen

Wie kann didaktisch mit der Konstantinischen Wende umgegangen werden? Wir müssen zunächst nüchtern feststellen, dass sie keine Wende für die Schülerinnen und Schüler bedeutet, und aus ihrer Sicht nichts mit ihnen und mit heute zu tun hat. Ein sinnvoller „Umweg" ist es mit der Frage anzufangen, wie wir überhaupt etwas aus der Geschichte wissen können. Hier kommen die Schülerinnen und Schüler in einer 7. oder 8. Klasse ganz schnell auf verschiedene Ideen:

- Aus Erzählungen. Alle Schüler kennen das. Geschichte fängt fast immer mit der mündlichen Tradierung von Geschichten an.
- Aus alten Schriften, die in Archiven bewahrt werden. Menschen haben das, was passiert ist, in Tagebüchern, in Protokollen und Beschreibungen festgehalten. Manchmal helfen auch alte Rechnungen oder sogar Tonscherben mit Notizen, um die Vergangenheit zu rekonstruieren. Einige Schüler wissen vielleicht von dem

Einsturz des Kölner Stadtarchivs 2009, bei dem große Teile des kulturellen Gedächtnisses des Rheinlandes verloren gegangen sind.

- Aus alten Fotos, alten Gemälden oder Inschriften. Wenn mit der Schülergruppe die früheste Geschichte des Christentums „Paulus, Nero und Diokletian" besprochen wurde, haben sie in M6 schon ein altes Graffito aus Rom kennengelernt.
- Aus alten Gebäuden, Statuen und ausgegrabenen Überresten. In der eigenen Stadt kennen die Schüler das älteste Haus, die älteste Brücke usw. Vom alten Römischen Reich haben wir auch Kenntnisse durch das berühmte Forum Romanum oder die ausgegrabene Stadt Pompeji. In Deutschland kennen wir die Porta Nigra in Trier, die Saalburg am Limes usw.
- Aus alten Münzen. Diese zeigen oft Abbildungen der Herrscher. Weil sie häufig datiert sind, können sie uns helfen genauer zu wissen, aus welchem Jahr die Funde stammen.

Material

In M1 entdecken die Schülerinnen und Schüler anhand der Überreste der Konstantin-Statue, die im Innenhof des Museums *Palazzo dei Conservatori* beim Forum Romanum in Rom stehen, wie groß Konstantin sich abbilden lies. Ca. 20 Meter hoch muss die Statue gewesen sein. Hieraus kann man schließen, für wie mächtig dieser Kaiser sich hielt.

Die Bedeutung der Münzen aus dem Jahr 313 und 315, die in Ticinum bei Pavia geprägt sind, ist in der wissenschaftlichen Literatur etwas umstritten. Es handelt sich um relativ kleine Münzen und das Christusmonogramm ist winzig. (Clauss, 99–103; Engelmann, 200–208). Der didaktische Wert rechtfertigt den Einsatz im Unterricht genügend, weil hier die doppelte Bindung von Konstantin als Kaiser an Sol Invictus und innerlich an Christus erklärt werden kann. Zudem kann ein Bezug zum Chi-Rho-Zeichen in dem Quellentext von Eusebius hergestellt werden.

Auf der goldenen Münze (links) bedeutet SOL INVICTUS die unbesiegbare Sonne. Die Gleichsetzung von Konstantin mit dem höchsten Gott Apollo zeigt, dass er keinen radikalen Bruch zwischen der römischen Religion und dem Christentum vollzog. Erst nach und nach treten bei Konstantin christliche Symbole hervor. Auf dem Rand steht: INVICTUS CONSTANTINUS MA(ximus) AUG(ustus): der unbesiegbare Konstantin der Große, Kaiser (eigentlich: der Geweihte, der Geheiligte). Der Schild zeigt den Kaiser auf einem Streitwagen bei der Milvischen Brücke über den Tiber. Im Fluss sind die sterbenden Feinde abgebildet.

Die silberne Erinnerungsmünze aus Ticinum (rechts) zeigt neben dem Schlachtross auf dem Schild die römische Wölfin, die Romulus und Remus nährt. Das Szepter mit der Weltkugel verkörpert die weltliche Macht Konstantins. Der Randtext lautet: IMP(erator) CONSTANTINUS P(ius) F(elix) AUG(ustus): Kaiser Konstantin, der Fromme, der Glückliche, der Geweihte. Auf seiner Krone ist hier das Chi-Rho-Zeichen abgebildet, die griechischen Anfangsbuchstaben des Titels Christus, der Heiland. Auf der Vorderseite ist also das Zeichen Jesu Christi an seinen Kleidern befestigt. Auf der Rückseite der Münze, die hier nicht abgebildet ist, zeigt sich Konstantin als römischer Kaiser, zusammen mit Apollo. Für ihn persönlich ist Christus der Heilbringer. Durch das Entschlüsseln der beiden Münzen ist die langsame Hinwendung von Apollo zu Christus greifbar visualisiert.

Dass diese Wende, gerade nach einer Zeit der extremen Christenverfolgungen, als Erlösung und als göttliches Eingreifen erfahren wurde, ist sehr eindrücklich durch Eusebius beschrieben worden. M2 bietet den Quellentext in einer leicht vereinfachten nacherzählenden Fassung. Vor allem die Frage nach dem „Zeichen" schlägt die didaktisch notwendige Brücke zum „Ich" und „Heute" der Schüler. Alle kennen die Siegeszeichen der Fußballspieler, die Geste des Victory-Zeichens, das Hakenkreuz im Dritten Reich, das Adidas-Emblem auf Sportkleidung, das Ferrari-Rot als Sieges-Signalfarbe usw. Auch über die fast „magische" Bedeutung von Gegenständen können Schüler viel erzählen: Mit welchem Stift schreibe ich gute Noten, mit welchen Fußballschuhen schieße ich Tore, welches Kettchen bringt mir Glück, welcher Glücksstein hilft mir bei einer Arbeit, welche Gegenstände müssen (fast wie auf einem Altar!) bei Klassenarbeiten auf dem Tisch stehen usw. Die vorschnelle Abweisung solcher Rituale als Magie und Aberglaube und die Entmythologisierung verkennt deren semiotische Bedeutung und mögliche Wirkung. Sinnvoll ist es, im Unterrichtsgespräch Vermutungen anzustellen, was Zeichen für die Christen damals in der Zeit Konstantins bedeutet haben könnten und warum sie Wirkung gehabt haben.

Das Mailänder Edikt (M2) bestätigt noch einmal, was Kaiser Galerius schon 311 in seinem Toleranz-Edikt verfügt hatte. Es hatte sich als nicht wirkungsvoll erwiesen, das Christentum durch Verbote zu besiegen. Darum sollte es pragmatisch toleriert werden und die Christinnen und Christen auf die Mitarbeit an Einheit und Frieden im Reich eingeschworen werden.

Zeitleiste und Karten

Nachdem die Schülerinnen und Schüler der 7. oder 8. Klasse einige Ereignisse aus den ersten Jahrhunderten des Christentums kennengelernt haben, ist es sinnvoll die wesentlichen Erkenntnisse zusammenzufassen.

Das Lesen einer Zeittabelle (M3) und das Anfertigen einer Zeitleiste übt ein in das strukturierende Grundelement von Geschichte als Zugang zur Wirklichkeit: die Zeit. Die möglichen Kausalitäten machen sich zunächst am Nacheinander der Geschehnisse fest. Verstehen von Vergangenem gelingt, wenn zuerst Fakten in einer zeitlichen Folge geordnet werden.

Mit dem Lesen einer Karte (M4) und der Ableitung der räumlichen Entwicklung des Christentums üben die Schülerinnen und Schüler ein weiteres strukturierendes Grundelement ein: den Raum. Die möglichen Kausalitäten machen sich an der räumlichen Verbreitung der Phänomene fest: Wo ist was? Hier sehen wir, dass das Christentum zunächst nur in den Hafen- und Handelsstädten des Römischen Reiches verbreitet war: in den Orten mit jüdischen Synagogen. Erst im Laufe des 2. und 3. Jahrhunderts breitete es sich auch auf dem Land aus, allerdings immer noch innerhalb der Grenzen des Römischen Reiches: dem Nahen Osten (jetzt Israel, Syrien, Türkei), Griechenland, Italien, Nordafrika (Karthago), Südfrankreich (Lyon), Südengland. Nachdem das Römische Reich seine Einheit verloren hatte, war auch das Christentum in Westeuropa in seinem Fortbestand bedroht. Es waren vor allem die Klöster in England und Irland, die das Christentum tradierten. Von dort aus war es u.a. Bonifatius, der die erneute Verbreitung auf dem Kontinent einleitete, wie in Kapitel 3 erarbeitet wird.

Kompetenzen

Im Unterricht der Klasse 7 oder 8 kommt es darauf an, in ca. 3–4 Stunden die kaum zu überschätzende Bedeutung der Konstantinischen Wende für die weitere Entwicklung der Kirche darzulegen.

Wahrnehmen und Deuten

Die Schülerinnen und Schüler überlegen zunächst, auf welche Weise wir überhaupt etwas über die Vergangenheit wissen und entdecken, wie über Textquellen hinaus, insbesondere Statuen und Münzen einen Schlüssel zum Verstehen der Vergangenheit bieten können. Die Deutung der Zeitleiste und der Karten vermitteln Basiskompetenzen, die auf die Fächer Geschichte und Erdkunde ausgreifen: die Einordnung in Zeit und Raum.

Urteilen und Handeln

Die Bedeutung von symbolischen Zeichen auf Konstantins Münzen und seiner Standarte schlagen eine Brücke zu heute. Welche Rolle spielen Zeichen und Symbole heute? Wie sehr lassen wir uns heute von Zeichen führen und verführen?

Literatur

Manfred Clauss, Konstantin der Große, Beck München, 1996

Alexander Demandt/Josef Engelmann. Konstantin der Große. Ausstellungskatalog. Trier 2007

Herbert Gutschera/Joachim Maier/Jörg Thierfelder, Geschichte der Kirchen. Freiburg i.B. 2003, S. 28–40

Rainer Lachmannn/Herbert Gutschera/Jörg Thierfelder, Kirchengeschichtliche Grundthemen. TLL 3. Göttingen ^{3}2010. S. 59–70

Paul Veyne, Als unsere Welt christlich wurde. Aufstieg einer Sekte zur Weltmacht. Paris 2007, München 2008

Im Innenhof des Museums „Palazzo dei Conservatori" beim Forum Romanum in Rom stehen vor einer Wand die Überreste einer großen Statue. Die Statue stellt den berühmten römischen Kaiser Konstantin dar und hat in einer großen Basilika (Gerichtshalle) im alten Rom gestanden, um zu zeigen, wie mächtig der Kaiser war. Hier galt: je größer, desto mächtiger.

Konstantin der Große, akg-images / Erich Lessing

1. Wenn wir wissen, dass der Abstand vom Scheitel bis zum Halsansatz 2,50 Meter beträgt, wie hoch war dann die ganze Statue?
   ____________ Meter.

Abb. Zwei Münzen aus der Stadt Ticinum Nachzeichnung

2. Die linke Münze ist ein 40 Gramm schweres Goldmedaillon. Von den zwei Gesichtern, die im Profil zu sehen sind, zeigt das vordere Konstantin den Großen. Dahinter ist der SOL INVICTUS, APOLLO.
   Das bedeutet: ____________________
   Auf dem Rand steht: INVICTUS CONSTANTINUS MA(ximus) AUG(ustus)
   Das bedeutet: __________ __________ __________ __________
   Auf dem Schild ist ein Sieg Konstantins abgebildet. Lest dazu M2.
3. Rechts seht ihr eine kleine Silbermünze, die auch in Ticinum gefunden wurde. Sie zeigt ebenfalls das Gesicht Konstantins des Großen.
   Das Pferd bedeutet ____________________________
   Auf dem Schild sehen wir ____________________________
   Das Szepter bedeutet: ____________________________
   Der Randtext lautet: IMP(erator) CONSTANINUS P(ius) F(elix) AUG(ustus)
   Das bedeutet: __________ __________ ________ ________ __________
   Auf seiner Krone ist ganz vorn ein merkwürdiges Zeichen abgebildet. Male es ab. Was bedeutet es?

M2 Konstantin und das Mailänder Toleranzedikt (313)

Bischof Eusebius von Caesarea, ein Freund und Bewunderer von Konstantin, erzählt in seinem Buch über das Leben Konstantins, wie der künftige christliche Kaiser den Sieg erlangt:

[Vor dem Kampf gegen die übermächtigen Truppen seines Rivalen, des Unterkaisers Maxentius im Jahr 312, liegt Konstantin mit seinen Truppen bei der Milvischen Brücke vor den Toren Roms.] Da wandte Konstantin sich im Gebet an den einen Gott seines Vaters [Konstantius], flehte ihn an und beschwor ihn, doch zu offenbaren, wer er sei und seine rechte Hand auszustrecken, um ihm in seiner so großen Not zu helfen. Und während er so flehentlich betete, erschien dem Kaiser ein wunderbares Zeichen von Gott. Würde jemand anderes darüber berichten, hätte er kaum eine Chance, dass diese Geschichte geglaubt wird. Aber der siegreiche Kaiser hat es mir selbst, als Verfasser dieser Lebensbeschreibung, mitgeteilt, nachdem er mir die persönliche Bekanntschaft und Umgang mit ihm erlaubt hatte. Überdies hat Konstantin seine Darstellung mit einem Eid bekräftigt. Wer könnte dann noch zweifeln, zumal was später geschah, die Wahrheit seiner Erzählung bestätigt hat!
Er erzählte, dass er um die Mittagszeit, als die Sonne gerade über ihren Höhepunkt hinweg war, mit eigenen Augen am Himmel oberhalb der Sonne das Siegeszeichen (*tropheion*) gesehen habe. Es war ein aus Licht gebildetes Kreuz, darauf die Inschrift „In diesem Zeichen siege!" Durch diese Vision waren er und das ganze Heer, das ihm auf der Expedition folgte und Zeuge dieses Wunders war, sehr erschrocken.
Weiter berichtete Konstantin, dass er darüber grübelte, was die Bedeutung dieses Zeichens sein könnte. Und während er so grübelte und darüber nachdachte, war es Nacht geworden. Im Schlaf sei ihm dann Christus erschienen mit dem Zeichen, das er am Himmel gesehen hatte. Er hat ihm befohlen, ein Abbild von dem Zeichen zu machen und es als Schutz zu gebrauchen, wann immer er mit Feinden zusammentreffen würde.

1. Fasse zusammen, was im Jahr 312 bei der Milvischen Brücke bei Rom passierte.
2. Skizziere drei „Siegeszeichen", die in der heutigen Zeit in Sport, Militär, Politik oder Ökonomie (Marken/Produktzeichen) gebraucht werden und vergleiche ihre Rolle mit der des Chi-Rho-Zeichens für Konstantin.

Als wir, Kaiser Konstantin und Kaiser Licinius, in Mailand ankamen, um alles zu besprechen, was mit der öffentlichen Wohlfahrt und Sicherheit zu tun hat, meinten wir, dass von allen Fragen, die für die Mehrheit der Menschen nützlich sein würden, vor allem die Frage der Gottesverehrung neu geregelt werden sollte. Wir sollten jedem, Christen und anderen, die Freiheit und die Möglichkeit geben, die Religion auszuüben, die er wünscht, damit das, was auf dem himmlischen Sitz thront, uns und allen Einwohnern des Reiches gnädig und wohl gesonnen sei.
Damit der Wortlaut dieser gnädigen Anordnung zur allgemeinen Kenntnis gelangen kann, wird es nötig sein [...] eine Verlautbarung dieses Schreiben öffentlich bekannt zu machen und es überall anzuschlagen, so dass niemand unseren gütigen Beschluss verneinen kann.

3. Beschreibe, was die Gründe für die Nicht-Verfolgung der Christen sind.

Zeittabelle 1.–5. Jahrhundert M3

Die Entwicklung der Kirche

ca. 0: Geburt Jesus von Nazareth.
ca. 27–30: Jesus wirkt in Galiläa.
ca. 30: Jesus wird gekreuzigt.
ab ca. 30: Die ersten Nachfolger verkündigen Jesus als den Herrn und Auferstandenen. Pfingsten.
48: „Apostelversammlung" (Apg.15) in Jerusalem.
nach 60: Paulus stirbt in Rom.
64: Verfolgung von Christen in Rom.
70: Viele Juden und Juden-Christen fliehen aus Rom.
70–ca. 90: Die Evangelien (Mk, Lk, Mt, Joh) werden geschrieben.
95: Christenverfolgungen.
2. Jh.: Erste systematische Zusammenfassung des christlichen Glaubens. Irenäus, Tertullian, Origenes.
ca. 200: Die Kirche entscheidet, welche Evangelien und Briefe in die Bibel gehören („sog. Kanon").
250–258: Christenverfolgungen.
300: Die ersten Mönche (z.B. Antonius) fangen in Ägypten ein Leben in der Wüste an (Eremiten).
303–305/313: Christenverfolgungen (Diokletian).
312: Konstantin benutzt christliche Zeichen in der Schlacht.
313: Das Christentum wird erlaubte Religion, Kirchengebäude werden zurückgegeben.
320: Erste Klöster werden gebaut.
325: Erstes Ökumenisches Konzil (Nizäa).
337: Konstantin wird auf seinem Sterbebett getauft.
341: Wulfila erster Bischof der Goten.
354–430: Augustinus.
380: Erste Mönchsregel (Basilius).
381: Zweites Ökumenisches Konzil (Konstantinopel).
381: Das Christentum wird Staatsreligion.
387: Christen zünden zum ersten Mal eine Synagoge an.
431: Drittes Ökumenisches Konzil (Ephesus).
529: Benedikt von Nursia schreibt eine Lebensregel, die für die Mönche in Europa bestimmend wird.
590–604: Papst Gregor der Große.

Andere politische und kulturelle Entwicklungen

ab 6 v.Chr.: Kaiser Augustus (Octavianus) regiert. In Israel herrscht der Statthalter Pontius Pilatus.
14–37: Kaiser Tiberius.
54–68: Kaiser Nero.
64: Brand Roms.
70: Jüdischer Aufstand, von Titus niedergeschlagen. Tempel zerstört.
81–96: Kaiser Domitian.
135: Jüdischer Aufstand gegen Rom unter Bar Kochba.
249–251: Kaiser Decius.
253–260: Kaiser Valerian.
285–305: Vier Kaiser, u.a. Diokletian, Galerius.
306–337: Kaiser Konstantin der Große.
311: Toleranzedikt von Kaiser Galerius.
312: Kaiser Konstantin besiegt an der Milvischen Brücke bei Rom seinen Rivalen Maxentius.
313: Mailänder Edikt.
330: Konstantin baut das neue Rom: Konstantinopel (Istanbul).
ca. 370–570: Völkerwanderung/Vandalen in Afrika.
379–395: Kaiser Theodosius.
381: Theodosius macht das Christentum zur Staatsreligion.
391: Theodosius verbietet Tempelbesuch und Opfer.
410: Westgoten erobern Rom („Der Fall Roms").
476: Untergang des Weströmischen Reiches.
498: Taufe des Merowingerkönig Chlodwig in Reims (Frankreich).
529: Schließung der Philosophenschule in Athen.
622: Mohammed flüchtet von Mekka nach Medina (Hedschra); Beginn der Islamische Zeitrechnung.

▷ Zeichne eine lange horizontale Linie auf ein Blatt. Links schreibst du das Jahr 0 und rechts einen Pfeil (damit es weitergehen kann). Trage auf dieser „Zeitleiste" in den richtigen Abständen die Zahlen 30, 48, 64, 250, 312, 313 und 381 ein und schreibe darüber, was in der christlichen Kirche in dem Jahr passierte.

M4 Karte zur Ausbreitung des Christentums

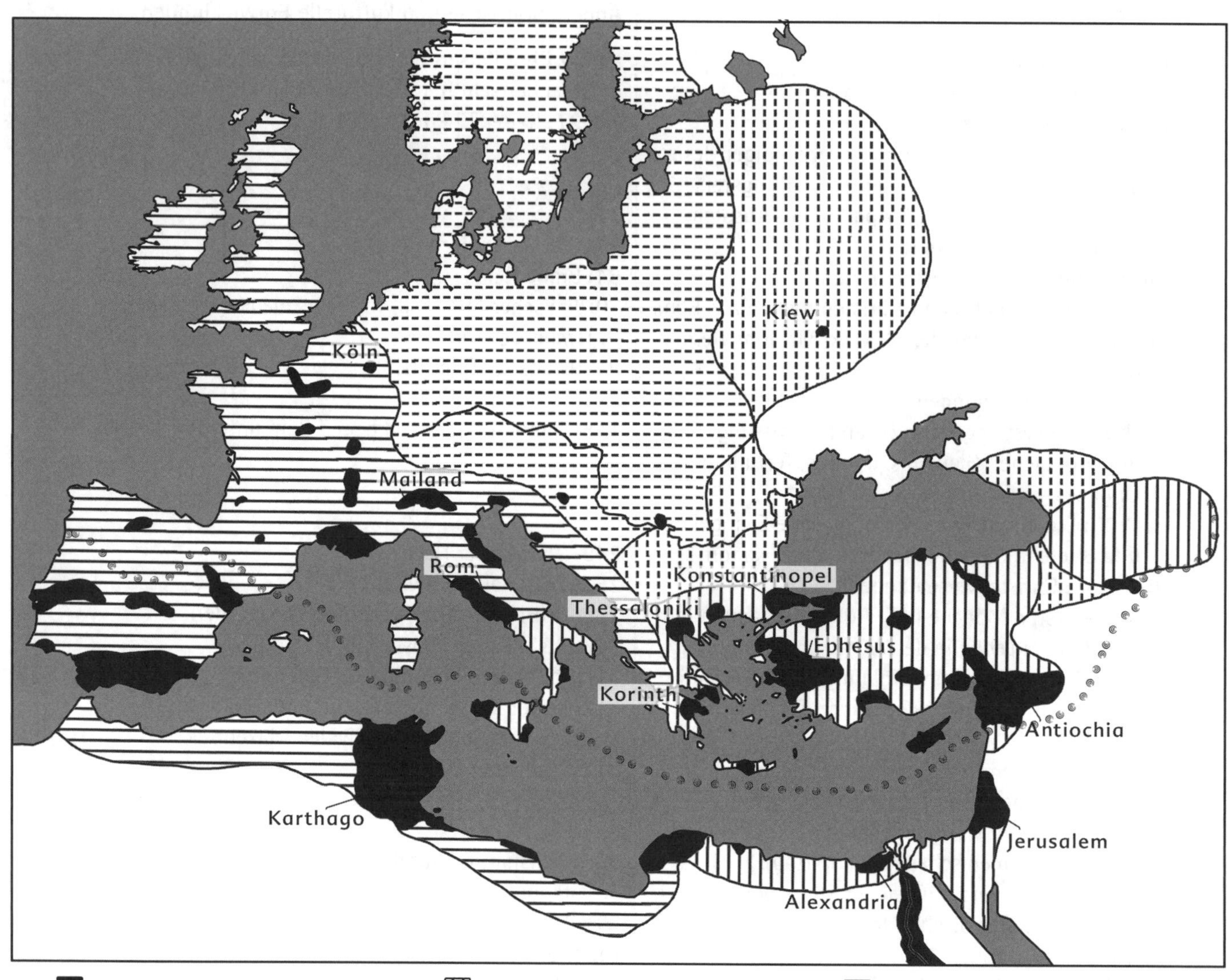

- christliche Gebiete bis ca. 300 n. Chr.
- christliche Gebiete um ca. 700 n. Chr., vom Papst in Rom abhängig, römisch-katholisch
- christliche Gebiete um ca. 700 n. Chr., vom orthodoxen Patriarchen in Konstantinopel abhängig
- römisch-katholische Gebiete, bis ca. 1000 n. Chr. hinzugekommen
- orthodoxe Gebiete, bis ca. 1000 n. Chr. hinzugekommen
- nördliche Grenze des islamischen Gebietes um ca. 1000 n. Chr.

1. Schreibe mindestens drei Städte auf, in denen es zu Beginn des 3. Jahrhunderts eine christliche Gemeinde gab.
2. Über welchen „Umweg" kam das Christentum nach Deutschland und Skandinavien?

3. Bonifatius
Ein Mönch macht die Germanen zu römisch-katholischen Christen

Die Rolle, die Winfrid Bonifatius für die Entwicklung der Kirchen in Westeuropa spielt, kann kaum überschätzt werden. Jeder Schüler sollte darum mehr über Bonifatius wissen, als dass er Missionar war, die Donar-Eiche umhackte, in Friesland ermordet wurde und in Fulda begraben liegt. Das wissen die Schüler möglicherweise bereits aus dem Geschichtsunterricht zum Thema „Der Kampf um geistliche und weltliche Herrschaft im frühen Mittelalter". Bonifatius spielte in dieser Auseinandersetzung eine wichtige Rolle.

Bonifatius (672–754) wuchs in einem englischen Kloster auf, das unter dem Einfluss von Papst Gregor dem Großen stark auf Rom ausgerichtet war. Die Mönche fühlten sich berufen, ganz Europa nach dem römischen kirchlichen Muster zu reorganisieren. Das Christentum war zwar seit dem 4. Jahrhundert auf dem europäischen Festland verbreitet, hatte aber viele Elemente der alten „heidnischen" Religion aufgenommen und zeigte auch regional erhebliche Unterschiede. Als Mönch-Missionar legte Bonifatius die Basis für die römisch-katholische Kirchenstruktur in Westeuropa. Sein Streben wurde unterstützt vom Einheitsstreben und von der Machtausbreitung der Franken. Erst so wurde es möglich, dass der Papst den fränkischen Hausmeier Pippin (der „major domus" und faktische politische Herrscher) zum König salbte. Er und seine Nachfolger entliehen dieser Salbung ihre Macht. Auf dieser Grundlage schuf Karl der Große die politische Basis des heutigen Europa: Karl wurde im Jahr 800 in Rom zum Kaiser gekrönt. Die weitere Entwicklung im Verhältnis Kirche – Staat, der sog. „Investiturstreit", der mit dem Wormser Konkordat im Jahr 1122 endet, ist ein wichtiges Thema im Fach Geschichte und muss im Religionsunterricht der Mittelstufe nicht entfaltet werden.

Bonifatius aber sollte auch im evangelischen Religionsunterricht behandelt werden, weil er der Brückenbauer zu einem christlichen Europa ist. Damit ist klar, dass Bonifatius als „Heiliger" nicht nur religiöse Vorbildfunktion hat. Mit seiner europäischen Bedeutung ist er auch mehr als nur „Apostel der Deutschen" – ein Ehrentitel, den er im nationalstaatlichen Deutschland des 19. Jahrhunderts bekam. Für die katholischen Bischöfe in Deutschland hat Bonifatius bis heute eine zentrale Bedeutung. Jährlich schreiten zu Beginn der Sitzung der Bischofskonferenz in Fulda die Bischöfe gemeinsam zur Krypta im Dom und verneigen sich vor seinem Grab.

Zu vermitteln sind die religiösen und biografischen Aspekte:

- Was motiviert einen englischen Mönch auf das Festland zu ziehen und mitten in Europa eine christliche Kirche nach römischem Muster zu reorganisieren?
- Wie beurteilen wir heute seine Missionsmethoden, z. B. das Zerstören „heidnischer" Heiligtümer?
- Durch seinen gewaltsamen Tod wurde Bonifatius als Märtyrer für die Sache Christi sehr bald heilig gesprochen. War es aber mehr als ein Raubüberfall?

Ein Opferkind wird Missionar

In den Biografien über Bonifatius wird oft gerätselt, warum ein 40 Jahre alter Mönch auf den „Kontinent" zieht und ein Leben in den unbekannten und kaum christianisierten Gebieten Europas wählt. Bonifatius war angesehener Leiter einer Klosterschule in Nursling bei Southampton, hatte für die Schule eine lateinische Grammatik und eine Metrik geschrieben und war kurz davor, Abt dieses wichtigen Klosters zu werden. Klöster und Klosterschulen waren in dieser Zeit die wichtigsten Brutstätten der Kultur. War es eine Flucht aus einem wohl geordneten Leben? War Bonifatius Missionsreise Folge einer „midlife crisis"?

Um seinen Entschluss zu verstehen, muss man schon früh in seiner Jugend ansetzen. Winfrid wurde als 7-jähriges Kind dem Benediktinerkloster in Exeter „geopfert". Opferkinder oder *puer oblati* wurden von ihren Familien losgelöst und ganz dem Kloster übergeben, mit dem Ziel, Mönch zu werden. Dies erinnert an das Opfer von Elkana und Hanna, die ihren von Gott geschenkten Sohn Samuel dem Heiligtum Schilo und seinem Priester Eli opferten. „Das Kind soll für sein ganzes Leben dem Herrn gehören" (1 Sam 1,28). Für das alte Israel war dieses symbolische Menschenopfer schon ein Fortschritt gegenüber tatsächlichen Menschenopfern in anderen Kulturen.

Übrigens war der Vater von Winfrid, ein südenglischer Adliger, zunächst nicht zum Abgeben seines Sohnes bereit. Willibald, der Autor der ersten Lebensbeschreibung von Bonifatius aus dem Jahr 760, eine der wichtigsten Quellen für sein Leben, erzählt, dass der Vater ihm lange Zeit die positiven Seiten eines aktiven und weltlichen Lebens vorhielt. Erst während einer schlimmen Krankheit, in einer Mischung von Frömmigkeit und Angst, beschloss er das Opfer zu bringen. Es ging dann nicht um eine zeitweise Unterbringung in einer Klosterschule. Wenn das Ziel „nur" war, dass Jungen lesen und schreiben lernen sollten, wurden sie in Frauenklöstern untergebracht. Winfrid aber sollte Mönch und Priester werden.

In dem kleinen Kloster in Exeter und später im wichtigeren Kloster Nursling lebte und erlebte er die Disziplin der Abwechslung von Beten und Arbeiten: ora et labora. Als Lateinlehrer stand er der alten Kultur Roms nahe. Als Mönch betete er in einer Woche im fünfmal täglichen Gebet alle 150 Psalmen. In etwa zwei Jahren hatten die Mönche durch die tägliche Bibellesung einmal die Bibel ganz gehört. Bonifatius wuchs fern von Raufereien und Waffenkampf auf, atmete die alte Zivilisation Roms und den heiligen Ritus des katholischen Glaubens. Im Gegensatz zum europäischen Kontinent lebten die angelsächsischen Priester-Mönche im Zölibat, weil sie der Meinung waren, dass die Erteilung der heiligen Eucharistie sich nicht mit Geschlechtsgemeinschaft verträgt. Nur sie konnten als reine Priester zwischen Himmel und Erde vermitteln. Mit einem ungebremsten Selbstbewusstsein waren sie sich ihres göttlichen Auftrags bewusst. „Sie bildeten den reinen und bevorzugten Stand; es gab keinen Platz für eine andere Aristokratie", so schreibt Mayer-Harding. Unvermeidbar betrachteten diese Mönche sich als geistige Elite der Gesellschaft. Für Mönche wie Winfrid Bonifatius waren die Leitbilder des Lebens die Bibel und die Lebensart des frühen Mönchtums: Abraham, der von Gott gerufen war seine elterliche Wohnung zu verlassen; Samuel, der Gott geopfert wurde; Jesus, der unverheiratet war und keinen Platz hatte, wo er sich niederlegen konnte (Mt 8,20); Antonius, der in der Wüste lebte ... Die *perigrinatio*, die Pilgerschaft, das war das wahre Leben! Weil alle Völker von Jesus als dem Christus hören sollen, sollte jeder missionieren. Das stand höher als das Leiten einer Klosterschule.

Ganz Europa soll ein Kloster werden

Im Jahr 716 überquerte Winfrid darum die Nordsee (damals Westsee genannt), um in Holland und Friesland seinen Mönchsbruder Willibrord bei der Missionsarbeit zu unterstützen. Mit seiner römisch-katholisch-monastischen Haltung begegnete er den „Heiden" und wunderte sich über „arianische" Christen, die nicht auf die richtige Weise glaubten, und über verheiratete Priester. Er staunte über Bischöfe, die vor allem weltliche Macht hatten, die Waffen trugen und jagten. Weil aber die Friesen um 716 herum gerade mit Erfolg die fränkischen Eroberer zurückdrängten, kehrte Bonifatius nach kurzer Zeit wieder nach Nursling zurück.

Im Jahr 719 zog er nach Rom um das Petrus-Grab zu besuchen und den genauen römischen Ritus für Taufe und Eucharistie kennenzulernen. Dort bekam er vom Papst selbst den Auftrag, zu den Germanen zu gehen. Hier erst empfing er auch seinen Namen Bonifatius: der, der das Gute tut.

Norm für das richtige Christentum war für Winfrid Bonifatius einerseits das klösterliche Leben und andererseits die Ausrichtung auf Rom und auf Petrus. Sein höchstes Ideal war eine einheitliche Kirche, die geleitet werden sollte von Bischöfen und Priestern, die nach den Forderungen des Mönchtums lebten. Eigentlich sollte ganz Europa wie ein Kloster werden. Als seine zentrale Aufgabe sah er darum die Gründung von unzähligen Klöstern. Auch die Bistümer, die er einrichtete, sollten, wenn möglich, von angelsächsischen Mönchen geleitet werden. Die Messen und Taufen sollten sehr genau nach dem römischen Ritus ablaufen. Durch die Ohrenbeichte, die Bonifatius einführte, war starker kirchlicher Einfluss auf die Lebensführung aller Menschen möglich. Die

Sündenvergebung durch die Priester stärkte die Machtposition der Kirche.

Beseelter Verkündiger oder rabiater Fundamentalist?

Wenn wir Bonifatius „Missionar" nennen, heißt das nicht, dass er in Gebieten arbeitete, in denen das Christentum völlig unbekannt war. Innerhalb des Römischen Reiches hatte es sich schon ausgebreitet, allerdings stark mit alten germanischen Bräuchen gemischt. Theologisch standen die Germanen den Auffassungen des Arius nah. Arius (ca. 280–336) war Presbyter in Alexandrien gewesen und hatte in der alten Kirche einen großen dogmatischen Streit ausgelöst, weil er die Wesenseinheit von Gott Vater und Christus als seinem Sohn bestritt. Um die Andersartigkeit und die Nicht-Menschlichkeit von *Gott* zu betonen, hat Arius Jesus Christus ein Geschöpf Gottes und damit etwas Menschliches genannt. Es gäbe höchstens eine „Ähnlichkeit" zwischen Gott Vater und seinem Sohn. Auch wenn Arius als Ketzer im ersten ökumenischen Konzil im Jahr 325 in Nicäa (vgl. Kapitel 2. Konstantin) verurteilt wurde, sein Denken war nördlich der Alpen stark verbreitet. Der Arianismus ließ sich gut mit dem germanischen Glauben vereinbaren. Er wurde den Germanen sogar vom letzten römischen Kaiser Theodosius dem Großen, der das Christentum zur Staatreligion im Römischen Reich machte, im Jahr 381 zugebilligt.

Dass man Christus nicht als Gott gleich sah, war für den strikt trinitarisch denkenden Bonifatius eine unglaubliche Ketzerei. Gerade weil er so stark am trinitarischen Taufritus (auf den Namen des Vaters, des Sohnes und des Heiligen Geistes) hing, musste das „falsche" Christentum mit aller Schärfe bekämpft werden. Es kann sogar vermutet werden, dass er den Islam, der in dieser Zeit im Südwesten Europas stark an Einfluss gewann, als Variante des arianischen Christentums sah. Wie dem auch sei, für Bonifatius war das Alte nicht gut genug, um irgendwie eingepasst zu werden, es konnte nur rabiat abgeschnitten werden.

Willibald beschreibt Bonifatius Vorgehensweise wie folgt: „Nachdem die heidnischen Tempel verwüstet und Gebetshäuser errichtet waren, gewann er eine nicht geringe Zahl für den Herrn." Hier achte man auf die Reihenfolge. Zuerst wurde vernichtet, dann wurden Klöster gegründet und erst dann kam der Umschwung. Die symbolträchtige Aktion in Gäsmere (heute Geismar), in der Nähe von Fritzlar, spricht für sich. Hier vernichtete Bonifatius mit Hilfe des Herrn ein heidnisches Naturheiligtum, die Jupiter- oder Donar-Eiche.

Märtyrer oder Opfer eines Raubüberfalls?

Zu Bonifatius gewaltsamem Tod im Jahr 754 stellt sich zuerst die Frage, warum er überhaupt in den Norden Frieslands gereist ist. Er war ja schon 80 Jahre alt und bis 753 angesehener Bischof von Mainz gewesen. Schon zwei Jahre zuvor, im Jahr 752 hatte er in einem Brief über den nahen Tod gesprochen und gesagt, dass er fürchte, eine weite Reise nicht zu überleben. Wir können aus seinem Briefwechsel ableiten, dass ihm an den missionierten Gebieten in Friesland viel gelegen war. Er wollte unbedingt dorthin reisen, um selbst die Täuflinge zu firmen und sie so an Rom und den Papst statt an den fränkischen Fürsten und den Bischof von Köln zu binden. In den letzten Jahren seines Wirkens, nachdem sein großer Unterstützer, der fränkische Hausmeier Karlmann, Mönch geworden war, war Bonifatius' Beziehung zu den Franken distanziert geworden. Auch war es ihm nicht gelungen, selbst den wichtigen Bischofssitz in Köln zu bekommen.

In Willibalds Lebensbeschreibung, die schon bald nach Bonifatius' Tod erschien, bekommt man den Eindruck, dieser sei nur nach Friesland gereist, um den baldigen Märtyrertod sterben zu können. Für Willibald, und noch mehr für Radbout, der um 900 eine zweite Vita schrieb, war es wichtig, dass Bonifatius als Märtyrer dargestellt wurde. Er hatte zwar missioniert und die Kirche reorganisiert, aber keine Heilungen und Wunder gewirkt oder Visionen gehabt. Das war bei anderen Heiligen ganz anders. Ein Sterben für Christus machte seine Heiligsprechung unstrittig.

Was genau in Dokkum passiert ist, können wir nur rekonstruieren. Die Friesen hatten im Morgengrauen das Zeltlager angegriffen. Die Täuflinge, die später die Firmung erhalten sollten, fanden nur noch Leichen. Niemand kann somit vom Geschehen als Zeuge etwas berichten. Bonifatius reiste mit eine Schar Männer als Begleitschutz, die Waffen trugen. Er selbst hatte in der fränkischen Synode von 743 die Bestimmung durchgesetzt, dass Geistliche diese Möglichkeit nicht haben sollten ... Verteidigt hat sich Bonifatius mit einem großen Codex. Bis heute wird er deshalb auch mit einem von einem Schwert durchstochenen Buch abgebildet. In Mainz befindet sich ein Codex mit Spuren von Schwertschlägen, der Bonifatius zugeschrieben wird. Dieser Codex enthält allerdings eine Sammlung Streitschriften gegen die Arianer! Dies würde bedeuten, dass Bonifatius bei seiner nächtlichen Lektüre als Predigtvorbereitung für die Friesen diese Texte am meisten gebraucht hätte.

Ob die Friesen etwas gegen seine rabiaten Missionsmethoden hatten oder gegen seine fränkische politische Gesinnung oder ob sie hofften, sich an dem Besitz der erzbischöflichen Gruppe zu bereichern, ist nicht eindeutig festzustellen. Willibald spricht von „Räubern". Dass Bonifatius bewusst das Martyrium gesucht hat, ist eher unwahrscheinlich, sonst hätte er sich nicht verteidigt.

Nach dem Mord wurde sein Körper per Schiff nach Utrecht gebracht. Sein Nachfolger als Bischof von Mainz, Lul, ließ den Leichnam dann nach Mainz überführen. Dort sollten aber nur seine blutverschmierten Kleider und seine Eingeweide bleiben. Letzte Ruhestätte und späterer Wallfahrtsort wurde das Kloster Fulda, das Bonifatius 744 gegründet hatte und wo er auch während seines Lebens zur Ruhe kommen konnte. Als der Sarg auf dem Landweg von Mainz nach Fulda gebracht wurde, passierten einige Wunder, z.B. sprudelte der Bonifatiusbrunnen im Norden Frankfurts. Noch heute können wir diese Bonifatiusroute begehen, um als Pilger über unsere *perigrinatio* zu meditieren: „Wir haben hier keine bleibende Stadt!"

Material

Mit M1, M2 und M3 bekommen die Schülerinnen und Schüler zuerst eine Zeittabelle, wie sie sie, wenn vorher die Wende bei Konstantin behandelt wurde, schon kennengelernt haben. Auch das Lesen von Quellentexten und das Interpretieren von Karten sind nicht unbekannt. In Kleingruppen werden die drei Materialien studiert. Jede Gruppe muss zu einer gemeinsamen Einschätzung gelangen, was die wichtigste Lebensleistung von Bonifatius gewesen ist. Die Ergebnisse können auf Folie oder an die Tafel geschrieben werden. Ein gelenktes Unterrichtsgespräch fasst das Wesentliche zusammen.

M4 schildert, wie Bonifatius die „heidnische" Donar-Eiche vernichtet. Würde heute eine vergleichbare Aktion gegen eine christliche Kirche, gegen einen jüdischen Friedhof oder gegen eine Moschee nicht als „fundamentalistischer Terrorakt" verurteilt werden?

Die Aufgabe zu M5 lässt in der Lebensbeschreibung von Willibald die unterschiedlichen Schichten erkennen: Was könnte tatsächlich geschehen sein? Welche Absicht verfolgte er bei der Beschreibung des „seligen Endes" seines heiligen Helden? Im Klassengespräch kann diese doppelte Absicht entdeckt werden.

M6 zeigt, wie der Tagesablauf im Kloster ist. Das kann mit dem eigenen (anders geordneten und oft bedeutend chaotischeren) Tagesablauf verglichen werden. Was ist gesünder?

Im Mittelalter spielten die Klöster eine zentrale Rolle für den Erhalt der Kultur. Es waren oft die einzigen Gebäude, die eine Bibliothek hatten und wo Menschen wohnten, die lesen und schreiben konnten. Dass das ganze Bildungswesen auf Klosterschulen gründete, spricht für sich. Viele Klöster lagen im ländlichen Bereich, um einerseits in der Ruhe ein gottgefälliges Leben führen zu können, aber andererseits auch durch das Urbarmachen der Felder und Wälder eine wirtschaftliche Grundlage zu haben. Diese wirtschaftliche Aktivität der Klöster hat die agrarische Entwicklung stark gefördert. Die Klöster wuchsen zu reichen und mächtigen Zentren in den Regionen.

Seit der Regel von Benedikt (529 n. Chr.) setzt sich das regelmäßige und ortsgebundene Leben in der Abwechslung von Gebet und Arbeit im europäischen Klosterleben durch. Der Ausdruck „Ora et labora" ist zwar kein Ausdruck Benedikts, sondern kam erst im 19. Jahrhundert auf, er kann aber als griffige Zusammenfassung der klaren Tagesordnung der Mönche dienen. Die äußere Ordnung ist imstande die innere Ordnung im Menschen herzustellen. Sie bildet eine stabile Basis für ein langes religiöses Leben. Der klassische Aufbau eines Zisterzienserklosters zeigt, wie die klare Ordnung sich in Architektur niederschlägt.

Wenn in der Nähe der Schule ein aktiver Mönchsorden oder eine Schwesternkommunität lebt, lohnt es sich jemanden einzuladen oder dorthin ein Ausflug zu machen.

Kompetenzen

Im Unterricht der 7. oder 8. Klasse kommt es darauf an, in ca. 4–8 Stunden die Rolle von Bonifatius für die spezifische Entwicklung der Kirche in Westeuropa und die Rolle der Klöster zu entfalten. Anders als im Fach Geschichte, wo es um die Entstehung des Heiligen Römischen Reiches Deutscher Nation geht, sollten hier die Hintergründe und die positiven und negativen Aspekte seiner „Missionstätigkeit“ und Klostergründungen zentral stehen.

Wahrnehmen und Deuten

Durch die Wahrnehmung der Lebensdaten des Bonifatius kann festgestellt werden, warum ein englischer Mönch auf das europäische Festland zieht und wie er hier die christliche Kirche nach römischem Muster reorganisiert. Das genaue Lesen der Geschichte über seinen gewaltsamen Tod lässt zwei mögliche Deutungen abwägen: Handelt es sich hier um einen Märtyrertod für die Sache Christi oder um Mord bei einem Raubüberfall?

Urteilen und Dialogfähigkeit

Die Schülerinnen und Schüler lernen Bonifatius' rabiate Missionsmethoden kennen und können beurteilen, ob dies der angemessene Umgang zwischen den Religionen sein sollte. Andererseits lernen sie die wichtige Rolle der Klöster für die religiöse, kulturelle und wirtschaftliche Entwicklung Europas kennen und beurteilen.

Literatur

Arnold Angenendt: Das Frühmittelalter. Die abendländische Christenheit von 400 bis 900, Stuttgart/Berlin/Köln 1990

Herbert Gutschera/Joachim Maier/Jörg Thierfelder: Geschichte der Kirchen, Freiburg 2003. S. 46–58, 71–81

Rainer Lachmannn/Herbert Gutschera/Jörg Thierfelder: Kirchengeschichtliche Grundthemen. TLL 3. Göttingen [3]2010. S. 71–92

Hubertus Lutterbach: Bonifatius - Mit Axt und Evangelium. Eine Biografie in Briefen. Freiburg i. Br. [2]2004

M1 Zeittabelle 6.–8. Jahrhundert

Henry Mayr-Harding: The Venerable Bede, the Rule of St. Benedict and Social Class. Newcastle 1976
Günter Stemberger: 2000 Jahre Christentum. Salzburg 1983

Das Leben des Winfrid Bonifatius

672: Geboren als Wynfrith (Winfrid) in Wessex im Süden Englands als Sohn einer adligen Familie.

Ca. 679: Als Opferkind (*puer oblatus*) an ein Benediktinerkloster in Exeter geschenkt, später zum Priester geweiht im wichtigen Konvent Nursling bei Southampton, dort Lehrer und Mönch. Erstes Buch: eine Lateingrammatik.

716: Erste Reise nach Friesland um dort als Assistent von Willibrord zu arbeiten – erfolglos.

717: Wahl zum Abt von Nursling – Ablehnung.

719: Pilgerreise nach Rom zum Petrusgrab, Annahme des Namens Bonifatius, Auftrag zur Mission, Missionsaktivität in den Randgebieten Frankens (das jetzige Bayern, Hessen und Thüringen).

722: Zweite Romreise. Durch den Papst zu seinem Beauftragten und Weihbischof ernannt.

722: bei Karl Martell.

722: Zerstörung der Donar-Eiche in Geismar bei Fritzlar (Nord-Hessen).

732: Bonifatius bekommt vom Papst das Pallium: Er wird Erzbischof und darf Bistümer einrichten und selbst Bischöfe weihen.

737: Dritte Romreise, Ernennung zum Päpstlichen Legaten.

739: Reorganisation der Kirche in Bayern, Einrichtung neuer Bistümer: Regensburg, Freising, Passau, Salzburg.

741: Bonifatius wird Karlomanns geistlicher Berater.

743: Fränkische Kirchensynode (Concilium Germanicum), Durchsetzung scharfer Bestimmungen für Priester und Bischöfe: Zölibat, jährliche Berichtspflicht, Waffenverbot usw..

744: Reorganisationen und Bischofsernennungen im Westen.

744: Gründung des Klosters Fulda.

746–753: Bischof von Mainz.

5. Juni 754: Bei einer Missionsreise in Friesland (bei Dokkum) ermordet.

754: Bonifatius Leiche wird über Utrecht und Mainz nach Fulda gebracht und im dortigen Kloster beerdigt.

760: Willibald schreibt die erste Lebensbeschreibung des heiligen Bonifatius.

Die Zeit des Bonifatius

Um 600: Papst Gregorius der Große bindet Angelsachsen an Rom.

ab 624: Fränkische Hausmeier übernehmen die politische Macht im Westen Europas. Das Frankenreich weitet sich nach Norden (Friesland, (Nieder-) Sachsen) aus.

690: Der angelsächsische Missionar Willibrord reist in die „niederen Länder" (Friesland).

714: Der fränkische Hausmeier Pippin II stirbt. Unter König Radbod wird Friesland wieder unabhängig.

714: Karl Martell wird fränkischer Hausmeier.

715–731: Papst Gregor II.

719: Kloster Sankt Gallen (Schweiz) gegründet.

722: Karl Martell sieht Bonifatius als Stütze für seine Politik.

724: Gründung der Abtei Reichenau (Konstanz).

731–741: Papst Gregor III.

732: Karl Martell stoppt in einer Schlacht bei Poitiers (Frankreich) die Ausweitung des Islams in nördliche Richtung.

741: Tod Karl Martells. Sein Sohn Karlmann erhält das westliche Frankenreich; sein Sohn Pippin den Osten.

747: Karlmann wird Mönch in Italien.

751: Pippin durch den Papst zum König der Franken gesalbt.

753: Pippin erobert Gebiete der Langobarden im Norden Italiens und schenkt sie dem Papst.

800: Kaiserkrönung Karls des Großen durch Papst Leo III. in Rom.

Bonifatius zieht im Auftrag des Papstes nach Germanien | M2

Unter dem schützenden Beistand der Heiligen und der Fürsorge Gottes war die ganze Schar der Genossen, die sich dem Geleite dieses heiligen Mannes [d. h. Bonifatius] angeschlossen hatte, glücklich zu den Schwellen des seligen Apostels Petrus [d. h. Rom] gekommen. Sie statteten sofort Christus für ihre Erhaltung unendlichen Dank ab und betraten dann in großer Freude die Kirche des heiligen Petrus, des Apostelfürsten, hier um Vergebung ihrer Sünden betend, wobei sehr viele von ihnen mancherlei Geschenke darbrachten.

Als aber der Monat April [im Jahr 619] verstrichen war, wurde auch er [d. h. Bonifatius], nachdem er auf seine Bitte hin vom apostolischen Stuhl [d. h. vom Papst] Segen und Brief erhalten hatte, vom heiligen Vater ausgesandt. Er sollte die wilden Völker Germaniens besuchen und erforschen, ob die unbebauten Gefilde ihrer Herzen von der Pflugschar des Evangeliums zu beackern seien und sie den Samen der Predigt aufnehmen wollten. So begab er sich sofort, mit einer großen Menge von Reliquien versehen, samt seinen Mitknechten auf die Rückreise und betrat das Gebiet (Ober-)Italiens, wo er sich an den vortrefflichen König der Langobarden Liodobrand wandte und zum Gruß Geschenke des Friedens überreichte. Ehrenvoll von ihm aufgenommen, ruhte er dort die von der Reise ermüdeten Glieder aus, darauf durchwanderte er reichlich beschenkt die bergigen Gegenden und weiten Fruchtebenen des Landes und überstieg die steilen Hochjoche der Alpen.

Dann betrat Bonifatius unbekannte Grenzgebiete von Baiern und Germanien und wanderte von da nach Thüringen, um gemäß dem Auftrage des apostolischen Stuhles dort Umschau zu halten. [...] Der heilige Mann redete also in Thüringen nach dem ihm gewordenen Befehl des apostolischen Priesters die Stammeshäupter und die Fürsten des ganzen Volkes mit geistlichen Worten an und rief sie zurück auf den Weg der wahren Erkenntnis und zum Lichte der Einsicht, das sie schon lange und zum größten Teil, von schlechten Lehrern verführt, verloren hatten...

Willibald: Das Leben des hl. Bonifatius

M3 Abbildung: Klostergründungen durch Bonifatius

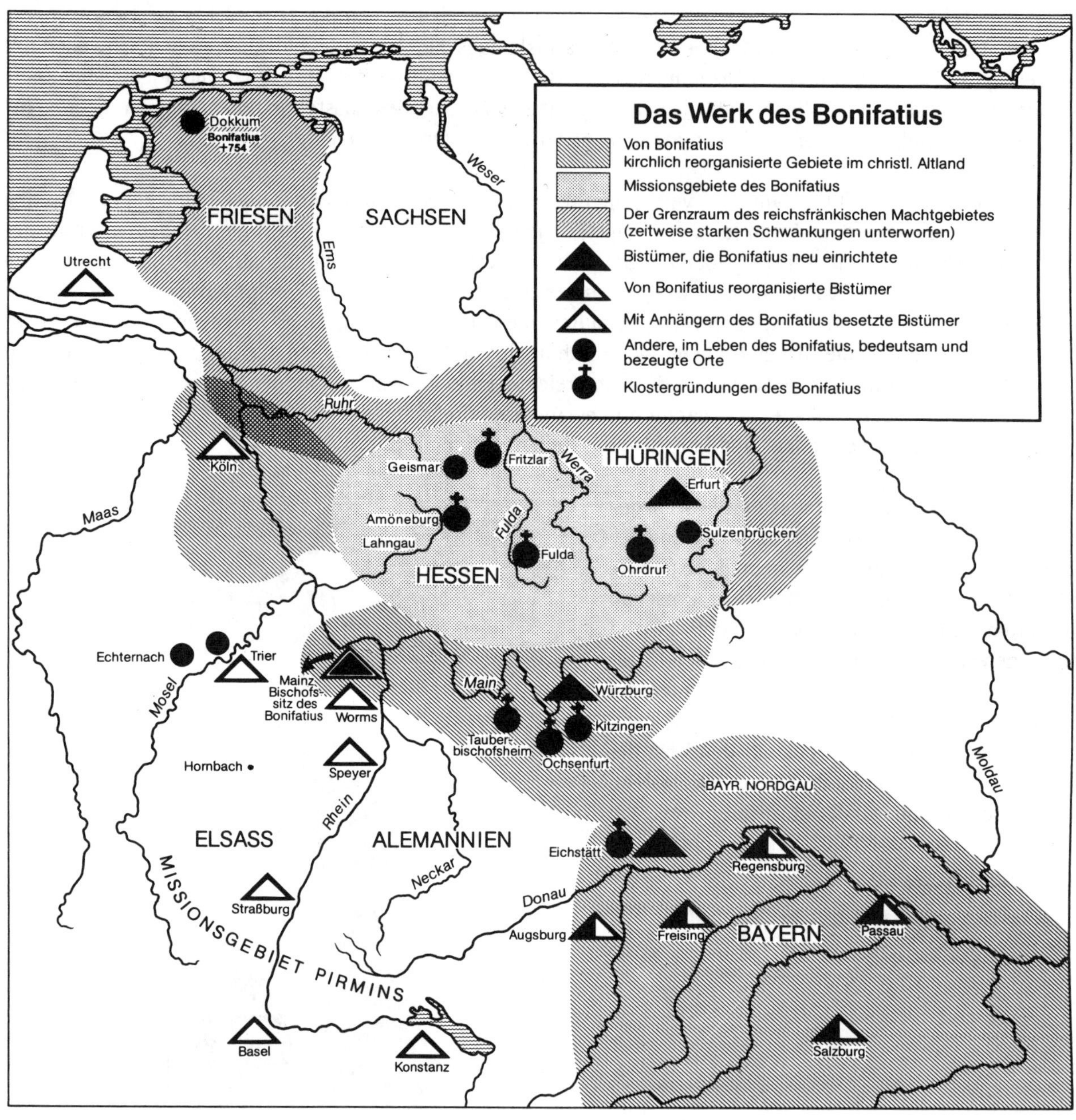

▷ Bildet Kleingruppen: Lest die Lebensdaten von Bonifatius in der Tabelle (M1) und studiert den Quellentext (M2) und die Karte (M3). Entscheidet gemeinsam, was das Wichtigste gewesen ist, das Winfrid Bonifatius in seinem Leben erreicht hat.

Bonifatius fällt die Donareiche **M4**

Damals aber empfingen viele Hessen, die den katholischen Glauben angenommen und durch die siebenfältige Gnade des Geistes gestärkt waren, die Handauflegung. Andere aber, deren Geist noch nicht erstarkt war, verweigerten unverletzbare Wahrheiten des reinen Glaubens zu empfangen. Einige opferten heimlich den Bäumen und Quellen, andere taten dies ganz offen. Einige wiederum betrieben teils offen, teils im Geheimen die Seherei und Wahrsagerei, das Losdeuten und der Zauberwahn, andere dagegen befassten sich mit Amuletten und Zeichendeuterei und pflegten die verschiedensten Opfergebräuche. Andere dagegen, die schon gesunderen Sinnes waren und allem heidnischen Götzendienst entsagt hatten, taten nichts von alledem. Mit deren Rat und Hilfe unternahm er [d.h. Bonifatius] es, eine ungeheure Eiche, die mit ihrem alten heidnischen Namen die Jupitereiche genannt wurde, in einem Orte, der Gäsmere [heute Geismar, bei Fritzlar] hieß, im Beisein der ihn umgebenden Knechte Gottes zu fällen. Als er nun in der Zuversicht seines standhaften Geistes den Baum zu fällen begonnen hatte, verwünschte ihn die große Menge der anwesenden Heiden als einen Feind ihrer Götter lebhaft in ihrem Innern. Als er jedoch nur ein wenig den Baum angehauen hatte, wurde sofort die gewaltige Masse der Eiche von höherem göttlichem Wehen geschüttelt und stürzte mit gebrochener Krone zur Erde, und wie durch höheren Winkes Kraft barst sie sofort in vier Teile, und vier ungeheuer große Strünke von gleicher Länge stellten sich, ohne dass die umstehenden Brüder etwas dazu durch Mitarbeit getan, dem Auge dar. Als die vorher fluchenden Heiden dies sahen, wurden sie umgewandelt, ließen von ihrem früheren Lastern ab, priesen Gott und glaubten an ihn. Darauf aber erbaute der hochheilige Bischof, nachdem er sich mit den Brüdern beraten, aus dem Holzwerk dieses Baumes ein Bethaus und weihte es zu Ehren des heiligen Apostels Petrus.

Willibald: Das Leben des hl. Bonifatius

▷ Beurteile Bonifatius Umgang mit den alten Heiligtümern der hier lebenden Menschen. Vergleiche seine Aktion mit einem möglichen Handeln heute: Wie würde eine vergleichbare Aktion gegen eine christliche Kirche, gegen einen jüdischen Friedhof oder gegen eine Moschee beurteilt werden?

M5 Ein Bischof wird ermordet

Nachdem also, wie von uns dargelegt worden, durch Friesland das Licht des Glaubens leuchtete und das glückselige Ende unseres Heiligen herannahte, schlug er am Ufer des Bordneflusses seine Zelte auf. Er wurde von seiner Mannen Schar begleitet. Der Fluss trennt die beiden Grenzgebiete, die in ihrer Landessprache Ostor- und Westeraeche genannt werden. Er hatte das weit und breit verstreute Volk von dem Tag in Kenntnis gesetzt, an dem die Neugetauften vorgeführt und ihnen von dem Bischof die Handauflegung und Firmung erteilt werden sollte. Alle kehrten nach Hause zurück, um am Tag der Firmung, wie es nach des heiligen Bischofs Willen eben bestimmt war, insgesamt wieder zu erscheinen.
Als aber der bestimmte Tag dämmerte und des Lichtes Morgenröte mit der aufgehenden Sonne hervorbrach, da kamen anstelle der Freunde und neuen Gläubigen Feinde und neue Räuber herbei. Eine gewaltige Anzahl Feinde drang mit blinkenden Waffen, mit Speeren und Schilden in ihr Lager. Da stürzen sich ihnen sofort die Mannen aus den Zelten entgegen, zücken Waffen gegen Waffen und versuchen, die Heiligen und bald zum Märtyrertod Bestimmten gegen die wütende Macht des rasenden Volkes zu schützen. Der Mann Gottes [d. h. Bonifatius] jedoch sammelt sofort, als er das Andringen des tobenden Haufens gewahr geworden, seiner Geistlichen Schar, nimmt die Reliquien der Heiligen, die er stets bei sich zu führen gewohnt war, schreitet aus dem Zelte heraus und verbietet sogleich den Mannen, sie hart anlassend, den Kampf, indem er spricht: „Lasset ab, Mannen, vom Kampfe, tut Krieg und Schlacht ab, denn das wahre Zeugnis der Heiligen Schrift lehrt uns, nicht Böses mit Bösem, sondern sogar Böses mit Gutem zu vergelten (1 Thess 5,15). Denn schon ist der langersehnte Tag da und die willig erwartete Zeit unserer Auflösung steht bevor (2 Tim 4,6). Darum seid stark in dem Herrn und ertraget dankbar, was er uns gnädig schickt. Hoffet auf ihn, denn er wird eure Seelen erlösen." Zu den in der Nähe befindlichen Priestern und Diakonen und den Männern, die in niederen Graden Gott dienten, sprach er mit väterlich mahnenden Worten: „Männer und Brüder, seid tapferen Mutes und fürchtet euch nicht vor denen, die den Körper töten, die Seele aber, die ewig leben wird, nicht vernichten können (Mt 10,28). Freuet euch vielmehr im Herrn und befestigt den Anker eurer Hoffnung in Gott, der euch sofort den Lohn der ewigen Wiedervergeltung gibt und euch in der Himmelshalle Wohnsitze bei den hohen Engeln anweisen wird. Seid nicht untertan den eitlen Vergnügungen dieser Welt, lasst euch nicht durch menschliche Ehren, die ja so hinfällig sind, einnehmen, sondern gehet standhaft hier in den drohenden zeitlichen Tod, damit ihr mit Christus herrschen könnt in Ewigkeit."
Während er mit solcher ermahnenden Lehre die Schüler antrieb, sich die Krone des Märtyrertums zu verdienen, stürzte der ganze wütende Haufen der Heiden mit Schwertern und voller Kriegsausrüstung über sie her und machte die Leiber der Heiligen nieder in Heil bringendem Morde. [...]

Aus Willibald: „Das Leben des hl. Bonifatius"

Ab dem 4. Jahrhundert wurden in der christlichen Kirche Menschen, die bei Christenverfolgungen ums Leben gekommen waren und bei ihrer Hinrichtung betend an ihrem Glauben festhielten, als Heilige und Märtyrer (*marturein* = bezeugen, verkündigen) verehrt und ihre Gräber als Pilgerstätten besucht. Später konnten auch Christen und Christinnen, die Wunder gewirkt hatten, heiliggesprochen werden.

▷ Willibald, der Autor der Lebensbeschreibung von Bonifatius, möchte durch seine Erzählung die Heiligsprechung von Bonifatius bewirken. – Beurteile, ob Bonifatius als Märtyrer oder als Opfer eines Raubüberfalls gestorben ist.

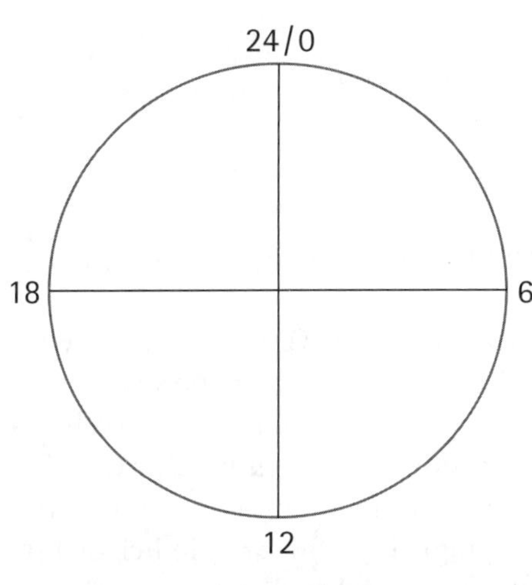

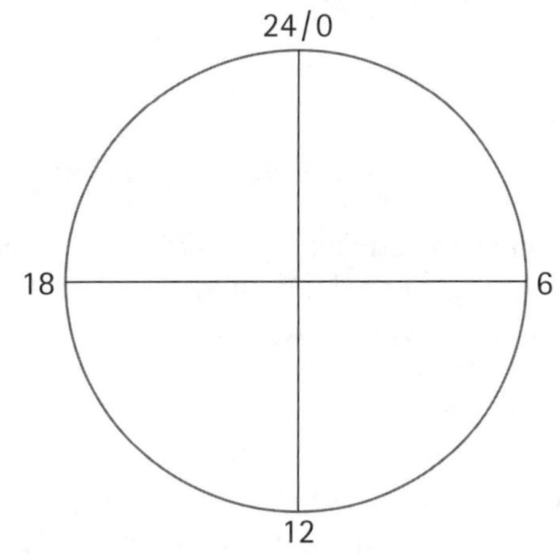

❑ Schlafen ❑ Arbeit ❑ Lesen ❑ Gebet

1. Fülle im linken Kreis aus, wie das Leben eines Mönches oder einer Nonne im Kloster tagtäglich verläuft. Die Gebetszeiten sind: Prim (das erste Gebet um 6 Uhr), Laudes (direkt danach), Terz (drei Stunden später) Sext (sechs Stunden später, um 12.00 Uhr), Non (drei Stunden später), Vesper (drei Stunden später, Abendgebet), Komplet (Nachtgebet um 20 oder 21 Uhr), Vigil/Matutin (zwischen Mitternacht und Morgen).
2. Fülle im rechten Kreis aus, wie dein Tag gestern ausgesehen hat. Rechne aus, wie viel Zeit du mit Arbeit, Schlaf, Lesezeit und Gebet verbracht hast.
3. Vergleiche deine Ergebnisse mit jemand anderem aus der Klasse und mit einem mönchischen Tagesablauf.

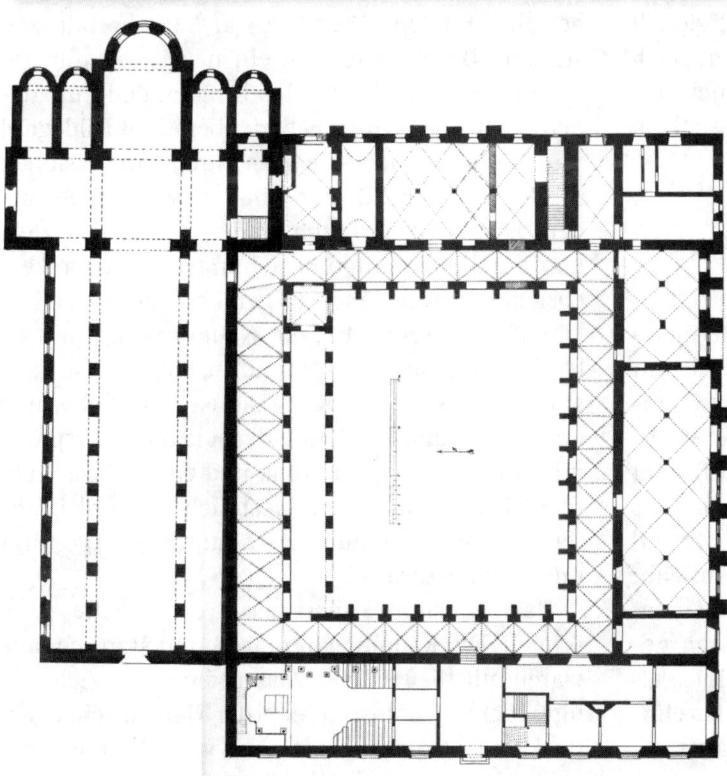

4. Beschrifte den Grundriss: Klosterkirche, Klausur mit Refektorium, Klosterhof/ Kreuzgang, …

4. Hildegard von Bingen
Eine begabte Mystikerin gewinnt Einfluss

Vielleicht ist das Merkwürdigste an Hildegard von Bingen, dass sie Jahrhunderte lang in der Geschichte der Kirche kaum eine Rolle spielte. Sie wurde nie offiziell heilig gesprochen und lange Zeit nur regional verehrt. Heute ist sie die bekannteste deutsche Frau aus dem Mittelalter.

Das hat mit der Frauenemanzipation seit den 70er Jahren, der zunehmenden Frauenforschung und mit der Wiederentdeckung von Frauen in der Kirchengeschichte zu tun. Aber auch ihre zeitlosen und universellen Visionen haben in letzter Zeit erneut Bedeutung erlangt. Es sind insbesondere die dazu gemalten Bilder ihres Helfers – des Mönchs Volmar –, die zur Verbreitung ihrer faszinierenden Visionen beigetragen haben. Hier wird ein religiös geprägtes Weltbild entfaltet, in dem Gott als Schöpfer eines wohl geordneten Kosmos verehrt wird und in dem der Mensch einen zentralen Platz zugewiesen bekommt. Die Visionen und Bilder vermitteln die mystische Vorstellung eines alles liebenden und in allem zu preisenden Gottes, ohne dass sie das Geheimnis Gottes enthüllen. Sie schließen gut bei der heutigen individuell geprägten Sehnsucht nach Spiritualität an; nach einer Spiritualität für Menschen, die in einer globalen Welt nach Inhalten und Strukturen suchen, die Halt geben.

Wer war Hildegard von Bingen?

Hildegard von Bingen wurde 1098 in Bermersheim bei Alzey in Rheinhessen geboren. Sie war das zehnte Kind einer bedeutenden adligen Familie. Von zwei Brüdern wissen wir, dass sie wichtige Ämter in der Kirche bekleideten. Ein Bruder war Domkantor in Mainz, ein anderer Kanonikus (ein in einer Gemeinschaft lebender Geistlicher) in Tholey an der Saar. Hildegard wurde im Jahr 1106 schon als achtjähriges Kind dem nahe gelegenen Kloster Disibodenberg in Rheinhessen gegeben. Neuere Forschungen erwähnen 1112 als Eintrittsdatum, da wäre sie 14 gewesen. Als zehntes Kind war sie das „Zehnt-Opfer", das Laien seit dem 6. Jahrhundert der Kirche darbrachten (vgl. Lev 27,30).

Im Kloster war sie in der Obhut einer befreundeten adligen Nonne, Jutta von Sponheim. Diese hatte sich aus religiösen Motiven aus der Welt zurückgezogen. Sie wollte als Eremitin „für Gott frei sein" und so schon auf Erden etwas von Gottes „wohltuender Süßigkeit" erfahren. Sie ließ sich in einem „Claustrum" (geschlossenes Kloster) einschließen. Das Ritual des Eintritts in die Klause glich einem Versterben und war fast wie eine „Einsargung". Auch Hildegard wurde auf diese Weise schon als Kind „Inklusin": eine „Eingemauerte". Mit zehn anderen jungen Frauen lebte sie in einer Klause, die dem Benediktiner-Mönchkloster Disibodenberg angegliedert und dem Abt des Klosters unterstellt war. Abgeschlossen von der Welt konnte sie aber durch ein Fenstergitter in die Klosterkirche schauen und so am Gebet und an der Eucharistie teilnehmen.

Als Jutta von Sponheim 1136 starb, wurde Hildegard von ihren Mitschwestern als Nachfolgerin gewählt. Im Jahr 1150, sie war 53 Jahre alt, zog sie mit 20 Schwestern in ein neues, von ihr gegründetes Frauenkloster bei Bingen: den Rupertsberg. Abt Kuno von Disibodenberg ließ Hildegard nur ungern ziehen. Sie war durch ihre Visionen schon über das Kloster hinaus bekannt geworden. Es war sicher auch Hildegards adliger Herkunft und ihren guten Beziehungen zu verdanken, dass die Klostergründung gelang. Aber vor allem kämpfte sie selbst für die Neugründung mit allen Mitteln, die ihr als Nonne zur Verfügung standen: Sie trat in eine Art Visionsstreik und wurde ernsthaft krank. Für ein entscheidendes Gespräch mit Kuno ließ sie sich krank und erschlafft auf ein Pferd heben. Nach dem Gespräch, so wird in ihrer Lebensbeschreibung erwähnt, ritt sie „gestärkt und freudig zurück".

Das Kloster Rupertsberg entwickelte sich schnell. Die Räume waren groß und stattlich, alle waren mit fließendem Wasser versehen. Viele adlige Töchter schlossen sich der Gemeinschaft an. Im Jahr 1170 wohnten dort schon 50 Nonnen, was weit mehr war als die üblichen 20 bis 30 Bewohner. Im Jahr 1165 übernahm Hildegard zudem das leer stehende Augustinerkloster in Eibingen bei Rüdesheim, an der anderen Rheinseite, als Frauenkloster. Dieses Benediktinerinnenkloster lebt bis heute in ihrer Tradition. Das Kloster Rupertsberg befindet sich heute in Bingerbrück.

Die Ordnung, der Kosmos und das Geheimnis Gottes

Von Kind an hatte Hildegard von Bingen Visionen. Sie verheimlichte sie aber, was oft zu Lähmungen und anderen Krankheiten führte. Erst 1141 fing sie an, ihre inneren religiösen Bilder und Prophezeiungen zu äußern.

Es sind von Hildegard drei große Werke mit Visionen bewahrt geblieben:

1. *Sci vias* (Wisse die Wege). Die 26 Visionen in diesem Werk entstanden zwischen 1141 und 1151. Es ist ihr bekanntestes Buch und machte sie bald über das eigene Kloster hinaus bekannt.
2. *Liber vitae meritorum* (Buch der Lebensverdienste). Dieses Buch entstand zwischen 1158 und 1161 und ist in der klassischen eremitischen Tradition der Seelenkämpfe geschrieben. Es enthält faszinierend aktuelle psychische Einsichten.
3. *Liber divinorum operum* (Buch der göttlichen Werke). Dieses Buch entstand zwischen 1163 und 1174 unter erschwerten Umständen, weil 1173 ihr langjähriger Assistent, Schreiber und Maler, der Mönch Volmar, starb.

Auch war Hildegards Bekanntheit und Einfluss so gestiegen, dass sie viel in der Öffentlichkeit predigen durfte und vier große Predigtreisen unternahm. Das war in dieser Zeit ungewöhnlich. In ihren Predigten äußerte sie sich kritisch gegenüber „ketzerischen" Strömungen in ihrer Zeit und gegenüber der Kirche. Die Katharer (die „Reinen"; manche Wissenschaftler meinen, dass davon das Wort Ketzer abgeleitet ist), waren Hildegard zu weltfremd in ihrer Ablehnung von Ehe und Priestertum. Die römische Kirche kritisierte sie aber genauso scharf als geistlos und verweltlicht. Die drei Visionen, die in M2 aufgenommen sind, stammen alle aus dem ersten und dritten Buch. Im *Buch der göttlichen Werke* zeigt sich am klarsten, wie sie sich als Teil der ganzen Schöpfung fühlte, verbunden mit Gott und mit anderen Menschen, aber auch mit Tieren, Pflanzen und Steinen. Gott hat dies alles geschaffen und wunderbar geordnet. Der Mensch lebt in seinem Licht, das alles umfasst.

Hildegards Bedeutung beschränkt sich aber nicht auf die geistliche Leitung ihrer beiden Klöster, auf ihre Visionen und Predigten. Sie schrieb auch Musik, darunter ca. 80 Gesänge, die bis heute vertont und gesungen werden. Darüber hinaus schrieb sie Bücher über heilende Pflanzen, Kräuter und Kochrezepte, die bis heute immer wieder verlegt werden.

Am 17. September 1179 starb sie als Äbtissin im Kloster Rupertsberg. Mit ihrer Lebensweise und ihren Visionen steht sie in der breiten Tradition der Mystik.

Mystik

Mystische Strömungen hat es zu allen Zeiten in der Kirchengeschichte gegeben. Auch heute ist die Mystik durch ihre universelle und religionsübergreifende Bedeutung wirkungsvoll. Das Bewusstsein Gottes Gegenwart in allem zu erfahren, entwickelte sich in Europa im Mittelalter zu einer bedeutsamen Kraft. In einer Zeit des politischen und wirtschaftlichen Umbruchs entstanden kirchenkritische Bewegungen (Katharer, Franz von Assisi) und es entwickelte sich in den Klöstern eine Liebesmystik, die die „unio mystica" mit Gott betonte. Hier gehören Bernhard von Clairvaux, Hildegard von Bingen, Johannes vom Kreuz und Katharina von Siena zu den bekanntesten Vertretern.

Die institutionalisierte Kirche hat grundsätzlich Probleme mit dieser nicht rituell, nicht hierarchisch und nicht juristisch einzubindenden Frömmigkeit. Dennoch hat die mystische Frömmigkeit des hohen und späten Mittelalters (12.–15. Jh.) das Bild der wahren Nachfolge Christi stark geprägt: monastisch, asketisch, innerlich, keusch, gehorsam, aber nicht weltfremd. Diese Frömmigkeit erhielt über den Mönch Martin Luther auch Einfluss auf die evangelische Spiritualität. Die Askese und Innerlichkeit sollte sich aber nicht mehr im Kloster vollziehen, sondern der ganze Alltag sollte davon geprägt sein. Die Bedeutung der geistigen Gesänge übertrug sich auf die für den Protestantismus zentrale Erfahrung von geistlicher Musik; die Frömmigkeit vollzieht sich eher „im stillen Kämmerlein" (vgl. Dierks, 141 f.).

Material

Mit M1 **und** M2 können die Schülerinnen und Schüler einen ersten Eindruck von Hildegard bekommen.

Die Antworten auf die Aufgaben können nach der Einzelarbeit zunächst mit dem Tischnachbarn ausgetauscht werden, als Zwischenschritt auch noch in Vierergruppen, bevor sie mit der ganzen Klasse besprochen werden.

Mit M3 tauchen wir in Hildegards Visionen und in die religiöse Bildersprache des Mittelalters ein. Das Schöne an den symbolischen Bildern dieser Visionen ist, dass sie auch ohne Vorkenntnisse einen Eindruck vermitteln und jedem Schüler bzw. jeder Schülerin ermöglichen, zunächst eine subjektive Bedeutung zu formulieren. In einem zweiten Schritt können die Schülerinnen und Schüler durch das Lesen des Textes der Vision und durch die Informationen der Lehrkraft über die mittelalterliche Symbolsprache zu einer tieferen Deutung und objektiveren Bedeutung der Visionen gelangen. Es geht dabei aber nicht um richtig oder falsch, sondern um Deutungskontexte, die nebeneinander stehen können. Auch in der unten erwähnten Literatur stehen zum Teil unterschiedliche Interpretationen nebeneinander.

Die Bilder leben von der Farbe. Diese konnte hier nicht reproduziert werden. Sie sind aber leicht im Internet aufzufinden und sollten per Beamer oder OHP in der Klasse gezeigt werden.

A. Der Kosmosmensch: Im diesem ersten Bild steht der Mensch zentral. Er ist die Mitte der Schöpfung. Er breitet seine Hände von der Erde (die rotbraune Mitte) in den Kosmos bis ans Ende der „weißen starken Klarluft" und die „innerste Lufthülle" aus. Die vier symbolischen Tiere sind die vier Windsysteme, die aus allen Richtungen wehen und das Weltenrad in einer kreisenden Bewegung halten. Umfasst wird alles von der roten jugendlichen Gestalt: die feurige, vor Leben sprühende Liebe (Caritas), die mit ihren goldenen Strahlen alles durchdringt und den ganzen Kosmos wie ein Lichtnetz umfasst. Über allem ragt das bärtige Gesicht von Gott, dem Vater und Schöpfer; eine Gottesdarstellung, die auf eine Erwähnung im Buch Henoch zurückgeht. In der linken Ecke unten sehen wir Hildegards Schau. Sie schreibt im *Liber Divinum Operum*: „Mitten im Weltenbau steht der Mensch, denn er ist bedeutender als alle übrigen Geschöpfe. ... An Statur ist er zwar klein, an Kraft seiner Seele jedoch gewaltig. Was er mit seinem Werk in rechter und linker Hand bewirkt, das durchdringt das All." (Vgl. Sölle, 31/Diers, 73/Böttge, M15)

B. Christus als Allherrscher auf der Weltkugel. Dieses Bild geht auf die klassische mittelalterliche Christusdarstellung zurück, die Pantokratordarstellung, die auch ab dem 4. Jahrhundert auf Ikonen zu sehen ist. Hildegard verbindet dieses Bild mit ihrer Vorstellung des Kosmos. Christus sitzt auf seinem Thron und hat die Hand in einer segnenden Haltung. Zwei Finger deuten an, dass er wahrer Gott und wahrer Mensch ist, drei Finger bezeichnen die Trinität. In seiner linken Hand hält er die Bibel: das Wort Gottes, das er selbst ebenso verkörpert. Er thront im Himmel (rot, wellenartige Strukturen), herrscht aber auch über den Kosmos, der in Blau dargestellt ist. Hier sieht man nochmals, dass Hildegard stark durch die Bilderwelt der Psalmen und die Vorstellungen vom frühen Mittelalter geprägt ist, in der Gott als der Schöpfer und alles umfassender Herrscher von Himmel und Erde dargestellt wird. Er hat alles wohl geordnet und seine äußere Ordnung ist das Urbild für unsere innere Ordnung. Hildegard schreibt: „Gottes Thron ist ja seine Ewigkeit, in der Er allein sitzt, und alle Lebewesen sind gleichsam Strahlen Seines Glanzes, die Ihm wie die Strahlen der Sonne entströmen." Auch die Engelvisionen Hildegards, die die sieben Engelchöre wie in einem Mandala um die helle Mitte (Gott) singen lassen, zeigen die klare Ordnung Gottes auf. Wie die Engel leben wir zum Lobpreis des Ewigen. Spätere Vorstellungen eines leidenden Christus (14.–15. Jahrhundert) sind Hildegard fremd. (Sölle, 17/Diers, 62)

C. Das Kosmos-Ei. Eins von Hildegards bekanntesten Bildern ist die Darstellung des Kosmos. Es stammt aus *Sci vias* und kehrt auch in den späteren Visionen wieder. Dass das Bild bei manchem Schüler der 8. Klasse – entwicklungspsychologisch bedingt – erotische Assoziationen auslöst, kann als Anreiz zum genauen Hinschauen verwendet werden.

Erstaunlich ist in diesem Bild zuerst die elliptische Darstellung des Weltalls, eine Vorstellung, die sich in den Naturwissenschaften erst nach Keppler (1609) durchgesetzt hat. Hildegard betont in dem Visionstext nachdrücklich, dass sie das Bild dreidimensional als Ei verstehen möchte. Im Zentrum der mandala-artigen Zeichnung befindet sich die runde Erde („Sandkugel"). In der Mitte ein hoher Berg, oben ein Gebiet im Licht, unten im Schatten. Um die Erde ist Wasser, Luft und (als drei Gesichter personifiziert dargestellt) der Wind. Die Grünkraft Gottes (für Hildegard der Inbegriff von Gottes Fürsorge für das Leben) grenzt die Atmosphäre vom Sternenhimmel ab. Im Sternenhimmel befinden sich der Mond und nach außen andere Planeten. In jeder Schicht, sogar in der als schwarze Schicht dargestellten „dunklen Haut" sind als hauchende und pustende Köpfe dargestellte Kräfte (Wind, Donner, Hagel, Gewitter usw.) am Werke. Sie stehen für Gottes Kraft und verbinden alles mit allem, sogar mit dem alles umringenden Feuer, das die Gesamtheit des Kosmos darstellt, und mit dem rechteckigen Blattrand. Über das dunkle, ei-artige Gebilde (auch Symbol der göttlichen Lebenskraft) schreibt Hildegard: „Es bedeutet den Glauben an den allmächtigen Gott, unfassbar in seiner Majestät, unvergleichbar in seinen Geheimnissen und die Hoffnung aller Gläubigen." Und an anderer Stelle lesen wir über Gott als Urgrund allen Seins: „Ich, die höchste und feurige Kraft, habe jedweden Funken von Leben entzündet, und nichts Tödliches sprühe ich aus." Die rötlich strahlende Sonne, die die ganze leuchtende Feuerschicht erleuchtet und von drei Fackeln gehalten wird, ist das Zeichen für Christus: „Mit dem Glanz seiner Herrlichkeit weist er auf den unaussprechlichen wunderbaren Eingeborenen in Gott dem Vater hin, der als Sonne der Gerechtigkeit den Strahl brennender Liebe in sich trägt und von solcher Herrlichkeit ist, dass die ganze Schöpfung vom Glanz seines Lichtes erleuchtet wird."

Mit diesem Zitat kann die Verbindung zu den zwei anderen Visionen gelegt werden, die sich in Hildegards Deutung stark in der hochmittelalterlichen Symbolsprache bewegt. (Sölle, 27/Riley, 70/ Diers, 72/Böttge, M20)

Kompetenzen

Didaktisch ist Hildegard interessant, weil mit ihr das Thema „religiöse Erfahrung (Mystik/Spiritualität)" und die fast zeitlose und religionsübergreifende Deutung von Gott, Mensch und Kosmos erschlossen werden kann. Kirchengeschichte ist nicht nur Institutionengeschichte. Insbesondere für Mädchen ist es wichtig, auch Frauen in der Kirchengeschichte zu behandeln.

Im Unterricht von ein oder zwei Stunden in der 8. oder 9. Klasse kommt es nicht darauf an, diese mystischen Bilder in allen Details zu erklären. Die Schülerinnen und Schüler sollen eine erste Ahnung von der Andersartigkeit der Welt der Frauenklöster und der mystischen Visionen im Mittelalter vermittelt bekommen. Insbesondere zeigt Hildegards mystischer Zugang zur Wirklichkeit, dass Himmel und Erde nicht in Funktionen und Fähigkeiten aufgehen und deutet hiermit auch die Grenzen der Kompetenzorientierung für Religion an.

Wahrnehmen und Deuten

Die Schülerinnen und Schüler können durch die Interpretation der Bilder und Kurzinfos in die Denk- und Lebenswelt einer mittelalterlichen Mystikerin eintauchen. Die eigenartige Bildersprache macht ein symboldidaktisches Arbeiten möglich, das Subjekt und Objekt zeitlos und offen verbindet. Es gibt nicht die einzige gültige Deutung der Bilder, weil auch die Visionstexte Hildegards Deutungsspielräume offen lassen. Dies ist für richtiges Wahrnehmen und Deuten eine zentrale Erkenntnis.

Urteilen und Handeln

Der Vergleich mit der Andersartigkeit der Welt Hildegards schärft die Auseinandersetzung mit Bildern und Vorstellungen von Gott, Welt und Mensch heute. Insbesondere die Auseinandersetzung mit esoterischen und nicht-christlichen Vorstellungen kann zu gehaltvollen Gesprächen führen.

Literatur

Bernhard Böttge: Wie eine Feder – getragen vom Wind, Materialien für den Unterricht zu Hildegard von Bingen, Forum Religion 32, 2/98, Kassel 1998

Harmjan Dam: Hildegard von Bingen, in: Kirchengeschichte lebendig, Frankfurt/M. 2001, S. 24–28 und S. 31–34

Heidrun Dierk: Mystik im Mittelalter, in: Rainer Lachmann e.a., Kirchengeschichtliche Grundthemen. TLL 3. Göttingen [3]2010, S. 133–145

Michaela Diers: Hildegard von Bingen, München [5]2005

Helene M. Kastinger Riley: Hildegard von Bingen, Reinbek bei Hamburg [3]1998

Heinrich Schipperges: Hildegard von Bingen, München 1995

Dorothee Sölle: O Grün des Fingers Gottes, Wuppertal 1989

M1 Hildegard und ihre Umwelt

Das Kloster Rupertsberg, das Hildegard im Jahr 1151 an der Mündung der Nahe in den Rhein gründete. Das Kloster wurde im 17. Jahrhundert zerstört und die Ruine wurde im 19. Jahrhundert abgetragen.

Hildegard von Bingen wurde 1098 in Bermersheim bei Alzey in der Nähe von Worms (Rheinhessen) geboren. Sie war das zehnte Kind in einer adligen Familie. Sie wurde wie eine Art Opfer schon als Kind dem Kloster Disibodenberg gegeben. Hier befand sie sich in der Obhut einer befreundeten adligen Nonne, Jutta von Sponheim. Hildegard wurde „Inklusin": eine „Eingemauerte". Mit zehn anderen jungen Frauen lebte sie abgeschlossen von der Welt und konnte nur durch ein Gitterfenster in die Klosterkirche schauen und so am Gebet teilnehmen.
Als Jutta von Sponheim 1136 starb, wurde Hildegard ihre Nachfolgerin und gründete ein eigenes Kloster bei Bingen: Rupertsberg. Von Kind an hatte Hildegard Visionen, die sie aber verheimlichte, wodurch sie krank wurde. Erst 1141 fing sie an, ihre inneren religiösen Bilder und Prophezeiungen zu äußern und aufzuschreiben. Dadurch wurde sie bald über das eigene Kloster hinaus bekannt. Ihre Visionen waren auch kritisch gegenüber der Kirche der Zeit.

Sie war so bekannt, dass sie sogar in der Öffentlichkeit predigen durfte und 1147 vom Papst anerkannt wurde. Das war in dieser Zeit für eine Frau ungewöhnlich. Sie fühlte sich als Teil der ganzen Schöpfung, verbunden mit Gott, mit anderen Menschen, aber auch mit Tieren, Pflanzen und Steinen. Gott hatte dies alles geschaffen und wunderbar geordnet. Der Mensch lebt in seinem Licht, das alles umfasst.

Hildegard von Bingen schreibt am Ende ihres Lebens in einem Brief, wie sie ihre Visionen wahrnimmt:
„Von meiner Kindheit an, als meine Gebeine, Nerven und Adern noch nicht erstarkt waren, erfreue ich mich bis auf heute, nun dass ich über siebzig Jahre alt bin, der Gabe dieser Schau in meiner Seele. Meine Seele steigt, so wie Gott das will, in diesen Visionen bis in die Höhe des Firmaments hoch. Ich sehe aber diese Dinge nicht mit den äußeren Augen und höre sie nicht mit den äußeren Ohren. Ich nehme sie nicht als Gedanken meines Herzens wahr oder durch die Vermittlung meiner fünf Sinne. Ich sehe sie vielmehr nur in meiner Seele, obwohl ich meine Augen offen habe. Ich bin auch nicht bewusstlos oder in Ekstase, sondern ganz wach schaue ich dies, bei Tag und bei Nacht. Das Licht, das ich schaue, ist nicht an den Raum gebunden. Es ist viel leichter als eine Wolke. Es wird mir als der ‚Schatten des lebendigen Lichtes' bezeichnet."

Brief von Hildegard von Bingen an Wibert von Gembloux, aus: Briefwechsel, Hildegard von Bingen, © Otto Müller Verlag, 2. Auflage, Salzburg 1990

Hildegard schrieb auch Musik und Bücher über heilende Pflanzen und Kräuter. Sie starb als Äbtissin (Leiterin) des Klosters Rupertsberg im Jahr 1179.

▷ Diskutiert miteinander: Was für ein Mensch war Hildegard?

Hildegards Zeit: das 12. Jahrhundert M2

1095: Aufruf Papst Urban II. zum ersten Kreuzzug.
1098: Anselm von Canterbury (England) schreibt *Warum Gott Mensch wurde*.
1098: In Citeaux (Frankreich) wird ein neuer Klosterorden gegründet: die Zisterzienser.
1099: Jerusalem wird von Kreuzfahrern erobert.
1122: „Wormser Konkordat": ein langjähriger Streit um die Macht von Staat (Kaiser) und Kirche (Bischöfe) wird beendet.
1130–1139: Es gibt zwei Päpste, einen in Rom und einen in Avignon (Frankreich).
ab 1140: Die Katharer („Reinen") verbreiten das Ideal einer Gegenkirche, die in Absonderung von der Welt und in Armut leben will. Sie werden als „Ketzer" verfolgt.
1145: Bernhard von Clairvaux ruft zum zweiten Kreuzzug auf, der von 1147–1149 dauert.
1152–1190: Kaiser Friedrich I. (Barbarossa) regiert.
1170: Erzbischof Thomas Becket wird vor dem Altar der Kathedrale in Canterbury ermordet.
1176: Petrus Valdes gründet einer Gegenkirche, die die Armut betont: die Waldenser.
1181: Franziskus von Assisi wird geboren.

1. Stell dir vor, du musst einen Kurztext für Wikipedia schreiben. Fasse in wenigen Zeilen zusammen, wer Hildegard von Bingen war, in welcher Welt sie lebte und warum sie heute noch bedeutend ist. Lies dazu auch M1.

____
____
____
____
____
____
____
____

2. Stell dir vor, deine Eltern würden dich in ein Kloster geben, dass dich in großer Abgeschlossenheit von der Welt erzieht. Diskutiert, welche Vor- und Nachteile das hätte.

M3 Die Visionen

 A.  Der Kosmosmensch	„Alsdann erschien mitten in der Brust der Gestalt, die ich erschaut hatte, ein Rad von wunderbarem Aussehen. Mitten in diesem Riesenrad erschien die Gestalt eines Menschen. Sein Scheitel ragte nach oben, die Fußsohlen reichten nach unten bis zur Sphäre der starken weißen und leuchtenden Luft. Die Gestalt hielt die Arme ausgebreitet. In Richtung der vier Seiten erschienen vier Köpfe: der eines Leoparden, eines Wolfes, eines Löwen und eines Bären."
B.  Christus als Allherrscher auf der Weltkugel	„Gottes Thron ist ja seine Ewigkeit, in der Er allein sitzt, und alle Lebewesen sind gleichsam Strahlen Seines Glanzes, die Ihm wie die Strahlen der Sonne entströmen."
C.  Das Kosmos-Ei	„Danach sah ich ein riesiges dunkles Gebilde wie ein Ei. Die äußerste Schicht bestand rundum aus leuchtendem Feuer und darunter lag etwas wie eine dunkle Haut. Unter der Haut gab es ganz reine Luft. In ihr erblickte ich einen größeren weiß glänzenden Feuerball über dem deutlich zwei Fackeln in der Höhe angeordnet waren; sie hielten den Ball. In dieser Luft gab es überall viele helle Kugeln. Mitten in diesen Elementen befand sich eine große Sandkugel. Die Elemente hielten sie so umfasst, dass sie nach keiner Seite herabfallen konnte. Doch wenn die Elemente zuweilen mit den Winden zusammenstießen, brachten sie manchmal durch ihren Zusammenprall die Kugel ein wenig in Bewegung."

1. Decke die rechte Spalte ab. Wähle eins der drei Bilder aus und schreibe auf, was das Bild bedeutet. Vergleiche anschließend mit Hildegards Text.
2. Diskutiert, was Hildegard mit diesen drei Visionen gemeint haben kann.

5. Papst Urban II. und die Kreuzzüge

Das Christentum verbreitet Gewalt im Namen Gottes

Das ursprüngliche Bestreben der sog. „Kreuzritter“ war großartig. Es ging um den alten Traum der Menschen, Teil der unendlichen Wirklichkeit Gottes zu sein. Die Idee der Kreuzritter verband sich direkt mit der mittelalterlichen Vorstellung der Inkarnation: Eingehen des Göttlichen in die Schöpfung. Der elende und suchende Mensch konnte daran Teil haben durch die Messe, durch die Pilgerfahrt, durch den Besuch heiliger Orte, durch den Eintritt ins Kloster. Aber gerade für Ritter waren diese Möglichkeiten nicht attraktiv und damit ihre Teilhabe an der Inkarnation Gottes beschränkt. Mit den Kreuzzügen hatten sie nun etwas, von dem sie sagen konnten „Gott will es!“, Deus lo vult. Der Kampf als Pilgerzug, als Wallfahrt und Buße, inklusive der Vergebung der Sünden!

Wollte Gott es?

Die weiteren Motive für die Kreuzzüge sind vielfältig. Einige entdeckt man in der Rede, die Papst Urban II. am 27. November 1095 auf dem Konzil von Clermont in Frankreich vor Kardinälen und Gästen hält (M1). In einer anderen Fassung des Aufrufs verweist er auf den Appell des byzantinischen christlichen Kaisers Alexios I. (1082–1111), der um Hilfe bittet im Kampf gegen den Verfall seines Reichs. Bis zur Einnahme Jerusalems durch das Ritterheer von Gottfried von Bouillon im Jahr 1099 waren die westeuropäischen Ritter nicht unwillkommen. War Kleinasien nicht von Paulus missioniert und nun vom „Heidentum“ erobert worden?

Ein weiteres Motiv: Wenn die Muslime schon aus Spanien vertrieben wurden und es überdies Gottes Wille war, dass die ganze Welt christlich wird (Mt 28,19 und Jes 2,2), dann sollte der Antichrist auch aus Jerusalem vertrieben werden.

Wichtig war auch die Situation für Pilger in Jerusalem. Die Stadt war bis 638 das wichtigste Pilgerziel für Christen. Da war Jesus Christus gekreuzigt, gestorben und begraben. Da war er auferstanden. Da sollte er wiederkommen. Der Kalif Omar hatte nach der Einnahme Jerusalems nachdrücklich angeordnet, die Christen zu schonen und zu gewährleisten, dass sie ihre Religion ausüben konnten. Das änderte sich Jahrhunderte später unter dem Kalifen al-Hakim. Er verbot die Wallfahrten und ließ 1009 die berühmte Grabeskirche, Hauptziel aller Pilger, zerstören. Auch wenn sie 1049 wieder aufgebaut wurde, war die Gefährdung der Pilgerorte eine bleibende Bedrohung.

Für verarmte Ritter boten die Kreuzzüge überdies eine Möglichkeit „auszusiedeln“ und zu neuem Reichtum zu kommen. Der Luxus des Orients war sprichwörtlich.

Später kamen noch andere Motive dazu, die manchmal an die Kolonialkriege des 17.– 20. Jahrhunderts erinnern. Vom 12. bis weit ins 13. Jahrhundert gab es in der ganzen Levante vier Kreuzfahrerstaaten nach westeuropäischem Muster: die Grafschaft Edessa, das Fürstentum Antiochia, die Grafschaft Tripolis und das Königreich Jerusalem. Der Sammelbegriff dieser Staaten lautete auf Französisch „Outremer“, Übersee. Die Bezeichnung in arabischen Quellen für die Eroberungsfeldzüge lautete „Frankenkriege“. Der erste König von Jerusalem war gleichzeitig der Anführer des ersten Kreuzzuges, Gottfried von Bouillon.

Wirtschaftliche Motive spielten zum Beispiel für Venedig und Genua eine zentrale Rolle bei ihrer Unterstützung der „Kreuzzüge“: freie Handelsrouten nach Kleinasien. Es fand ein ständiger Zustrom von Auswanderern nach den Kreuzfahrerstaaten statt; viele der zugezogenen „Franken“ assimilierten sich mit der ansässigen Bevölkerung und arbeiteten intensiv mit ihr zusammen. Auch von religiöser Anpassung wird in den Quellen berichtet. Der kulturelle und wissenschaftliche Gewinn für die „barbarischen“ Westeuropäer war groß (Medizin, Mathematik).

1291, fast 200 Jahre nach dem Aufruf zum ersten Kreuzzug, wurde Akkon als letzte Kreuzfahrerstadt von einem muslimischen Sultan rückerobert. Aber noch lange sollte die Sehnsucht nach dem Heiligen Land bleiben. Noch 1492 schrieb Christopher Columbus in seinem Tagebuch auf dem Weg nach Amerika, dass „aller Gewinn, der aus meinem Unternehmen erwächst, zur Eroberung Jerusalems verwendet werden soll“.

Material

Für Schülerinnen und Schüler, die aus dem Geschichtsunterricht über die Kreuzzüge informiert sind, bietet die Behandlung im Religionsunterricht die Möglichkeit, dogmatische und ethische Aspekte zu beleuchten: Macht und Gewalt (Heilige Kriege), Motive, Ziele, Verhältnismäßigkeit der Mittel. Schließlich ist die Frage nach der Begegnung von Christen und Muslimen zu stellen, die bis heute durch die Kreuzzüge belastet ist. Es kann nicht das Ziel sein, die Kreuzzüge zu rechtfertigen oder gar zu glorifizieren. Die Kreuzzüge waren brutale Eroberungskriege, die aus christlicher Perspektive nicht zu rechtfertigen sind. Die Begegnung der Religionen darf zukünftig nur gewaltlos sein.

M1 macht mit dem auslösenden Moment und den Motiven für die Kreuzzüge vertraut, M2 informiert über die wichtigsten historischen Stationen und lädt ein zur Diskussion über den Sinn von (Glaubens-)Kämpfen.

In M3 geht es um ein fingiertes Gespräch zwischen dem französischen Ritter Raimond und dem Araber Imad. Die Übereinstimmung der Namen mit Raimond von Aguilers (französischer Kreuzritter, der den ersten Kreuzzug miterlebte und beschrieb) und Imad ad-Din, (Sekretär Saladins, 1125–1201) ist kein Zufall. Der Text hat 23 Abschnitte und kann zum Beispiel abwechselnd reihum gelesen werden. Es können auch zwei Schüler eingeladen werden die Rollen zu spielen. Dann empfiehlt es sich, dies als Hausaufgabe vorbereiten zu lassen. Wenn Ritter Raimond einen Umhang und Imad einen Turban bekommt, ist die Identifikation mit der damaligen Zeit noch einfacher. Die ersten beiden Aufgaben können allein oder in Kleingruppen gelöst werden. Wichtig ist es, in einem Klassengespräch die Motive der Kreuzfahrer, die in dem Dialog genannt werden, an der Tafel zusammenzufassen. Die zweite Frage lädt ein die Brücke in die Gegenwart zu schlagen: Wie läuft heute Assimilation? Wie gelingt es heute (z. B. in Nordirland, auf dem Balkan) Feindschaft zu überwinden? Die dritte Aufgabe, die in Kleingruppen gelöst werden muss, stellt die gleiche Frage nach Versöhnung und Wahrheit auf spielerische Weise.

In einem Unterrichtsgespräch werden anschließend folgende Fragen angesprochen:

- Ist es richtig, die Kreuzzüge „Heilige Kriege" zu nennen?
- Gibt es so etwas wie einen gerechten Krieg? Heiligt ein Ziel alle Mittel?
- Warum wurde Kleinasien muslimisch?
- Wie verhält sich die Kirche heute zum Thema Krieg und Frieden? Welche Chance hat die ökumenische Bewegung um nationale Gegensätze zu überwinden? (Vgl. Kapitel 12.)
- Welche Alternativen gab es zu den Kreuzzügen? Hier kann auf das Zusammenleben von Christen und Muslimen im mittelalterlichen Spanien verwiesen werden, auf den Theologen Raimundus Lullus oder auf das Gespräch von Franziskus von Assisi mit dem Sultan el-Kamil bei Damiette im Jahr 1219 (vgl. Kapitel 6, M3).

Kompetenzen

Wahrnehmen und Deuten

Die Schülerinnen und Schüler erschließen die Motive der Kreuzritter aus historischen Quellen und der Kenntnis chronologischen Ablaufs.

Urteilen und Handeln

Sie lernen reale Wege kennen, wie Versöhnung zwischen Feinden auch im Sinne Jesu möglich ist: „Überwinde das Böse durch das Gute".

Dialogfähigkeit

Ziel muss sein, die Kreuzzüge als bleibende große Belastung für die Begegnung von Christen und Muslime differenziert zu betrachten.

Literatur

Herbert Gutschera/Joachim Maier/Jörg Thierfelder: Geschichte der Kirchen, Freiburg i. B. 2003, S. 109–117

Die Kreuzzüge. Ausstellung im bischöfliche Dom- und Diözesanmuseum, Mainz 2004

Rainer Lachmann/Herbert Gutschera/Jörg Thierfelder: Kirchengeschichtliche Grundthemen. TLL 3, Göttingen [3]2010, S. 93–106

Ritter Arnauth, CD-ROM mit Lernsoftware zu den Kreuzzügen. Berlin 2008

H. E. Mayer: Geschichte der Kreuzzüge, Stuttgart [7]1986

R. Pernoud (Hg.): Die Kreuzzüge in Augenzeugenberichten, Düsseldorf 1961

S. Runciman: Geschichte der Kreuzzüge, Stuttgart 1975

Urban II. auf dem Konzil von Clermont 1095 M1

Viel geliebte Brüder!

Ich, Urban II. der durch die Gnade Gottes die päpstliche Krone trägt und Oberster Priester der ganzen Welt ist, bin als Sendbote zu euch gekommen. Getrieben von den Anforderungen in unserer Zeit, bin ich zu euch, Dienern Gottes, gekommen, um euch den göttlichen Willen zu enthüllen.

Es kann nicht zurückgewiesen werden, dass unseren christlichen Brüdern im Osten so schnell wie möglich die so oft versprochene und dringend notwendige Hilfe gebracht werden muss. Die Türken und die Araber haben sie angegriffen. Sie sind immer tiefer eingedrungen in das Land dieser Christen. Sie haben die Christen siebenmal in der Schlacht besiegt, eine große Anzahl von ihnen getötet und gefangen genommen. Sie haben die Kirchen zerstört und das Land verwüstet. Wenn ihr ihnen jetzt keinen Widerstand entgegensetzt, so werden die treuen Diener Gottes im Orient ihrem Ansturm nicht länger gewachsen sein.

Darum bitte und ermahne ich euch – nein, nicht ich, sondern Gott der Herr selbst bittet und ermahnt euch als Helden für Christus, Arme wie Reiche –, dass ihr euch beeilt. Ihr sollt dieses gemeine Gezücht aus den von euren christlichen Brüdern bewohnten Gebieten verjagen und rasche Hilfe bringen. Ich spreche zu Euch als Anwesende, aber es ist Christus, der es befiehlt."

Die Grabeskirche in Jerusalem

1. Lest die Ansprache Papst Urbans II. Wozu ruft er die Christen auf?
2. Informiert euch im Internet über das Konzil von Clermont.
3. Warum war die Grabeskirche in Jerusalem ein wichtiges Pilgerziel der Christenheit?

M2 Eckdaten zu den Kreuzzügen

1054 Großes Schisma: Trennung zwischen der östlichen (orthodoxen/in Konstantinopel) und westlichen (lateinischen/in Rom) Kirche.

1074 Papst Gregor VII. will die ganze Welt als „civitas dei" (Gottesstaat) gestalten. Er plant einen ersten Kreuzzug.

1095 Papst Urban II. ruft zum **1. Kreuzzug** auf.

1096 Judenverfolgung in Westeuropa.
Aufbruch der ersten Kreuzfahrer unter Peter dem Einsiedler (sie kamen bis Nicea) und Emicho von Leiningen (sie kamen bis Ungarn).

1097 Aufbruch einer zweiten Gruppe Kreuzfahrer unter Gottfried von Bouillon und Raimund von Toulouse.

1098 Gründung von Kreuzfahrerstaaten in Edessa und Antiochia.

1099 Eroberung von Jerusalem. Gottfried von Bouillon wird dort König. Er starb 1100.

1109 Gründung der Grafschaft Tripoli, des vierten Kreuzfahrerstaates („outremer").

1145 Aufruf Papst Eugens III. zum **2. Kreuzzug**.

1148 Konrad III. erreicht Jerusalem.

1154 Nur ad-Din erobert Damaskus und vereint Syrien.

1187 Saladin erobert Jerusalem. Er stirbt 1192.
Papst Gregor VIII. ruft zum **3. Kreuzzug** auf.

1189 Friedrich I. Barbarossa bricht zum Kreuzzug auf. Er stirbt 1190 im Fluss Salef (Kilikien).

1192 Richard Löwenherz belagert Jerusalem. Er und Saladin schließen einen Vertrag: Jerusalem bleibt muslimisch, aber christliche Pilger haben freien Zugang. Dies ist das Thema von Lessings Drama *Nathan der Weise* mit der bekannten Ringparabel.

1198 Papst Innozenz III. ruft zum **4. Kreuzzug** auf.

1203 Kreuzfahrer erobern Konstantinopel. Die Stadt bleibt bis 1261 christlich.

1212 **Kinderkreuzzug**.

1213 Papst Innozenz III ruft zum **5. Kreuzzug** auf.

1219 Damiette in Ägypten wird eingenommen.
Franziskus von Assisi predigt vor Sultan Melek el-Kamil bei Damiette.

1221 Niederlage und Abzug der Kreuzfahrer.

1229 Friedrich II. einigt sich mit Sultan el-Kamil über den Status von Jerusalem und setzt sich in der Grabeskirche die Krone des Königreichs Jerusalem auf.

1244 Eroberung von Jerusalem durch die Hwarizmier.

1248 Ludwig IX. versucht bis zu seinem Tod 1270, Gebiete zurückzuerobern.

1271 Der Mameluckensultan Baibars nimmt die Festung „Krak de Chevalier" ein.

1289 Baibars Nachfolger Qalawun erobert Tripoli zurück.

1291 Akkon, Tyrus, Sidon, Beirut und Tortosa usw. werden **zurückerobert**.

1302 Die Insel Ruad (vor der Küste Syriens) wird als letztes Gebiet zurückerobert.

1. Versuche eine Zusammenfassung der Zeit der Kreuzzüge. Wie standen sich Christen und Muslime vorher gegenüber? Wie nachher? Für wen waren die Kreuzzüge von Nutzen, wem schadeten sie?
2. Informiere dich: Was geschah?

Raimond und Imad erinnern sich **M3a**

Wir befinden uns in einem kleinen Teehaus in einer Hafenstadt in der Levante, in dem Gebiet, das heute Libanon heißt. Zwei alte Männer schlürfen ihren süßen Pfefferminztee und spielen eines der ältesten Spiele der Welt, das heute Backgammon genannt wird. Die Würfel klackern auf dem Spielbrett, die flachen Steine rutschen hin und her, bis Imad mal wieder gewonnen hat.

Raimond: „Ich werde es nie gewinnen, Imad. Du bist halt von hier. Du hast es als Kind schon mit deinem Vater gespielt. Wir spielten Schach zu Hause, aber damit brauche ich hier in dieser Stadt nicht anzukommen."

Imad: „Ach komm, Raimond, du gewinnst doch auch manchmal und es macht dir Spaß. Dein Sohn, wenn der mal groß ist, dann wird er es so spielen wie wir alle. Seine Mutter Fatma hat ihm doch erlaubt mit dir mitzukommen und hier zu spielen."

Raimond: „Ja, mein Sohn ... Er kann etwas französisch, das habe ich mit ihm gesprochen, als er klein war. Aber er hat nie Schach spielen gelernt. Er war nie in meiner Heimat. Ich habe ihm bis jetzt nie erzählt, wie ich als Kreuzritter hier vor zwanzig Jahre hängen geblieben bin.

Imad: „Du hast das Jusuf nie erzählt? Du hast nie die Geschichte erzählt, wie du halb tot von unserer Familie gepflegt wurdest? Wie meine Mutter deine Stichwunden versorgt hat? Wie du fast an Wundfieber gestorben wärst? Wie du dich in Fatma verliebt hast und hier geblieben bist?
Warum nicht?"

Raimond: „Ich schäme mich! Ihr habt mich aufgenommen und mir eine neue Chance gegeben. Aber wenn Joseph, wie ich ihn immer noch nenne, weiß, dass er der Sohn eines Kreuzritters ist, will er vielleicht nach Frankreich, will er wissen, ob ich dort doch ein Erbe habe, ob er dort eine Burg besitzen könnte. Aber er kann dort nicht bleiben. Keiner wird ihn da akzeptieren. Besser er bleibt hier, dann hat er wenigstens *einen* Ort an dem er zu Hause ist."

Imad: „Dafür brauchst du dich doch nicht zu schämen. Du kannst ihm das doch sagen?"

Raimond: „Aber schämen muss ich mich dann, wenn er fragt, warum ich eigentlich weggezogen bin aus Frankreich. Dass ich arm war. Dass meine Brüder die Burg und das Land geerbt hatten. Dass ich als Kreuzritter von Steuern und Abgaben freigestellt war und Aussicht auf reiche Beute hatte. Dass ich Ritter war und dass ich Abenteuer wollte!"

Imad: „Das nennst du Abenteuer?! Hierhin kommen, mit tausenden schwer bewaffneten Männern! Mit Pferden raubend und mordend von Stadt zu Stadt und von Dorf zu Dorf ziehen! Es ist gut, dass es so lange her ist. Aber wenn ich bedenke, welche Spur der Verwüstung ihr damals hinterlassen habt, spüre ich immer noch, wie es wieder in mir anfängt zu kochen!"

Raimond: „Das Schlimmste hast du nicht erlebt. Da bin ich selbst fast gestorben. Es war im Juli im Jahr 1099 nach der Geburt Christi, als wir Jerusalem eingenommen haben: Bei euch muss es ungefähr im Jahr 480 nach Mohammeds Hedschra gewesen sein. Es war im Monat Ramadan, als bei euch Fastenzeit war und alle tagsüber müde und schlapp in ihren Häusern blieben. Wir waren geblendet von unserem heiligen Auftrag, Jerusalem für Christus zu erobern. Dort war doch unser Heiland ermordet worden. Da waren die Reliquien vom Kreuz. Da herrschten jetzt die Mohammedaner, die Christus nicht als Gottes Sohn anerkannten, die die Grabstätte Christi nicht würdigten ... da war der Antichrist.

Imad: „Und das hat Gott euch befohlen?! Das wollte Gott, dass ihr mit euren Schwertern Männer, Frauen, Kinder tötet? Dass ihr durch Blut watet? Dass ihr die Leichen aufschlitzt? Und warum? Um Goldstücke aus den Därmen zu holen, die manche Menschen in Angst heruntergeschluckt hatten?"

Raimond: „Wie weißt du das alles? Du warst doch gar nicht da! Wir haben doch nicht dort gegeneinander gekämpft? Warum sagt du mir das jetzt erst?"

Imad: „Du glaubst doch wohl nicht, dass in unseren Völkern diese Grausamkeiten nicht weitererzählt werden. Gerade hier, in Teehäusern wie diesem, erzählen wir doch Tag und Nacht. Aber ich schweige lieber, weil so etwas niemals mehr vorkommen darf. Mohammed hat uns immer angehalten nicht maßlos zu sein.

Raimond: Maßlos ... So maßvoll wart ihr auch nicht, als ihr Jerusalem verteidigt habt.

M3b Raimond und Imad erinnern sich

Imad: Was maßlos ist, lesen wir im Koran. Da steht in Sure 17 Vers 33: „Tötet nicht das Leben, das Gott – der Barmherzige – für unantastbar erklärt hat, es sei denn nach Recht! Ist aber jemand ungerechterweise getötet, so geben Wir, Allah, seinem nächsten Verwandten Gewalt zu reagieren. Doch darf niemand maßlos sein im Töten des Mörders!". Dich haben wir nicht getötet, Raimond, weil wir gesehen haben, dass du anders geworden bist, als du hier krank warst. Als du von unserer Familie versorgt wurdest, habe ich gespürt, wie du dich geändert hast! Du sagst es doch selbst, du schämst dich jetzt!"

Raimond: „Ja, ich schäme mich. Ich war verblendet. Verblendet von dem Aufruf von Bruder Gottfried von Bouillon. Er rief immer: *Deus lo vult!* Gott will es!
Ich habe das geglaubt. Und bin mitgegangen im Heer der Kreuzritter."

Imad: „Kreuzritter ... Ihr nanntet euch Kreuzritter? Wir sprachen immer nur von Franken. Für uns wart ihr barbarische Eroberer! Das hatte nichts mit eurer Religion vom Kreuz zu tun."

Raimond: „Doch! Bevor wir losgezogen sind, haben wir bei einem Priester das Gelübde abgelegt, dass wir zum Land unseres Herrn Jesus Christus gehen sollten. Wir haben dann ein Kreuz aus Stoff bekommen und das haben wir an unsere Kleidung geheftet. Auch haben wir einen Beutel und ein Pilgerstab bekommen, wie jeder, der einen Pilgerzug macht. Das Stoffkreuz sollten wir erst wieder abgeben, wenn wir unseren Auftrag erfüllt hatten und zu Hause angekommen waren."

Imad: „Sind wirklich alle Ritter mitgegangen? Musste das unbedingt sein? Konntest du wirklich nichts anderes tun?"

Raimond: „Was sollte ich sonst tun? Ich wollte kein Mönch werden. Mein ältester Bruder war das schon. Aber ich wollte etwas für Gott tun. Sein Reich sollte hier auf Erden Wirklichkeit werden. Und nun gab es die Chance: eine Pilgerfahrt in das Heilige Land, eine Wallfahrt zu den heiligen Orten, eine Bußfahrt, die mir meine Sünden vergeben würde. Alles in einem!"

Imad: „Darum habt ihr das Kreuz vor euch hergetragen. Darum dachten manche von uns zuerst, dass ihr nur fränkische Pilger wärt. Wie wir uns nur so irren konnten."

Raimond: „Es tut mir so leid. Wenn ich Fatma nicht kennengelernt hätte, wenn ich eure Liebe und Sorge nicht erlebt hätte, würde ich euch immer noch als Feinde und Satanskinder sehen."

Imad: „Aber das, Raimond, *das* kannst du Jusuf doch erzählen!"

1. Fasse zusammen, welche Gründe Raimond hatte um Kreuzritter zu werden.
2. Arbeite heraus, wie es gelungen ist, die Feindschaft zwischen Raimond und Imad zu überwinden.
3. Bildet eine Kleingruppe und überlegt, wie das Gespräch zwischen Raimond und Jusuf/Joseph verlaufen könnte. Einige Gruppen können es vorspielen.

6. Franziskus von Assisi und Papst Innozenz III.
Eine Armutsbewegung stellt Macht und Reichtum der Päpste in Frage

Europa war christlich geworden. Der Papst war nicht nur der geistige Führer des Christentums, sondern als Bischof von Rom in gewisser Hinsicht auch der Nachfolger der römischen Kaiser des westeuropäischen Reiches geworden. Die Geistlichen waren in der Gesellschaft des sog. „hohen Mittelalters“ der zweite Stand geworden, unter Adligen, Königen und Rittern, über den Bauern. Die Klöster bildeten die kulturellen Zentren (Bibliotheken, Schulen) und spielten durch ihren Landbesitz und Aktivitäten in der Landwirtschaft eine bedeutende ökonomische Rolle (vgl. Kapitel 3 und 4). Die großen zentralen Gebäude in den Städten, die über alles hinaus ragten, waren die christlichen Kathedralen. Hier zeigten die Bürger ihren Stolz und ihre Religiosität. Die ganze Gesellschaft sollte „göttlich“ werden: *civitas dei.* Das Geistliche zeigte sich im Materiellen.

Dieses ekklesiologische Konzept, das unvermeidbar politisch und wirtschaftlich kompromittieren muss, stieß innerkirchlich auf Widerspruch. Eine der bekanntesten innerkirchlichen Gegenbewegungen bildeten die Franziskaner, im Jahr 1210 von Franz von Assisi gegründet. Während andere kirchenkritische Bewegungen wie die Waldenser (ab 1177 bei Lyon) und die Katharer (ab ca. 1140 in Frankreich) scharf von Rom bekämpft wurden, wurden Bettelorden wie die Franziskaner und Dominikaner vom Papst zugelassen. Entscheidend für die Ablehnung und Verfolgung der Waldenser und Katharer (innere „Kreuzzüge“) war wohl ihre starke Betonung der Laienpredigt, die strengen Askese und Abwendung von der Welt: kein Eid, kein Kriegsdienst. Die Franziskaner bejahten nachdrücklich die päpstliche Macht und wollten anfänglich nur ein Bußorden sein. Die Dominikaner waren für Rom eine wichtige Stütze als Prediger gegen ketzerische Bewegungen. Sie spielten eine zentrale Rolle in der dann entstehenden Inquisition. Auch der spätere Ablassprediger Tetzel aus der Zeit Luthers war Dominikaner.

Exemplarisch werden in dieser Unterrichtsreihe folgende Fragen angesprochen: Wer war der heilige Franziskus? Wie entstand bei ihm das Armutsideal? Wie war seine Beziehung zum übermächtigen Papsttum? Wie verhielt er sich in den politischen Konflikten der Kreuzzüge? Was bedeutet es, dass er in der Nachfolge Christi die sog. Stigmata, die Wundmale von Jesus Christus, an seinem Leib trug?

Ein reicher Kaufmannssohn wählt ein Leben in Armut

Franziskus wurde im Jahr 1181 oder 1182 in Assisi (Mittelitalien) geboren. Getauft wurde er von seiner aus der Provence stammenden Mutter Giovanna auf den Namen Giovanni Bernardone. Als sein Vater Pietro di Bernardone, ein reicher Tuchhändler, von einer Geschäftsreise aus Frankreich zurückkehrte, war er mit dem Namen nicht einverstanden. Er nennt ihn Francesco (= kleiner Franzose), auf Latein Franziskus. Es gibt starke Hinweise, dass Pietro di Bernardone in Frankreich mit den kirchenkritischen Bewegungen der Waldenser und Katharer in Berührung gekommen ist. Dies wäre eine Erklärung für den starken Konflikt zwischen Sohn und Vater, als Franziskus sein altes Leben als Tuchhändler, Großbürger und Lebemann ablegt, sich dem Wiederaufbau der katholischen Kirche zuwendet und Zuflucht beim örtlichen Bischof Guido II. sucht. Thomas von Celano schreibt im typischen Stil eines mittelalterlichen Heiligenlebens über Franziskus' „altes Leben“: „Fast bis zu seinem 25. Lebensjahr hat er sein Leben auf katastrophale Weise vergeudet. Alle bewunderten ihn und er versuchte dabei andere zu übertrumpfen in eitler Großkotzerei, Schelmerei, dem Äußern von unwürdiger und nichtsnutziger Sprache und durch das Tragen von übertriebener Kleidung.“ (Celano, Caput I)

Die Wende in Franziskus' Leben kann auf einen Kampf mit der Nachbarstadt Perugia zurückgeführt werden, wo er anschließend ein Jahr in Haft gehalten wurde und schwer erkrankte. Nun beschloß er ein anderes Leben zu führen. Er wollte möglichst genau so wie Jesus leben: in Armut umherziehend (*imitatio christi*). Franziskus schenkte seinen Mantel einem armen Ritter und lebte fortan in alten Schuppen und Kapellen in der Nähe von Assisi. Er ernährte sich von dem, was in den Hügeln von Umbrien wuchs, und er bettelte. Eines Tages (ca. 1205) betete er vor dem Altarkreuz der baufälligen Kapelle San Damiano. Da wurde ihm klar, dass er „Gottes Kirche wieder aufbauen" wollte und er begann - anfänglich mit dem Geld seines Vaters, später mit bloßen Händen - die Kapelle zu restaurieren. Auch lebte er mit Aussätzigen, verschenkte Geld und Stoffe aus dem Geschäft seines Vaters. Dies und seine Entscheidung für die Armut und die Kirche („Mein Vater ist im Himmel") führte zu dem scharfen Konflikt mit seinem Vater. Der setzte ihn sogar im elterlichen Haus fest. Nachdem seine Mutter ihn heimlich freigelassen hatte, suchte Franziskus Schutz beim Bischof Guido von Assisi. Darauf wurde er von seinem Vater enterbt.

Der Franziskanerorden (OFM) entsteht

Bei der Wiedereinweihung der von ihm restaurierten Kapelle von Portiuncula hörte Franziskus die Predigt von der Aussendung der Jünger Jesu, die ohne Geld, Brot und Tasche wandern und predigen müssen. Nun wusste er endgültig, was er wollte und bildete mit einigen Gefährten einen „Bettelorden". Franziskus will die Kirche aufbauen, aber ganz anders als die reiche und mächtige katholische Kirche das damals wollte.

1210 gab sich die Gemeinschaft mit elf Brüdern eine Ordensregel, um die offizielle Anerkennung der Kirche zu bekommen. Schließlich wurden Mitglieder anderer Armutsbewegungen als Ketzer verfolgt. Es gelang Franziskus mit einer sehr einfachen „Regula", die vermutlich nur aus Bibelzitaten bestand, den mächtigen Papst Innozenz III. von seinen Absichten zu überzeugen und die Freiheit zu bekommen, als Bußbewegung in Armut zu leben. Dies ist in sofern beachtlich, als gerade Innozenz III. ein ganz anderes Kirchenverständnis hatte, und das Papsttum sich auf dem Höhepunkt seiner politischen und weltlichen Macht befand. Innozenz nennt sich selbst in einer Predigt „geringer als Gott, aber größer als der Mensch." In der Auseinandersetzung mit den weltlichen Herrschern verglich er sich gern mit der Sonne und die weltlichen Herrscher mit dem Mond: Der Mond erhält seinen Glanz nur von der Sonne. Je weiter der Mond von der Sonne entfernt ist, umso eher kann man seinen Glanz überhaupt sehen. Er meinte damit, dass die anderen weltlichen Herrscher ihm nicht zu nah kommen sollten. Innozenz rief zu zwei Kreuzzügen auf, und unter seiner Leitung kam eins der größten Konzilien der Kirche zustande: das IV. Lateranum im Jahr 1215, mit über 1600 Teilnehmern. Hier wurden scharfe Maßnahmen gegen Waldenser, Katharer und auch gegen Juden beschlossen.

Innozenz III. starb 1216 und sein Nachfolger, Papst Honorius III., erkannte 1223 die endgültige Regel des Franziskaner-Ordens an. Schon seit 1210 nennen Franz und seine Gefährten sich Orden der kleinen Brüder bzw. der „Minderbrüder". Ordo Fratrum Minorum (OFM) oder Minoriten, weil sie gering wie Jesus sein wollen.

Einige Jahre vor seinem Tod (1220) zieht Franziskus sich aus der Leitung des Ordens zurück, der in seinen Augen zu viele Kompromisse mit Geld und Macht eingegangen ist. Sein Nachfolger wird Elias von Cortona. Nur so konnte aber die Anerkennung der Kirche gewahrt bleiben und der Orden sich stärker ausbreiten. Von anfänglich wandernden Bußpredigern, Missionaren und Krankenpflegern wurden die Minderbrüder zu Priestern und Pfarrern, deren Hauptarbeitsfeld die Städte waren. Auch an den Universitäten erlangten sie in der Zeit der Scholastik großen Einfluss. So lehrte der spätere Franziskaner-Ordensgeneral Bonaventura, der zwischen 1260 und 1266 die offizielle Lebensbeschreibung von Franziskus vorlegte, zugleich mit Thomas von Aquin an der Sorbonne in Paris. Auch Johannes Duns Scotus (1265–1308), der in Paris und Köln lehrte, war Franziskaner. Aus der heutigen Zeit ist der brasilianische Befreiungstheologe Leonardo Boff (*1938) bekannt. Er gehörte bis 1992 dem OFM an.

Franziskus bekam am Ende seines Lebens immer stärkere Augenprobleme, ein Leiden, dass er von seinem Aufenthalt in Ägypten mitgebracht hat, wo er im Jahr 1219 mit dem Sultan Melek el-Kamil diskutiert hatte. Er wurde sogar operiert und suchte in dieser Zeit immer öfter die Einsamkeit in seiner Einsiedlerei: einer Grotte am Berg Alverna (La Verna). Bei einem längeren Aufenthalt dort erschienen die Wundmale von Jesus Christus an seinen Händen, Füßen und an der Seite. Er verbarg sie aber soweit wie möglich vor den Brüdern. In dieser Zeit entstand auch der Sonnengesang, eins der ältesten Zeugnisse der italienischen Literatur, *Laudato si, mi Signore*. Hier spricht er über den

Tod als Schwester: „Gelobt seist du, mein Herr, für unsere Schwester, den leiblichen Tod; kein lebender Mensch kann ihm entrinnen. Wehe jenen, die in tödlicher Sünde sterben. Selig, die er finden wird in deinem heiligsten Willen, denn der zweite Tod [das Gericht vor Gott] wird ihnen kein Leid antun." Mit derartigen Liedern schuf die Franziskaner-Bewegung eine neue Gattung religiöser Musik neben der Gregorianik und den Messgesängen.

Franziskus starb am 3. Oktober 1226, 44 Jahre alt. Schon zwei Jahre später wurde er heilig gesprochen und vom Papst wurde der Grundstein für eine Basilika in Assisi gelegt. Drei Jahre nach seinem Tod erschien die erste Vita von Celano, eine der schönsten Heiligenbeschreibungen aus dem Mittelalter. Im Jahr 1939 wurde Franziskus durch Papst Pius XI. zum Schutzheiligen ganz Italiens erklärt. Sein Charisma und seine biblische Einfalt wirken über Jahrhunderte noch inspirierend für katholische wie evangelische Christen. Adolf Holl nennt ihn sogar: „der letzte Christ".

Material

M1 erlaubt eine Einordnung des Franziskus-Lebens in die zeitgenössischen Ereignisse. Den roten Faden für den hier gewählten didaktischen Zugang zu Franziskus bilden aber die berühmten Fresken des Renaissancekünstlers Giotto di Bondone. Die großflächigen Bilder stammen vom Ende des 13. Jahrhunderts, als der Franziskanerorden zu Wohlstand und Ansehen gekommen war. Sie verzieren die Basilika (Oberkirche) in Assisi, die leider 1997 durch ein schweres Erdbeben stark beschädigt wurde. Die Fresken werden momentan restauriert. Die Motive der Bilder gehen auf die dritte Vita von Franziskus (durch Bonaventura) und die sog. „Blümlein" (*Fioretti*) zurück, die viel später als die historisch zuverlässige erste Lebensbeschreibung von Thomas von Celano (geschrieben zwischen 1227 und 1231) erschienen. Durch die Auswahl der Bilder und durch den Verzicht auf die ausgeschmückten Beschreibungen eignen sie sich aber gut als Zugang zu Franziskus. Ein musealer Rundgang an allen farbigen Bildern vorbei ist auf www.rpi-virtuell aufbereitet. Drei der acht Bilder werden in den Materialien M2–M4 vertieft.

In M2 ist ein fingiertes Gespräch zwischen Franziskus und Papst Innozenz III. dargestellt. Wir wissen von Celano (Caput XIII), dass 1210 ein derartiges Gespräch stattgefunden hat. Es gibt dazu keine Quellen und die erste Ordensregel, die von Innozenz III. akzeptiert wurde, ist leider verloren gegangen. Aus den Fragmenten für eine Regel, die in der Zeit zwischen 1210 und 1221 entstanden ist (W. von den Steinen, 14–36), können wir uns aber ein Bild von der biblizistischen Argumentation machen, die Franziskus' Auffassung der *imitatio dei* zugrunde liegt. Hier steht dem von Franziskus idealisierten Bild der christlichen Urkirche (Apg 2) das „realpolitische" kirchenstaatliche Modell gegenüber, so wie es seit Papst Gregor VII. verfolgt wurde: Die ganze Welt sollte unter der geistlichen Leitung des Papstes zur *civitas dei* werden. Das Gespräch zwischen beiden kann szenisch dargestellt werden oder reihum gelesen werden. Die beiden Aufgaben lassen Franziskus' Umgang mit der Bibel und seine Auffassung von Kirche entdecken.

Die Bibelzitate sind wie folgt zuzuordnen:

Zeile 3–8	Aussendung der Jünger	Mk 6,7–13
Zeile 14	Geburt in Krippe	Lk 2,7
Zeile 16	Füchse haben Höhlen	Mt 8,20
Zeile 17	Reicher Jüngling	Mt 19,22
Zeile 24	Ohne Sorgen	Mt 6,25–34

Das Gespräch in M3, zwischen Franziskus und Sultan Melek el-Kamil, gewinnt heutzutage verstärkt an Bedeutung, da die Auseinandersetzung zwischen Christentum und Islam ein zentrales Thema ist (vgl. Kapitel 5). Nur Bonaventura berichtet von der Missionsreise nach Syrien und dem Gespräch mit dem Sultan von Babylonien, nachzulesen in Kapitel IX der dritten Vita, der *Legenda maior*, die 1266 als alleinige authentische Biografie vom Orden anerkannt wurde. Auch die späteren legendenhaften *Fioretti* erwähnen in Kapitel XXIV die Begebenheit. Bei Celano finden wir nur den Hinweis auf eine Reise in „Slavonien" (Balkan) und eine wegen Krankheit abgebrochene Reise nach Spanien. Dennoch wird der Besuch bei el-Kamil im ägyptischen Damiette als historisch eingestuft, weil Franziskus' Begleiter, Vikar Petrus Cantani und Bruder Illuminatus, die vielen Einzelheiten Bonaventura weitergegeben haben müssen. Sultan Melek el-Kamil gilt, zusammen mit seinem Onkel Saladin, als einer der bedeutendsten mittelalterlichen islamischen Herrscher. El-Kamil (er regierte 1218–1238) musste zweimal gegen Kreuzfahrer kämpfen. Er war es, der 1229 mit Friedrich

II. über den Status von Jerusalem verhandelte, den Christen Bethlehem und Nazareth zurückgab und sogar erlaubte, Gottesdienste im Felsendom zu halten. Der franziskanische Spiritual Anton Rotzetter berichtet, dass es eine Seelenverwandschaft zwischen el-Kamil und Franziskus gegeben haben muss, weil der Sultan mit den asketischen Derwischen (persisch für „Arme") bzw. den Sufis (nach dem Namen von deren Wollkutten) sympathisierte (Lang, 20). Franziskus' Besuch in Damiette im Jahr 1219 fiel zwischen dessen Eroberung durch ein Kreuzfahrerheer im November 1218 und eine teilweise Rückeroberung durch den Sultan im August 1219. Hiernach unterbreitete el-Kamil den Christen ein Friedensangebot und gewährte u. a. Franziskus eine Audienz. El-Kamil war auf Unterhandlungen angewiesen, weil die jährliche Überflutung des Nils ausgeblieben war und Missernten und Hungersnot drohten. Bonaventura berichtet aber von einer theologischen Unterredung, in der Franziskus die Wahrheit des Christentums durch das Wunder einer Feuerprobe beweisen wollte. Ein Vorschlag, den el-Kamil ablehnte. Franziskus reiste, angewidert vom Gemetzel, über Syrien nach Assisi zurück. El-Kamil eroberte im Jahr 1221 Damiette definitiv zurück.

Didaktisch verbindet **Material 6-3** das Fresco von Giotto mit dem (leicht vereinfachten und gekürzten) Quellentext von Bonaventura. Die Zusammenfassung wird hergestellt durch den Auftrag an die Schülerinnen und Schüler, aufzuschreiben, was die Agierenden gesagt haben könnten.

- Franziskus könnte z. B. gesagt haben: „Entzünde ein großes Feuer. Wenn es mich nicht verzehrt, beweist das die Wahrheit meines Glaubens."
- Sein hinter ihm stehender Begleiter, Bruder Illuminatus, könnte z. B. gesagt haben: „Hoffentlich fordert er den Sultan nicht zu sehr heraus, und werden wir nicht wieder gefangen genommen und geprügelt."
- Sultan Melek el-Kamil könnte z. B. gesagt haben: „Ich kann nicht auf die Feuerprobe eingehen, weil ich nicht weiß, wie mein Volk auf das Ergebnis reagieren wird."
- Der bärtige islamische Theologe im roten Mantel könnte z. B. gesagt haben: „Ich gehe schon mal, auf ein derartiges Spiel mit dem Feuer lasse ich mich nicht ein."
- Der arabische Wachmann mit Schwert und Schild könnte z. B. gesagt haben: „Lieber hätte ich diesen Christen geköpft, das hätte mir eine Goldmünze gebracht."

Ein Klassengespräch zu Aufgabe 2 sollte die Missionsmethode von Franziskus, insbesondere in der Zeit der Kreuzzüge, beurteilen.

Die Stigmatisierung des Franziskus scheint ein für Schülerinnen und Schüler zentrales Ereignis im Leben von Franz von Assisi zu sein. Die Wundmale Christi sind als Attribute, neben Vögeln und anderen Tieren, auf fast allen Abbildungen zu sehen. Oft wird nach der Bedeutung gefragt. Die Heiligenleben (und somit auch die mittelalterliche Ikonografie) sprechen von einer Berührung durch einen Seraphim (Engel). Im **M4** beschreibt der niederländische Kirchengeschichtler und Schriftsteller Auke Jelsma (Kampen) in einer Erzählung aus der Sicht eines der Gefährten von Franziskus (Bruder Leo), wie dieser möglicherweise in einer schwierigen Phase am Ende seines Lebens sich selbst die Wundmale zugebracht haben könnte. Es ist ein Fragment aus der Geschichte *De zwaluw van de Alverna* aus dem Buch *Ballingen* (Übersetzung HJD). Statt der schwierigen „himmlischen Erklärung voller Cherubine und Engel", ist diese Erzählung eine didaktisch sinnvolle Weise, das schwierig nachzuvollziehende Geschehen verständlicher zu machen. Die Schülerinnen und Schüler werden in Aufgabe 1 aufgefordert, die Erklärung der Stigmatisierung mit dem mittelalterlichen Bild zu vergleichen. Durch Aufgabe 2 und 3 wird die Geschichte von Franziskus in das „Hier" und „Jetzt" gezogen, um anschließend zu einer Beurteilung der franziskanischen Auffassung der Nachfolge Christi für heute zu kommen.

Kompetenzen

Im Unterricht der 7., 8. oder 9. Klasse kommt es darauf an, mit der Person Franziskus von Assisi zu zeigen, dass die Kirche im Mittelalter nicht so monolithisch und dominant war, wie sie oft dargestellt wird. Franziskus steht exemplarisch für kirchenkritische Bewegungen, die sich einerseits auf die Bibel berufen, nicht aber – wie bei Luther – zu einem Bruch mit der katholischen Kirche führten oder als Ketzerbewegung dezimiert wurden.

In vier bis sechs Unterrichtsstunden werden folgende Kompetenzen vermittelt:

Wahrnehmen und Deuten

Die Bilder von Giotto bilden einen genialen Zugang, um das Charisma und die bleibende Bedeutung von Franziskus nachspüren zu können. Das Verschenken des Mantels, das „Pubertätsdrama“ im Verhältnis zu seinem Vater, der Reich-Arm-Gegensatz zu den Päpsten, die Feuerprobe beim Sultan und das unverständliche Geschehen der Stigmatisierung erschließen durch Bild, Untertitel und Zuordnung zur Zeittabelle Franziskus Leben.

Urteilen und Handeln

Franziskus stellt in seiner radikalen Nachfolge Christi ein kaum zu übertreffendes Vorbild dar. Gerade durch das schwierige Geschehen der Stigmatisierung wird eine Verherrlichung des „heiligen Franziskus“ verhindert. Wie ist sein Tun zu deuten? Aus evangelischer Sicht heißt es: Heilige sind auch Menschen. Wie soll heute der christliche Umgang mit Natur und Geld gestaltet werden? Was bedeutet heute die schmerzhafte Identifikation mit dem leidenden Christus?

Die Schülerinnen und Schüler sehen bei Franziskus und Innozenz III. beispielhafte Handlungsalternativen: Wie sollen wir als Christ und als Kirche handeln?

Dialogfähigkeit

Das Gespräch von Franziskus mit dem islamischen Herrscher Melek el-Kamil zeigt beispielhaft eine mögliche Form des Dialogs zwischen Religionen und hilft, unangemessene Formen von Begegnung zu erkennen.

Literatur

Giuseppe Basili: Das Leben des Franz von Assisi in Fresken von Giotto, Freiburg i.B. 1999

Thomas von Celano: Franziskus von Assisi (Vita prima) Eerste levensbeschrijving (1229), Haarlem 1976

Helmut Feld: Franziskus von Assisi, München 2001

Herbert Gutschera/Joachim Maier/Jörg Thierfelder: Geschichte der Kirchen, Freiburg i.B. 2003, S. 126–137

Auke J. Jelsma: Ballingen. Kampen 1985. (Zitat aus der Erzählung: De zwaluw van de Alverna: S. 91–94)

Rainer Lachmann/Herbert Gutschera/Jörg Thierfelder: Kirchengeschichtliche Grundthemen. TLL 3, Göttingen [3]2010, S. 80–82, S. 147–156

Justin Lang: Franziskus von Assisi ... dem Ganzen hingegeben. Straßburg 1994

Alexandra Lexutt/Detlef Metz (Hg.): Christentum – Islam, Köln 2009, S. 59–71

Wolfram von Steinen/Max Kirschstein: Franz von Assisi, Fioretti. Gebete, Ordensregeln, Testament, Briefe. Hamburg 1958, Zürich 1979

M1 Zeittabelle 12. – 13. Jahrhundert

Franziskus von Assisi	Geschehnisse aus seiner Zeit
	1152–1190: Friedrich Barbarossa regiert.
	1179: Hildegard von Bingen stirbt.
1181: Giovanni Bernardone wird in Assisi geboren. Sein Vater ist reicher Tuchhändler, oft in Frankreich unterwegs, nennt ihn „kleiner Franzmann": Francesco, Franziskus.	**1184:** Verurteilung von Waldensern und Katharern als Ketzer durch Papst und Kaiser.
	1189–1192: Dritter Kreuzzug unter Barbarossa.
	1198–1204: Vierter Kreuzzug, Kreuzfahrer plündern Konstantinopel.
	1198–1216: Papst Innozenz III.
1202: Nach einem Kampf zwischen Assisi und Perugia gerät Franziskus für ein Jahr ins Gefängnis und wird krank.	**1202:** Der Mystiker Joachim von Fiore stirbt.
1205: Daraus folgt ein Sinneswandel, er will leben wie Jesus: herumwandernd und in Armut.	
1206: Verzicht auf das väterliche Erbe.	**1206:** Gründung des Dominikaner Orden.
	1207: Elisabeth von Thüringen geboren.
1208: Predigt in der Kapelle Portiuncula: Gründung des Bettelordens.	**1209:** Papst Innozenz III. ruft zu einem „Kreuzzug" gegen die Katharer auf.
1210: Bestätigung der Urregel der Franziskaner durch Papst Innozenz III.	
1212: Chiara di Offreduccio Favarone schließt sich Franziskus an. Entstehung des späteren Clarissen-Ordens.	**1212:** Kinderkreuzzug.
	1213–1221: Fünfter Kreuzzug.
	1215: IV. Laterankonzil: Beschlüsse gegen Waldenser und Katharer („Ketzer").
1218: Predigt vor Papst Honorius III.	**1216–1227:** Papst Honorius III.
1219: Franziskus reist nach Damiette in Ägypten und trifft Sultan Melek el-Kamil.	
1223: Papst Honorius III bestätigt die endgültige Ordensregel der Franziskaner.	
1224: Stigmatisierung auf dem Berg La Verna.	**1224:** Thomas von Aquin geboren.
1226: Am 3. Oktober stirbt Franziskus in Portiuncula.	
1228: Heiligsprechung von Franziskus. Die Basilika in Assisi wird gebaut.	
	1231: Einführung der päpstlichen Inquisition.

▷ Giotto di Bondone hat das Leben von Franziskus in großen Fresken in der Basilika von Assisi ausgemalt. Schau dir im Internet diese farbigen Bilder an und ordne sie der Zeittabelle zu.

Gespräch zwischen Franziskus und Innozenz III. M2

Giotto di Bondone, Franziskus und Innozenz III., Basilika in Assisi

So könnte 1210 das Gespräch zwischen Franziskus und Papst Innozenz III. abgelaufen sein:

Franziskus: Heiliger Vater, wir wollen nicht viel, nur dass wir unserem Herrn und Heiland Jesus Christus so nachfolgen dürfen, wie er gelebt hat. Er hat uns ausgesendet wie damals seine Jünger. Nichts haben wir dabei außer unser einfaches Kleid und unsere Schuhe. Kein Brot, kein Geld, keine Tasche. Und wenn wir in ein Haus kommen, wünschen wir den Menschen dort Frieden. Hier habe ich für unsere Gruppe eine Lebensregel aufgeschrieben.

Innozenz: Schau dich doch mal hier in meinem Haus um! Könnte ich die Kaiser und Könige der Welt empfangen, wenn ich in einem Schuppen leben würde? Würden sie jemals meinen Rat befolgen, wenn ich in Lumpen laufen würde, Franziskus?

Franziskus: Aber Heiliger Vater, wurde nicht unser Herr Jesus in einer einfachen Futterkrippe in einem Stall geboren? Ist er nicht mit seinen Jüngern drei Jahre durch Galiläa gezogen, ohne Haus und Habe? Hat er nicht über sich gesagt: „Die Füchse haben Höhlen, aber der Menschensohn hat keinen Ort, wo er sein Haupt niederlegen kann." Und hat er dem reichen Jüngling nicht gesagt: „Willst du vollkommen sein, geh hin und verkaufe alles, was du hast und gib es den Armen. So wirst du einen Schatz im Himmel haben."

Innozenz: Lieber Franziskus, mein Einfluss erstreckt sich von der Insel, auf der die Angelsachsen wohnen, bis zur Stadt Konstantins. Wir leben 1200 Jahre später als Jesus! Ich versuche, oft gegen den Willen mächtiger Fürsten, diese Welt zu Gottes Welt zu machen. Ja, unter der Leitung der Heiligen Kirche soll die Welt zum Haus Gottes werden. Ich habe andere Sorgen als Jesus!

Franziskus: Aber Jesus hat uns doch gelehrt, dass wir uns keine Sorgen machen müssen. Er sagte: „Kein Spatz wird vom Dach fallen, ohne dass mein Vater das will. Und sieht nicht das Gras, das morgens im Ofen verbrannt wird, schöner aus als Salomo in seinen prächtigsten Kleidern? Mache dir keine Sorgen über den morgigen Tag. Jeder Tag hat genug an seiner eigenen Plage."

Innozenz: Komm mir nicht mit derartig einfältigen Argumenten. Die Bibel kann ich selbst lesen! Es kommt darauf an, sie für heute auszulegen und heute ist, wie gesagt, 1200 Jahre später.

Franziskus: Wir sind nur kleine Brüder und wissen, dass wir uns an die Gestalt und die Regelungen der heiligen Kirche halten müssen. Sie, heiliger Vater, haben mit Ihren Kardinälen und Bischöfen die Regelungen weise bestimmt. Nur Priester sollen die Messe halten; nur aus ihrer Hand können wir die heilige Eucharistie empfangen; nur aus ihrem Mund werden wir die Wahrheit des Evangeliums hören.

Innozenz: Bruder Franz, das hört sich schon besser an!

Franziskus: An allem in der Natur sehen wir, wie weise Gott alles gefügt hat. Ich lobe Bruder Wind, Luft und Wolken...

Innozenz: Sie singen schön, Bruder Franz. Beneidenswert, aber leider weltfremd.

Franziskus: Aber hat nicht Jesus gesagt, dass sein Königreich nicht von dieser Welt ist? Wir wollen in Gottes Schöpfung leben, Jesus Christus nachfolgen, so wie er gelebt hat.

Innozenz: Also gut. Geht unter dem Schutz des Herren, ruft alle zur Buße auf. Wenn der Herr eure Zahl vermehrt und euch segensreich wirken lässt, wird es mich freuen davon zu hören.

1. Franziskus beruft sich bei seinen Argumenten immer auf biblische Quellen. Schreibe neben den Text, auf welche der folgenden Bibelzitate Franziskus sich beruft: Lukas 2,7; Matthäus 6, 25–34; Matthäus 8,20; Matthäus 19,22; Markus 6,7–13.
2. Vergleiche die Argumentation von Franziskus und Innozenz III. und untersuche, welche unterschiedlichen Auffassungen von Kirche beide Personen haben.

M3 Bei Sultan Melek el-Kamil

Franziskus machte sich dreizehn Jahre nach seiner Bekehrung in die Gegend von Syrien auf, um den Sultan von Babylon zu besuchen. Zwischen den Christen und den Sarazenen tobte damals ein unerbittlicher Krieg. Die Lager der Heere lagen so nah beieinander, dass man nicht ohne Todesgefahr herumlaufen konnte. Der Sultan hatte nämlich einen grausamen Erlass ausgegeben, dass jeder, der das Haupt eines Christen herbeibringen würde, eine Goldmünze erhalten sollte. Der unerschrockene Soldat Christi, Franziskus, machte sich trotzdem eilig und ohne Todesfurcht auf den Weg. Nachdem er gebetet hatte, sang er gestärkt vom Herrn, voller Zuversicht das prophetische Wort aus Psalm 23: „Denn auch wenn ich wanderte im Schatten des Todes, ich fürchte kein Böses, denn du bist bei mir."

Als Bruder Illuminatus, durchaus ein Mann von Licht und Tugend, und er weitergegangen waren, erschienen ihm Offiziere der Sarazenen, die hart und verächtlich auf die Diener Gottes einwirkten. Sie beleidigten sie, prügelten sie und schlugen sie in Ketten. Schließlich geleiteten sie die vielfach Gepeinigten und Gequälten auf Wunsch des Mannes Gottes zum Sultan.

Als jener Fürst nun genau erforschte, von wem, wozu und wie sie gesandt worden waren und auf welche Weise sie angekommen waren, antwortete der Diener Christi, dass er nicht von Menschen, sondern von Gott dem Höchsten gesandt worden sei. Er sei gekommen, um ihm und seinem Volk den Weg des Heils zu zeigen und das Evangelium der Wahrheit zu verkündigen. Und mit so großem Eifer predigte er dem Sultan den dreieinigen Gott und den Erlöser aller Menschen Jesus Christus, dass das Wort des Evangeliums (Lukas 21,15) in ihm erfüllt wurde: „Ich werde euch Mund und Weisheit geben, dem alle eure Gegner nicht widerstehen und widersprechen können." Denn auch der Sultan sah den Eifer und die Tugend des Mannes Gottes, hörte ihm gerne zu und lud ihn ein, um die Zeit mit ihm zu verkürzen. Franziskus war aber erleuchtet durch ein göttliches Wort und sagte: „Wenn du dich mit deinem Volk zu Christus bekehren willst, werde ich wegen der Liebe zu Christus gerne bei euch bleiben. Wenn du aber zögerst, dann befiehl, dass ein sehr großes Feuer entzündet wird, dann werde ich mit deinen Priestern in das Feuer hineingehen. So wirst du erkennen, welcher Glaube wahrer, heiliger und besser begründet ist." Der Sultan sprach zu Franziskus: „Ich glaube nicht, dass einer meiner Priester für die Wahrheit seines Glaubens ins Feuer gehen wird und Märtyrer werden möchte." Er hatte nämlich gesehen, wie ein glaubwürdiger und hochbetagter Priester beim Hören dieser Worte schon geflohen war. Franziskus sprach zu ihm: „Wenn du mir für dich und dein Volk versprechen willst, dass ihr zur Verehrung Christi kommen werdet, wenn ich unverletzt aus dem Feuer komme, werde ich alleine ins Feuer treten. Wenn mich die göttliche Kraft bewahrt, werdet ihr Christus, die Kraft und Weisheit Gottes, den wahren Gott und Herrn, den Erlöser aller Menschen anerkennen."

Der Sultan aber antwortete, dass er diesen Wunsch nicht annehmen könnte, weil er Angst habe, dass das Volk in Aufstand käme.

Thomas von Celano: Vita prima

Giotto di Bondone, Franziskus und Melek el-Kamil, Basilika in Assisi

1. Das Fresco von Giotto zeigt mehrere Personen. Schreibe auf, was sie sagen könnten.
2. Bildet Gruppen und beurteilt das Gespräch: Wie wirkt Franziskus' Missionsmethode?

Franziskus und die Wundmale Jesu Christi **M4a**

Giotto di Bondone, Franziskus empfängt seine Stigmata. Basilika in Assisi

Meine Brüder erzählen eine andere Geschichte. Sie ist voller Engel und himmlischer Düfte und sie finden meine Erzählung anstößig und unerträglich. Aber ich schreibe nur auf, was in meiner Erinnerung hängen geblieben ist. Die paar Wochen, als wir uns mit Franz auf den Berg Alverna, vier Tagesreisen zu Fuß von Assisi entfernt, zurückgezogen haben, haben tiefen Eindruck auf mich gemacht. Nie bin ich Francesco so nah gewesen. Nie hat er sich so weit von mir entfernt.

Anfang September hatten wir den Berg Alverna erreicht. Wir zogen in einer Hütte ein, die Waldarbeiter dort gebaut hatten. Franziskus zog sich aber zurück in einer Berghöhle und Matteo und ich besuchten ihn täglich, um ihm etwas Essen zu bringen. Er wollte die Einsamkeit und konnte sie auch ertragen, dachten wir.

Dachten wir.

Am nächsten Tag spürte ich schon, als wir auf halbem Weg zur Höhle waren und Nebelschwaden aus der Tiefe unter mir hoch wehten, dass etwas Entscheidendes passiert sein musste. Unweit der Grotte flatterten entsetzlich viele Vögel. Es waren auch Krähen dabei. Tautropfen fielen zu Boden. Mein Herz pochte.

Am Eingang der Höhle sah ich eine Lache Blut. Es lagen einige Nägel darin. Ich nahm mir nicht die Mühe, in die Höhle hineinzugehen und tastete mich zu der Stelle, wo die Vögel immer noch Lärm machten. Seine Füße sah ich zuerst und ich erstarrte. In dem Moment wusste ich es nicht besser, als dass Franziskus tot war und die Krähen sich an ihm sättigen wollten. Die Füße waren schwarz vor Blut. Träge, als ob die Luft flüssig geworden war, kam ich näher. Jeder meiner Schritte enthüllte etwas von der leblosen Gestalt und ließ einige Vögel auffliegen. Da lag Francesco, sein Gesicht zur Erde, die Arme ausgestreckt. Ich stand still als ich seine Hände sah. Mein erster Gedanke war, dass Räuber ihn überfallen und gemartert haben mussten. Die Hände waren noch schlimmer als die Füße. Formlos vor geklumpten Blut. Ich kniete mich neben meinem Meister hin. Erst dann realisierte ich, dass er, obwohl sehr geschwächt durch den Blutverlust, noch lebte. Behutsam drehte ich ihn um. Die Haut war straff über seinen Kiefer gespannt. Er hatte die Augen offen, aber schien mich nicht zu sehen.

„Francesco!"

Es kostete ihn sehr viel Mühe wieder ins Leben zurückzukehren. Und auch dann sah er mich noch nicht. Er flüsterte etwas und ich hielt mein Ohr vor seinem Mund.

„Kreuzträger."

Ich nahm ihn in meine Arme und trug ihn in die Grotte. Mit Wasser aus dem nahe gelegenen Bach wusch ich seine Wunden. Noch immer dachte ich, dass Bösewichte ein tödliches Spiel mit ihm gespielt haben mussten. Er hatte tiefe Löcher in den Händen und Füßen. Seine Hände waren sogar ganz durchbohrt. In seiner Linken steckte noch ein Stück eines abgebrochenen Nagels. Ich schaffte es nicht ihn zu entfernen. Er stöhnte stark, als ich es versuchte. Mit Spinnweben schloss ich die Wunden. Ich verband sie so gut wie möglich mit Stoffstreifen, die ich von meiner Kutte riss und gab ihm zu trinken. Erst dann kehrte Francesco in die Wirklichkeit zurück. Ich spürte es an der Art, wie er mich anschaute.

M4b Franziskus und die Wundmale Jesu Christi

„Wer hat dies getan?", fragte ich. Es sah so aus, als ob er die Frage nicht verstand. Er schloss einige Zeit die Augen und murmelte etwas über einen Kreuzträger, der vom Himmel gefallen war. Er habe ihn zugedeckt und mitgenommen nach oben. Offensichtlich war er wieder verwirrt und brauchte Hilfe. Dies würde ich allein nicht lösen können. „Francesco, ich hole dich gleich ab. Es dauert nicht lange." Ob er es hörte, weiß ich nicht. Ich legte einige Äste vor den Eingang der Höhle und hastete zu den Brüdern zurück.

Während zwei von uns sich aufmachten um einen Arzt zu holen, und wenn möglich Elias oder einen der anderen Ordensleiter, brachten wir Francesco zu unserer Hütte. Ab und zu kam er zu Bewusstsein. Da gaben wir ihm Wasser zu trinken. Er schien unsere Betriebsamkeit zu mögen. Manchmal verglich er uns mit Engeln, aber kurz darauf verdammte er uns als Quälgeister.

Gegen Abend traf Elias selbst ein, begleitet von einem Arzt. Dieser kontrollierte die Wunden und zeigte sich zufrieden mit meiner Behandlung. Die Hände und Füße wurden erneut bandagiert. Der Arzt riet mir den abgebrochenen Nagel ruhen zu lassen. Einen erneuten Blutverlust würde Francesco vermutlich nicht überleben. Er musste genesen.

In der Nacht nahm Elias mich zur Seite. Er gebot mir alles zu erzählen, was sich in den letzten Wochen zugetragen hatte. Getreu unserer Ordensregel, dass ich dem obersten Leiter zu Gehorsam verpflichtet war, erzählte ich alles. Elias dachte kurz nach und nickte verständnisvoll mit einem Gesicht, als ob er das alles schon erwartet hatte. Danach zog er seine Schlussfolgerung.

„Er hat sich also kreuzigen wollen."

Erst dann realisierte auch ich, dass diese Schlussfolgerung mit Blick auf alles, was passiert war, unvermeidlich war. Ich war tief geschockt und wusste nicht, was ich tun sollte. Elias schaute mich mit seinen bohrenden Augen an. Er war nicht ohne Grund nach Francesco unser Leiter geworden. Schließlich war er der Scharfsinnigste von uns allen.

„Wissen die anderen Brüder, was du mir erzählt hast?"

„Nur Matteo."

Er nickte, sichtlich erleichtert.

„Du bist dir bewusst, was dies für den Orden bedeutet, wenn dies alles bekannt wird? Unser Gründer, Sohn eines Katharers, zweifelnd an dem Wert der Bruderschaft, gequält durch unreine Gedanken an Chiara, die Gründerin unserer Schwesternschaft; so besessen, dass er sich mit einem Nagel die eigenen Hände und Füße verletzt. Wir würden verhöhnt werden. Wir würden als Ketzer verfolgt werden. Bist du dir dessen bewusst?"

Ich reagierte nicht. Ich war zu verwirrt um etwas sagen zu können.

„Aufgrund der Macht, die mir auferlegt ist, lege ich dir ein lebenslängliches Sprechverbot auf über alles, was sich hier am Alverna zugetragen hat."

Auke J. Jelsma, De zwaluw van de Alverna, 1985 (Ausschnitt). Deutsch von Harmjan Dam.

1. Fasse zusammen, wie in dieser Erzählung die Stigmatisierung des heiligen Franziskus von Assisi im Vergleich zu der mittelalterlichen Abbildung erklärt wird.
2. Untersuche, wo in deiner Umgebung Franziskaner leben oder gelebt haben und was sie dort bewirken wollen oder wollten.
3. Überlegt, ob es überhaupt möglich ist, sich mit Jesus Christus zu identifizieren. Denkt dabei an seinen Umgang mit der Natur, mit Macht und Geld, aber auch mit dem Leiden.

7. Martin Luther

Die evangelische Kirche spaltet sich von der katholischen ab

Martin Luther ist die Schlüsselfigur für die Entstehung der evangelischen Kirche und ihre Trennung von der katholischen Kirche. Im Gegensatz zu manchen anderen Ereignissen aus der Kirchengeschichte gibt es hier eine Fülle von Spuren in der Gegenwart: Es gibt evangelische und katholische Christinnen und Christen, unterschiedlichen Religionsunterricht, Unterschiede in der Organisation der Kirchen und der Gestaltung der Kirchengebäude, Unterschiede bei der Verehrung der Heiligen und von Maria, Unterschiede im Umgang mit den Sakramenten ...

Hier bietet es sich aus didaktischen Gründen an, von der Wahrnehmung in der Gegenwart auszugehen und von hier aus nach Erklärungen für Unterschiede und Gemeinsamkeiten zu suchen. Die historische und chronologische Annäherung aus der Vergangenheit heraus baut auf dieser Wahrnehmung auf und ist damit verschränkt. Durch ein Lernen in Begegnung von evangelischen und katholischen Schüler/innen kann dialogische Kompetenz vermittelt werden. Dabei geht es nicht nur darum, Gemeinsamkeiten oder Unterschiede zu entdecken, sondern zu lernen, wie man mit Differenzen umgehen kann.

Didaktischer Zugang: „Evangelisch – Katholisch – Ökumenisch“

Der Zugang aus der Gegenwart heraus bietet die Chance, nicht nur *über-*, sondern auch *mit*einander zu sprechen. Wahrnehmen, deuten und urteilen gelingt besser, wenn im Unterrichtsprozess auch Lernen durch Begegnung stattfindet. Der Hirnphysiologe Manfred Spitzer (356) sagt dazu: „Je mehr Austausch während der Schulzeit erfolgt, je besser, und je mehr einer gesehen hat, desto toleranter wird er später sein. Durch viele unterschiedliche Erfahrungen, durch unser Reiben an den Vorstellungen anderer und durch unser damit verbundenes, dauerndes Bewerten werden Räume für Repräsentation eröffnet, oder besser aufgespannt. Je differenzierter diese Räume angelegt werden (und dies geschieht noch bis nach der Pubertät), desto eher ist der Erwachsene später zur Bewertungen komplexer Sachverhalte in der Lage.“ Beim Thema „Reformation“ können Schülerinnen und Schüler miteinander ins Gespräch kommen; sie können von einer Religionslehrkraft der anderen Konfession unterrichtet werden, sie können gemeinsam ihre unterschiedliche Tradition wahrnehmen, damit Erfahrungen machen und sich darüber austauschen.

Um dies zu erreichen, sollte ein gemeinsamer evangelisch-katholischer Unterricht stattfinden. Zwei Kolleg/-innen, deren Unterricht parallel liegt, können dabei verschiedene Organisationsformen wählen, die den normalen Ablauf in der Schule kaum berühren. Dies gilt noch mehr, wenn der Unterricht in Doppelstunden organisiert ist:

A. Es findet gemeinsamer Unterricht mit zwei konfessionell gemischten Klassen statt, zum Beispiel bei Lehrausflügen, Gesprächen mit Referenten, beim Betrachten und Analysieren von Filmen. Hier sind die Klassen zusammen in einem großen Raum (z.B. Musikraum/Aula).

B. Zwei Klassen werden konfessionell gemischt. Der evangelische Lehrer unterrichtet die eine; die katholische Lehrerin die andere (Ba). Nach der Hälfte der Unterrichtsreihe wechseln die Lehrkräfte (Bb), damit alle Schülerinnen und Schüler beides erlebt haben.

Ich möchte mich an dieser Stelle bei den drei katholischen Lehrkräften des Heinrich-von-Gagern-Gymnasiums in Frankfurt/Main bedanken, mit denen ich in den letzten Jahren die gemeinsame Unterrichtsreihe „Evangelisch – Katholisch – Ökumenisch“ entwickeln durfte: Fatima Haug-Hasan, Simone Jenkner, Dr. Markus Thiemel.

Struktur der Einheit und Material

St.	*U-Form*	*Thema*	*Methode*
1.	A	Typisch katholisch, typisch evangelisch. „Was ich schon immer über die andere Konfession wissen wollte."	Storytelling im Kugellager Kärtchen: Was ich ...
2.	Ba	Die Unterschiede von den jeweils anderen erklärt: Konfirmation = Erstkommunion = Firmung?	Blatt zur Ergebnissicherung: M1/ Unterrichtsgespräch.
3.	Ba	Die Unterschiede von den jeweils anderen erklärt: Welche Sakramente gibt es? Abendmahl = Eucharistie?	Materialblatt zum Sakramentsverständnis
4.	Ba	Evangelisch, Katholisch, Protestantisch, Orthodox, Ökumenisch. Strömungsdiagramm der Kirche. Kirchenstruktur, Papsttum	**Strömungsdiagramm, S. 128** M2
5.- 6.	A	Eine katholische Kirche wird besucht	Besuch einer Messe und Gespräch mit dem Priester.
7.- 8.	A	Eine evangelische Kirche wird erkundet	Kirchenpädagogische Erkundung
9.	Bb	Ergebnissicherung: Was ist gleich, was ist anders bei evangelischen und katholischen Kirchen?	M3 Unterrichtsgespräch
10.	Bb	Die Unterschiede von den jeweils anderen erklärt: Marienverehrung	Klassengespräche M4
11.	Bb	Die Unterschiede von den jeweils Anderen erklärt: Heilige	Klassengespräche M5
12.		(Mögliche andere Teilthemen) Sind alle Fragen, die wir gestellt haben, beantwortet?	Lernkontrolle

Typisch katholisch – typisch evangelisch

In der ersten Stunde kommen die Klassen zunächst, wie bei konfessionellem Religionsunterricht üblich, nach Konfession getrennt zusammen. Hier werden die Ziele der gemeinsamen Unterrichtsreihe vorgestellt. Danach werden sie in einen großen Raum geführt, in dem die Tische zur Seite geräumt und in der Mitte ein doppelter Stuhlkreis gebildet ist. Die Stühle sind einander zugewandt, um sich mittels der sog. „Kugellager-Methode" schnell über inhaltliche Themen austauschen zu können. Die evangelischen Schüler setzen sich in den äußeren Ring, die katholischen in den inneren (oder andersherum). In den dann folgenden 25 Minuten geht es um „Storytelling" von circa 4 Minuten. Nach jeder Frage rückt der Außenring einen Stuhl nach rechts oder der Innenring einen Stuhl nach links. Die Impulsfragen lauten:

- Was haltet ihr vom Papst?
- Welche Rolle spielt ein Kirchenvorstand in der Gemeinde?
- Welche Rolle spielen die Statuen der Heiligen und von Maria für die Gläubigen?
- Welche Erfahrung habt ihr mit den Sakramenten (insbesondere der Taufe) in eurer Kirche gemacht?
- Was ist mit der „Firmung" gemeint und warum lassen sich junge Menschen „firmen"?
- Was muss ein „Messdiener" alles machen und warum?
- Was passiert alles bei einer Eucharistiefeier?
- Was ist die „Konfirmation", wie bereitet man sich darauf vor und welche Vor- und Nachteile hat es konfirmiert zu sein?

Nach der letzten Frage bekommt jede/r ein Kärtchen mit der Frage:

> Was ich schon immer von der anderen Konfession wissen wollte:
>
> Name: ____________________
>
> Konfession: ________________

Die Kärtchen werden ausgefüllt und eingesammelt. Dann werden zwei Gruppen gebildet; Gruppe 1 ist beim evangelischen Lehrer, Gruppe 2 bei der

katholischen Kollegin. Die Ergebnisse bilden die Basis der weiteren Planung der Unterrichtsreihe. Zu erwarten sind Fragen wie:
Warum hat die evangelische Kirche nicht sieben Sakramente?
Warum trinken die Evangelischen manchmal beim Abendmahl Traubensaft?
Müssen die Protestanten auch immer aufstehen, knien und singen?
Was ist der Unterschied zwischen Konfirmation und Firmung?
Wieso haben die evangelischen Pfarrer ein schwarzes Gewand und die katholischen ein weißes?
Ist der Papst mit Gott verwandt?
Ist der Papst Bote oder Prophet Gottes oder bloß ein normaler Mensch, der als Vorbild dient?
Wieso haltet ihr Katholiken euch so an den Papst?
Was wird im katholischen Religionsunterricht behandelt?
Beten die katholischen Christen Maria an?
Wieso braucht man die Heiligen?
Wieso sind die Messen so früh?
Gibt es innerhalb der katholischen Kirche Abspaltungen?
Warum dürfen bei den Katholiken Frauen keine Priester werden?

In der zweiten Unterrichtsstunde werden die Ergebnisse des Storytellings, die auf einem Blatt zusammengeschrieben sind, ausgeteilt. Sie sind geordnet nach den geplanten Unterrichtsstunden, damit die Schüler wissen, was wann dran kommt und kontrollieren können, ob alle Fragen wirklich beantwortet wurden. Danach wird M1 ausgeteilt, um auf der *Was ist*-Ebene die Themen zu klären. Für das *Warum* sind die weiteren Stunden gedacht. Inhaltlich geht es, wenn Zeit genug ist, um das Sakrament der Kommunion (bzw. der Erstkommunion), die Firmung und den Unterschied zur Konfirmation. Leitfragen sind dabei: Wie alt sind die Teilnehmenden? Wie wird man darauf vorbereitet? Wie verläuft das Ritual? Welche Rechte und Pflichten sind daraus abzuleiten? Die meisten evangelischen Schülerinnen und Schüler nehmen, während sie die 8. Klasse besuchen, auch an die Konfirmandenarbeit teil. Die Ergebnisse werden an der Tafel festgehalten.

Sakramente

In der dritten Unterrichtsstunde wird zuerst der Begriff „Sakrament“ erklärt, der mit Sakral und *sacrum* (lat. Opfer, heilig) zu tun hat. Es sind die heilige Handlungen der Religionen. Es ist das Heilshandeln Gottes, das von der Kirche vermittelt wird. Es zeigt, wie Gottes Heil sichtbar wird und die Gläubigen stärkt. An der Tafel werden die sieben Sakramente der katholischen Kirche aufgeschrieben und ein evangelisches Äquivalent gesucht.

Katholische Sakramente	**Evangelische Sakramente** *(und Vergleichbares)*
Taufe	Taufe
Eucharistie	Abendmahl
Firmung	*Konfirmation*
Beichte	*Seelsorgegespräch, Gebet*
Ehe	*Kirchliche Trauung*
Priesterweihe	*„Ordination“ eines Pfarrers*
Krankensalbung	*Seelsorge beim Sterben*

Dass nur Taufe und Abendmahl für evangelische Christen als Sakrament gelten, erstaunt viele Schülerinnen und Schüler. Viele wissen nicht, dass dies seinen Grund darin hat, dass nur diese in der Bibel erwähnt werden und Jesus nachdrücklich befohlen hat, diese Handlungen zu wiederholen. Eine gute Impulsfrage zum Verständnis der Sakramente ist, warum die Beerdigung kein Sakrament ist. Hier kann erklärt werden, dass das Heilshandeln nur an Lebenden geschieht; für Verstorbene kann aber gebetet werden.

Als zweiten Schritt bekommen die Schülerinnen und Schüler ein Materialblatt über die Unterschiede zwischen der katholischen und evangelischen Auffassung von Abendmahl und Eucharistie (es ist nicht aufgenommen, weil es zu diesem Thema eine Fülle von Unterrichtsmaterial gibt). Sie setzen sich in konfessionell gemischte Zweiergruppen und fassen den Text zusammen.

In der vierten Stunde werden die Wörter *evangelisch*, *katholisch*, *protestantisch*, *orthodox* und *ökumenisch* erklärt. Durch das Strömungsdiagramm der Kirche (vgl. S. 128) entdecken die Schülerinnen und Schüler, wie sich das vielfältige „Flussdelta“ der christlichen Kirche entwickelt hat. Manche evangelischen Schülerinnen und

Schüler gehören den reformierten Kirchen oder Freikirchen an. In katholischen Klassen gibt es manchmal auch Alt-Katholiken oder (griechisch-/serbisch-)orthodoxe Schülerinnen und Schüler.

Kirchenstruktur und Kirchengebäude

Einer der entscheidenden Unterschiede zwischen Evangelischer und Katholischer Kirche liegt in der Kirchenstruktur, insbesondere in der Haltung zum Papsttum. In M2 sind die unterschiedlichen Organisationsformen der beiden Kirchen in einem Schema zusammengefasst. Hier findet sich auch eine historische Erklärung, die Aufnahme einiger Aussagen Martin Luthers zum Papsttum in den bekannten 95 Thesen gegen den Ablass (1517). Ein sehr klares Gegenstück finden wir in den „Fundamenten", die der päpstliche Hoftheologe Silvester Mazzolini (Dominikaner, 1456–1523) im Jahr 1518 verfasste. Er war mit dem römischen Prozess gegen Luther betraut und verfasste in diesem Rahmen die Streitschrift mit vier ekklesiologischen Fundamenten, die im Kern bis heute in der katholische Kirche ihre Gültigkeit behalten haben (Obermann, 24). Sie zeigt, wie die reformatorische Suche Luthers direkte Konsequenzen für die Kirchenstruktur und die Rolle des Papstes hatte. Der aktuelle Vorschlag eines lutherischen Bischofs, die evangelische Kirchenstruktur beizubehalten, aber den Papst anzuerkennen, kann in der Klasse zu einer interessanten Debatte führen.

In den folgenden zwei Doppelstunden werden eine katholische und eine evangelische Kirche besucht und in einem darauf folgenden Unterrichtsgespräch verglichen. Für das Reflektieren, Ordnen und Besprechen der Erfahrungen ist M3 aufgenommen, das nach dem zweiten Besuch als Hausaufgabe dienen kann. Die letzte Frage kann allerdings nur im Klassengespräch in einer gemischten Lerngruppe besprochen werden. Nur zusammen kann man im Dialog Antworten erfahren auf die Frage „Was wir von der anderen Konfession lernen können".

Maria

Die Rolle Marias und der Heiligen markiert einen der größten Unterschiede zwischen der evangelischen und katholischen Kirche. Schon ihre zentrale Stellung im Kirchenraum verwundert viele Protestanten und die innige Beziehung zur Gottesmutter (insbesondere im Liedgut) ist für sie kaum nachvollziehbar.

Bis zum 5. Jahrhundert gab es nur wenige Unterschiede in der Deutung Marias. Erst der christologische Streit über die zwei Naturen Christi (göttlich/menschlich) führte zur Frage, wie man Maria bezeichnen kann. Ab dem Konzil von Ephesus 431 gilt die Bezeichnung „Gottesgebärerin" (was mehr ist als „Christusgebärerin") als richtig. Diese findet man bis heute in der orthodoxen Kirche. Im Westen lebt die Marienverehrung vor allem in den Klöstern (Benediktiner, Zisterzienser) weiter. Sie wird erst im späten Mittelalter in der Volksfrömmigkeit wichtig: Ave Maria, Rosenkranz, Angelusläuten, usw.

In der Reformation beschränkte Martin Luther das Bild Marias wieder auf den biblischen Befund in den Evangelien (vor allem bei Lukas): Maria ist Mutter Jesu und Vorbild des Glaubens.

In der Volksfrömmigkeit nahm die Verehrung Marias als Mittlerin zwischen Gott und Mensch im 19. und 20. Jahrhundert noch weiter zu, was in den Dogmen zur „Unbefleckten Empfängnis" (1854) und „Mariä Himmelfahrt" (1950) seine Entsprechung findet.

Es gibt Religionswissenschaftler, die auf Grund des ehrerbietigen Verhaltens mancher Gläubiger die Marienverehrung mit der „Anbetung einer Göttin" gleichsetzen. Dies ist nicht richtig. Auch die katholische Theologie spricht nur von Verehrung und von „Anrufen im Gebet". Überdies stehen auch nicht wenige moderne katholische Theologen der Marienverehrung kritisch gegenüber. Statt Jungfrau („unbefleckte Empfängnis") wird in Lk 2 „junge Frau" gelesen, die vom Heiligen Geist („Engel") die besondere Bedeutung ihrer Schwangerschaft erklärt bekommt. Die Himmelfahrt Mariens spielt genau wie die „Himmelfahrt Christi" keine große Rolle in der modernen protestantischen Theologie.

In einer konfessionell gemischten Klasse müssen die Differenzen, die von den Schülerinnen und Schüler oft genannt werden, zuerst genauer wahrgenommen werden. M4 steigt mit einer Sammlung von Assoziationen zum Wort „Maria" ein. Die Ergebnisse von Mindmaps in konfessionell gemischten Kleingruppen werden an der Tafel festgehalten. Bilder und Texte aus der orthodoxen, katholischen und evangelischen Tradition bieten sich dann zum Vergleich an und vertiefen mögliches Vorwissen. Die wenigen Daten ermöglichen es die Genese der Differenzen nachzuvollziehen. Die Multiple-choice-Frage könnte zur Prüfung des Wissens z. B. in einem Test vorkommen.

Welchen Ehrennamen für Maria hat nur die evangelische Kirche?	❑ Mutter Gottes ❑ Mutter Jesu ❑ Mutter der Schmerzen ❑ Mutter der Barmherzigkeit ❑ Gottesgebärerin

Heilige

Das Hauptziel „dialogische Kompetenz" soll nicht durch zuviel Input von der Seite der Lehrkraft im Hintergrund verschwinden. Mit **M5** kann zum Thema „Heilige" nun das abgefragte Vorwissen der Schüler weiter vertieft werden. Abhängig vom Unterrichtsgespräch können bestimmte Schlussfolgerungen an der Tafel festgehalten werden. Das Gespräch wird sich vor allem um Fragen wie „Was sind eigentlich Heilige?" oder „Wie werden Menschen in der römisch-katholischen Kirche für heilig erklärt?" drehen.

Die Heiligsprechung entwickelte sich erst im 3. und 4. Jahrhundert in der Zeit der Christenverfolgungen. Die Märtyrer wurden an einer besonderen Stelle beerdigt und deren Todestag wurde z. B. durch einen besonderen Gottesdienst gefeiert. Erste Heilige sind Stephanus (Apg 6–8), Polycarp, Antonius, Sebastian. Aus der Verehrung des Grabmals entstanden die Wallfahrten. Später galten neben dem Martyrium auch wunderbare Taten als Ausweis der Heiligkeit: z. B. bei Nikolaus oder Martin von Tours. In einer nächsten Stufe wurde den Heiligen über ihren Tod hinaus zugesprochen, dass sie Hilfe in der Not leisten, in der Nähe ihres Grabes oder ihrer Reliquien: z. B. Blasius bei Halskrankheit, Sebastian bei der Pest, Antonius bei Auffinden von Verlorenem, Florian bei Feuersbrunst. Um die Grabstätten herum wurde die Heiligenverehrung nach und nach zu einem ökonomischen Faktor. Als im 9. und 10 Jahrhundert viele vorbildhafte „Bekenner" (*confessores*) zu Heiligen gemacht wurden, wurde es notwendig klare Kriterien festzulegen. Hier formulierte der Vatikan: Vorbildlichkeit, Wunder, Wunderwirkung nach dem Tod oder Martyrium. Es gibt mittlerweile mehr als 4000 „Heilige", „Selige" und „Namenspatrone". Sie werden, genau wie Maria, zwar als Vorbild verehrt, aber nicht angebetet.

Die reformatorische Theologie stand durch ihr „Solus Christus" der Heiligenverehrung kritisch gegenüber. Zwar können bestimmte Personen durch ihren Vorbildcharakter den Glauben stärken (Confessio Augustana, 21), aber es gibt nur einen Mittler zwischen Gott und Mensch: Jesus Christus. Schärfer als die Lutheraner verwarfen Calvin und Zwingli die Heiligenverehrung. Sie sei ein Verstoß gegen das alttestamentliche Bilderverbot und „Satanswerk". Der sog. „Bildersturm" in den reformatorischen Gebieten geht auf diese Position zurück. Heute sind die Gegensätze weniger scharf. Auch in der evangelischen Kirche werden gern bestimmte Personen hervorgehoben: z. B. Luther, Paul Gerhardt oder Bonhoeffer. Insbesondere die Namensgebung von Kirchengebäuden und das feierliche Gedenken zu dezimalen Geburts- oder Todesjahren (2010: Melanchthon) sind nicht von „Verehrung" zu unterscheiden. Auch Volksheilige wie Sankt Martin oder Nikolaus haben für evangelische Christen ihre Rolle als Vorbild für das ethische und religiöse Verhalten und als Anlass für Feiern behalten. Um diese Übereinstimmungen anklingen zu lassen ist als Schlussaufgabe von **M5** die Frage nach den „evangelischen Heiligen" und nach der „communio sanctorum" (Gemeinschaft der Heiligen) gestellt.

Vor allem soll aber die Wahrnehmungs- und Deutungskompetenz der Schülerinnen und Schüler gefördert werden. Darum wird exemplarisch auf die Darstellungen einiger Heiliger mit ihren sog. „Attributen" hingewiesen. Wenn die Schülerinnen und Schüler Bonifatius (Kapitel 3) Hildegard (Kapitel 4) oder Franziskus (Kapitel 6) schon kennengelernt haben, darf der Verweis auf deren Attribute nicht fehlen:

Bonifatius: Bischofsgewand, Mitra, Ring und Krummstab. Mit Schwert durchbohrtes Buch.

Hildegard: Nonnengewand, Almosen spendend oder Brief an einen Boten übergebend.

Franziskus: Stigmata, braune Franziskanerkutte.

Caritas, Diakonie, Ökumene

Die gemeinsame evangelisch-katholische Unterrichtsreihe kann, abhängig von den Fragen der Schülerinnen und Schüler, mit anderen Themen weitergeführt werden. Es könnten z. B. Themen angesprochen werden, die hier in Kapitel 10 (Wichern) oder 12 (Ökumene) folgen.

Es kann aber nicht verneint werden, dass sich zwei ekklesiologisch unterschiedliche Auffassungen von der Gestaltung des Christseins nebeneinander entwickelt haben. Ziel der Unterrichtsreihe ist es, weder Differenzen zu bagatellisieren noch die Unterschiede als unüberwindbar darzustellen. Hier pflichten wir dem Ziel der Ökumene bei, dass die Kirche der Zukunft eine Kirche in Vielfalt und versöhnter Verschiedenheit sein soll.

Die Brücke zu Luther

Für eine lebendige und kompetenzorientierte Kirchengeschichte ist es notwendig, die Brücke zur Vergangenheit weiter zu beschreiten. Vieles kann man nur verstehen, wenn man weiß, wie Luther dazu gekommen ist. Das kann z.B. mit dem hervorragenden Film von Eric Till zu Luther (2003) geschehen. Es reicht, den Spielfilm in einer Unterrichtsstunde bis zum vorläufigen Höhepunkt, der Anheftung der 95 Thesen, zu zeigen. In **M6** werden durch einige Fragen zum Film die wichtigsten Aspekte von Luthers reformatorischer Entdeckung hervorgehoben. In den darauf folgenden Unterrichtsstunden können dann die Filmfragen mit den Texten und Bildern von **M7** verbunden werden. Dies bietet das absolute Minimum an Kenntnissen über das Thema Reformation und muss mit den Materialien in den gängigen Religionsbüchern zu Luther und zu Luthers Theologie ergänzt werden. Im Schulfach Geschichte wird die Reformationszeit als Bedingung für das Verstehen der deutschen Geschichte ausführlich in ihren politischen und kulturellen Aspekten behandelt. Was manchmal auf der Strecke bleibt, ist das eigentliche Anliegen der reformatorischen Theologie. Dies muss darum Gegenstand im evangelischen Religionsunterricht sein, wozu die Filmfragen ein gutes Raster bieten.

Gehörte Luther einem der drei mittelalterlichen Stände an?
Martin Luther wurde am 10. November 1483 nicht in einem der drei Stände des frühen Mittelalters geboren. Seine Familie gehörte nicht zum Adel, nicht zur Geistlichkeit oder zum Bauernstand. Sein Vater Hanns Luther hatte sich vom Grubenarbeiter zum Besitzer eines Erzbergwerkes hochgearbeitet. Er war ökonomisch beteiligt an der Gewinnung von Eisenerz, das für die Produktion von Arbeitsgeräten und Waffen eine zentrale Rolle spielte. Das Schießpulver hatte gerade die Militärtechnik revolutioniert; die Ritter verloren an Bedeutung. Es war eine Zeit des Umbruchs. 1492 hatte Columbus einen neuen Kontinent entdeckt: Amerika. Kopernikus stellte das selbstverständliche geozentrische Weltbild in Frage und hatte beobachtet, dass die Erde sich um die Sonne dreht. Die Informationstechnologie änderte sich durch die Erfindung der Buchdruckkunst (Gutenberg). In der Zeit der Krise wuchsen auch die Verunsicherungen und die Menschen suchten Halt in der Verehrung von Reliquien, in Wallfahrten oder im Kauf von Ablässen. Dies alles sollte vor einem strafenden und richtenden Gott schützen. Das Heilige Römische Reich Deutscher Nation zerfiel faktisch in viele kleine Herrschaftsgebiete, Bistümer und Städte. Die bürgerliche Schicht Hanns Luthers gewann immer mehr an Einfluss und wollte auch stärker die politische Struktur mitbestimmen. Als aufsteigender Bürger im Städtchen Eisleben wünschte Hanns Luther für seinen Sohn Martin das Beste und schickte ihn an die Universität. Nach dem allgemeinen Abschluss als Magister im Jahr 1505 sollte er Jura studieren.

Es kam aber anders. Die krisenhafte Zeit schlug sich auch in Martin Luthers Biografie nieder. Was gilt? Was gibt Sicherheit? Als Martin Luther in dieser Zeit in ein schlimmes Gewitter geriet, „das ihm den Hintern versengte" und in Todesnot brachte, versprach er Gott Mönch zu werden. Es war damals der sicherste Weg zum Heil. Nach seinem Versprechen in Stotternheim schloss er sich gegen den Willen seines Vaters den Augustiner-Eremiten in Erfurt an. Hier versuchte er konsequent durch Buße, Fasten, Gebet und gute Werke so zu leben, wie er meinte, dass Gott es wolle. Als er 1507 schon Priester war und anfing Theologie zu studieren, entdeckte Martin Luther mehr und mehr die beschränkten Möglichkeiten der damaligen „Heilsmittel" der Kirche.

Was erfuhr Luther über die christliche und priesterliche Praxis auf seiner Rom-Reise?
Seine erste Romreise 1510 verschärfte Luthers Zweifel an den Heilsmöglichkeiten der Kirche. Die Renaissance-Päpste legten mehr Wert auf ihre weltlich-politischen Interessen und ihr kulturelles Leben (Michelangelos Gemälde in der Sixtinische Kapelle, Bau des Petersdoms), als auf den christ-

lichen Glauben. Die ausgedehnte Verwaltungsstruktur und der mechanistisch-juristische Umgang mit Glaubensinhalten (Ablasspraxis) waren schon seit längerem Grund für Kritik: Hus, Wiclif, Savonarola. Leider hatte diese Kritik kaum Folgen und die Reformbestrebungen der Konzilien fruchteten nicht. Seine „reformatorische Entdeckung" machte Luther aber nicht aufgrund dieser Missstände.

Welche zentrale Glaubensentdeckung machte Luther?
Die zentrale Glaubensentdeckung, die Luther machte, geschah, nachdem er 1512 Professor für Theologie an der Universität von Wittenberg wurde. Bei seinem Studium von Altem und Neuem Testament begleitete ihn die ständige Frage, wie er vor Gott bestehen könne. Einen Schlüsselsatz, so berichtet er selbst in einer Rückschau auf sein Leben 1545 (Gutschera, 166), fand er bei Paulus in Römer 1,17: „Der Gerechte lebt seines Glaubens." Gott sei nicht als strafender Richter zu verstehen, Gottes Gerechtigkeit sei nicht als (aktive) strafende Gerechtigkeit zu sehen, die den Menschen trifft, wenn seine Taten in Gottes Augen nicht ausreichen, sondern der Mensch lebt (passiv) aus Gottes Barmherzigkeit. Nur weil Gott uns als gerecht ansieht und das Leben will, können wir überhaupt leben. Dies zu glauben reicht aus. Gottes Gerechtigkeit ist Gnade, er befähigt Gutes zu tun.

In dem ersten Gemeindelied, das Luther 1523 schrieb (**M7** mit Verweis auf EG 341), wird diese Erfahrung erzählt. Auch das Bild Cranachs *Gesetz und Gnade* von 1530 (**M8**, farbig und als „Lehrbild" leicht im Internet zu finden und auf Folie zu kopieren) beschreibt die paulinisch-lutherische Rechtfertigungslehre.

Auf der Folie können am Rand die Erklärungen notiert werden, während das Bild im Unterrichtsgespräch nach und nach aufgedeckt wird: links von oben nach unten; rechts von oben nach unten:
- Gott sitzt als strafender Richter (Schwert) auf der Erdkugel. Er ist der Pantokrator.
- Adam und Eva stehen im Paradies am Baum der Erkenntnis. Die Schlange hat gesprochen und der Mensch weiß von seiner Sünde und der Vertreibung aus dem Paradies
- Die Hölle lodert zur linken Seite.
- Der Mensch wird von Tod und Teufel in die Hölle getrieben. Er schaut auf die Tafeln des Gesetzes (in den Hände des Moses), die ihm sein Versagen zeigen.
- In der Mitte trennt ein Baum die Seite des Todes (ohne Blätter) und des Lebens.
- Von rechts oben kommt der Engel (vom Himmel hoch) zu den Hirten und verkündet die Gute Nachricht.
- Auf dem Hügel Golgatha hängt Jesus am Kreuz.
- Der Mensch wird durch Johannes den Täufer auf Christus hingewiesen, dessen Geist im „Blutstrahl der Gnade" ihn aus Gnade (*sola gratia*) erreicht. Am Fuße des Kreuzes ist das Lamm Gottes zu sehen „das die Sünde der Welt trägt" (*solus Christus*).
- Am rechten Rand ist das offene Grab zu sehen: die Auferstehung. Die Sünde (der alte Drache) ist überwunden. Der Mensch ist durch seinen Glauben gerettet (*sola fide*).

Was predigte der Ablasshändler Tetzel? Wie reagierte Luther auf Tetzels Predigten?
Luthers Thesen gegen den Ablass griffen 1517 genau die Verunsicherungen über die Heilswirkung der katholischen Kirche auf. Anfänglich waren die Thesen nur als Aufforderung zu einem akademischen Disput geschrieben: in Latein und angeschlagen auf dem „schwarzen Brett" der Uni, der Tür der Wittenberger Schlosskirche. Durch den Buchdruck verbreiteten sich die Thesen aber (auf Deutsch) sehr schnell. Der Missstand der Geldmacherei durch die Ablasspraxis wurde angeklagt. Nicht Glaube, Buße und christlicher Lebenswandel standen im Mittelpunkt des Glaubens, sondern der Kauf von Scheinen, mit denen die Zeit im Fegefeuer verkürzt werden sollte. Mit dem Erlös finanzierte der Papst u. a. den Bau des Petersdoms in Rom. Vergebung konnte aber, so Luther, nur Gott spenden, diese sei nicht käuflich zu erwerben.

Mit den 95 Thesen Martin Luthers kam eine Bewegung ins Rollen, die beide Seiten nicht mehr zu stoppen vermochten und die die Einheit der Kirche zerstören sollte.

1518 wurde Luther in Augsburg durch Kardinal Cajetan verhört, 1519 in Leipzig durch den Ingolstädter Theologieprofessor Johannes Eck. Immer klarer wurde, dass Luthers fester Punkt für die Glaubensinhalte nicht die Tradition und die Kirche waren, sondern die Bibel: *sola scriptura*. Dies stellte die damalige Kirchenlehre in Frage und er drohte als Ketzer verurteilt zu werden.

1520 verfasste Luther seine drei Hauptschriften, über die *Freiheit eines Christenmenschen*, über die Sakramente (*Babylonische Gefangenschaft*) und über das allgemeine Priestertum der Gläubigen (*An den christlichen Adel*). 1521 wurde der kirchliche Bann über Luther verhängt, was in Worms staatlich bestätigt wurde. Durch die „Reichsacht" konnte jeder Luther verhaften. 1522 tauchte Luther auf der Wartburg unter und arbeitete an einer Übersetzung der Bibel ins Deutsche. Die reformatorische Bewegung war nicht mehr zu bremsen.

Als im Jahr 1525 die Bauern die evangelische Freiheit (radikalisiert durch Thomas Müntzers Interpretation) als Freiheit vom Feudalismus verstanden und den Aufstand probten, entschied sich Luther für den Gehorsam gegenüber den Fürsten und gegen die Bauern. Preußen, Kursachsen und Hessen wurden evangelisch. Die evangelischen Fürsten protestierten auf dem Reichstag in Speyer 1529 gegen Karl V., woher der Name „Protestanten" rührt. 1530 fand in Augsburg der Versuch statt, die konfessionellen Differenzen zu überbrücken. Melanchthon bündelte die evangelischen Positionen in der Confessio Augustana (CA), der wichtigsten lutherischen Bekenntnisschrift. Karl V. rief die Protestanten vergeblich auf, zum Katholizismus zurückzukehren. Weil nun ganze Gebiete kirchlich ohne Leitung (Bischöfe, Papst) waren, ersuchte Luther um die Hilfe der evangelischen Fürsten. So entstand das „landesherrliche Kirchenregiment", das erst 1918 aufgehoben wurde.

Die Gegensätze in der Abendmahlslehre, beim Amtsverständnis und bei den Dogmen zu Maria und den Heiligen sind zwischen evangelischer und katholischer Kirche bis heute geblieben und scheinen (trotz aller Kooperation an der Basis) schwer zu überwinden. In der Rechtfertigungslehre fanden in der 2. Hälfte des 20. Jahrhunderts leichte Annäherungen statt, ohne aber noch zu Konsequenzen in den anderen Punkten geführt zu haben (vgl. Kapitel 12).

Katharina von Bora – Martin Luthers Frau

Kirchengeschichte ist keine Geschichte von Männern, auch wenn es oft den Anschein hat. Über die Rolle, die Frauen an den Wendepunkten der Geschichte gespielt haben, ist leider wenig aus den Quellen bekannt, hier ist die Forschung bei weitem noch nicht abgeschlossen. Katharina von Bora bildet aber eine Ausnahme und darum sollte sie den Schülerinnen und Schülern unbedingt vorgestellt werden. Methodisch ist in **M8** ein fingierter Briefwechsel gewählt. Aus dem Brief kann die Kurzbiografie der Katharina von Bora rekonstruiert werden sowie ihre Bedeutung für die Reformationszeit. Die Zeittabelle zur Reformationszeit folgt in Kapitel 8 (Calvin).

Kompetenzen

Im Unterricht der 8. Klasse kommt es darauf an in einer ausführlichen Reihe, die wenigstens ein Viertel des Unterrichtsjahres (ca. 20 Stunden) einnehmen soll, die Reformation und ihre Folgen bis heute zu entfalten. Dabei sollen weder Differenzen bagatellisiert noch die Unterschiede als unüberwindbar dargestellt werden. Die Kirche der Zukunft fordert das gemeinsame Gespräch und den gegenseitigen Respekt, damit sie eine Kirche in versöhnter Verschiedenheit sein kann.

Wahrnehmen und Deuten

Die Schülerinnen und Schüler können die Unterschiede zwischen evangelischen und katholischen Christen bei den Gebäuden, den Sakramenten, dem Gottesdienst, der Kirchenstruktur und bei der Rolle von Maria und den Heiligen wahrnehmen und deuten.

Urteilen und Handeln

Der Zugang in der heutigen Zeit beugt vor, den Anfang der evangelischen Kirche als „einzelne Heldentat Martin Luthers" und als rein historisches Phänomen zu sehen. Gerade der Blick aus heutiger Sicht, wo die Unterschiede bei weitem nicht mehr die Rolle spielen wie vor 500 Jahren, hilft, klarer die Übereinstimmungen zu sehen und das gemeinsame Anliegen einer zeitgemäßen Präsenz von Christen in der Welt in die Mitte zu stellen. Die Schülerinnen und Schüler können begründen, welche Konsequenzen aus den unterschiedlichen Kirchenstrukturen hervorgehen.

Dialogfähigkeit

Als gemeinsame Unterrichtsreihe mit dem katholischen Religionsunterricht ist Begegnung das zentrale Anliegen. Nicht *über,* sondern *mit* den konfessionell anderen werden Differenzen und Gemeinsamkeiten benannt und diskutiert.

Diese dialogische Kompetenz kann in anderen Unterrichtsreihen auf die Begegnung mit anderen Kulturen und Religionen ausgeweitet werden.

Literatur

Ulrich Becker u.a.: Projekt Ökumene. Auf dem Weg zur Einen Welt. Arbeitsbuch Religion – Sekundarstufe I. Düsseldorf/Stuttgart 1997

Monika Christoph u.a.: Reformation. Materialien für den ev. RU an Gymnasien. Themenfolge 138. RU-Module 8/Band 4. Materialstelle Ev. Luth. Kirche Bayern. Erlangen 2008

Herbert Gutschera/Joachim Maier/Jörg Thierfelder: Geschichte der Kirchen. Freiburg i.B. 2003, S. 163–189

Udo Hahn: Das 1 × 1 der Ökumene. Das Wichtigste über den Dialog der Kirchen. Neukirchen 2003

Barbara Hofmann: Luthers Frau – Katharina von Bora. Arbeitshilfe für den ev. RU an Gymnasien. Themenfolge 138. RU-Module 8/Band 3. Materialstelle ELK-Bayern. Erlangen 2007

Ilse Gretenkord: Ein Glaube – verschiedene Kirchen. „:in Religion" 1/1997

Rainer Lachmann/Herbert Gutschera/Jörg Thierfelder: Kirchengeschichtliche Grundthemen, TLL 3, Göttingen [3]2003, S. 157–182

Michael Meyer-Blank/Walter Fürst (Hg.): Typisch katholisch – typisch evangelisch. Ein Leitfaden für die Ökumene im Alltag. Freiburg i.B. [2]2003

Heiko A. Obermann: Die Kirche im Zeitalter der Reformation, Kirchengeschichte in Quellen – III. Neukirchen 1981

Jörg Schilling/Mette Bonde Schmid-Hennies: Evangelisch – katholisch – ökumenisch. Arbeitsblätter Religion. Leipzig/Stuttgart 2004

Manfred Spitzer: Lernen, Gehirnforschung und die Schule des Lebens, Heidelberg 2002

Walter Schöpsdau (Hg.): Was eint? Was trennt? Ökumenisches Basiswissen. Arbeitshilfe für evangelische Gemeinden. Konfessionskundliches Institut des Ev. Bundes, Bensheim 2002

M1 Typisch katholisch und typisch evangelisch

Einige Begriffsklärungen

Papst: Das Oberhaupt der gesamten römisch-katholischen Kirche ist der Papst. Er hat in dieser Kirche das höchste Amt inne und trägt die Verantwortung für das Leben und die Lehre der ganzen Kirche. Sein Amtssitz ist der Vatikan, ein eigener Staat, der in der Stadt Rom liegt, wo auch die päpstlichen Behörden ansässig sind. Fast alle Staaten der Welt haben dort ihre diplomatischen Vertreter. Die Petersbasilika in Rom ist die Kirche des Papstes. Dorthin kommen viele Katholiken aus aller Welt, um den Papst zu sehen und zu hören.

Taufe: Durch die Taufe wird ein Mensch in die Gemeinschaft der Christen hineingeboren. Sie bezeichnet den Anfang seines Christseins. Die Taufe wird den Christen in der Bibel aufgetragen. Jesus selbst hat das seinen Jüngern gesagt, als er ihnen nach seiner Auferstehung erschien. Im Matthäus-Evangelium steht: „Darum gehet hin und macht zu Jüngern alle Völker: Taufet sie auf den Namen des Vaters und des Sohnes und des Heiligen Geistes, und lehret sie halten alles, was ich euch befohlen habe." Als Vorbild für die Taufe dient eine Geschichte aus der Bibel, die beschreibt, wie Jesus selbst getauft wurde.

Maria: Evangelische und katholische Christen erkennen Maria als Mutter Gottes an. Jedoch sind evangelische Christen der Ansicht, dass katholische Christen in der Verehrung Mariens gelegentlich zu weit gehen, wenn sie z. B. an die leibliche Aufnahme Mariens in den Himmel glauben oder an ihre unbefleckte Empfängnis.

Kirchenvorstand: Jede ev. Kirchengemeinde wählt einen Kirchenvorstand, der die Kirchengemeinde in gemeinsamer Verantwortung mit dem Pfarramt leitet. Der Kirchenvorstand hat insbesondere die Aufgabe, das geistliche Leben der Kirchengemeinde zu fördern, den Haushaltsplan der Kirchengemeinde zu beschließen, Mitarbeiter in den Dienst der Gemeinde zu berufen, sie in der Arbeit zu begleiten und das kirchliche Vermögen zu verwalten.

Pfarrgemeinderat: Alle vier Jahre wählen die Mitglieder einer kath. Pfarrgemeinde Personen, die den Pfarrer bei seinen Aufgaben beraten und unterstützen. Meistens bildet ein Pfarrgemeinderat verschiedene Ausschüsse, die sich um besondere Aufgaben kümmern, zum Beispiel Gottesdienstgestaltung (= Liturgie), Bildung, Jugendarbeit oder Caritas. Wahlberechtigt sind alle Mitglieder einer Pfarrgemeinde vom vollendeten 16. Lebensjahr an.

Messdiener: Messdiener sind dem Priester bei der Gestaltung der Messfeier behilflich. Sie begleiten den Priester und reichen ihm die liturgischen Geräte während der Messe.

Eucharistie/Abendmahl: Schon seit den frühesten Zeiten feiern die Christen die Eucharistie (gr. Danksagung). Sie versammeln sich dabei um einen Tisch (Altar) und danken Gott. Wenn der katholische Priester die Abendmahlsworte aus der Bibel über Brot und Wein wiederholt hat, glaubt die Gemeinde, dass Jesus Christus wirklich anwesend ist. „Dies ist der Leib und das Blut Christi." Das Mahl wird zu einem Opfer, mit dem Christen Gott loben und ihm für die Gaben seiner Schöpfung danken. Die Gemeinde empfängt vom Priester die Hostie. Beim Abendmahl in der evangelische Kirche wird die Gegenwart Christi bekannt, allerdings in vielfältiger Deutung: Erinnerung, Gemeinschaft, Vergegenwärtigung, Sündenvergebung. Brot und Wein werden von Pfarrer und Gemeinde geteilt.

Konfirmation: Die Konfirmation wird auch Einsegnung genannt. Die Konfirmation bestätigt die Aufnahme in die Kirche. Konfirmierte Christen dürfen zum Beispiel Taufpaten sein und den Kirchenvorstand wählen.

Firmung: Die Firmung ist ein katholisches Sakrament, das der Bischof durch Handauflegung und Salbung vollzieht. Es soll der Kräftigung im Glauben dienen und Standhaftigkeit verleihen. Gefirmte Christen dürfen Taufpaten und z. B. Religionslehrer/-innen werden.

Vergleich der evangelischen und katholischen Kirchenstruktur M2

Evangelische Kirche	Katholische Kirche
Von unten nach oben (demokratisch gewählte Leitungsgremien) *Priestertum aller Gläubigen*	Von oben nach unten (hierarchisch aufgebaut, wie eine Pyramide) *Allgemeines Priestertum der Gläubigen*
Kirchenbünde (Ökum. Rat der Kirche mit Generalsekretär) (Evangelische Kirche in Deutschland – EKD – mit einem gewählten Ratsvorsitzenden) 23 Landeskirche mit Synoden (1/3 Theologen, 2/3 Laien aus Dekanaten) Ca. 50 Dekanate (Dek.-Synode wählt Dekan) Pfarrer/-in, Pastor/-in Kirchenvorstand (wählt Priester/Pfarrer) Kirchengemeinde (wählt Kirchenvorstand)	Papst ⇩ Kardinäle (römische Kurie) (Konzil: Bischöfe u. Kardinäle) Bischöfe Bischofssynode (kann Bischöfe beraten) ⇩ Priester/Pfarrer (können Bischöfe beraten) Pfarrgemeinderat (Laien) berät Pfarrer Kirchengemeinde (wählt Pfarrgemeinderat)

1. Vergleiche beide Kirchenstrukturen und erkläre den Unterschied zwischen den kursiven Ausdrücken.

Aussagen von Luther über Kirche und Papst (in 95 Thesen gegen den Ablass, 1517)	**Aussagen von Mazzolini**, Hoftheologe des Papstes (gegen Luthers Thesen, 1518)
1. Unser Herr und Meister Jesus Christus wollte mit dem Wort „Tut Buße" usw. (Mt 4,17) dass das ganze Leben der Gläubigen Buße sei. 2. Dieses Wort kann nicht so verstanden werden, dass es auf die sakramentale Buße bezogen ist, die durch das Priesteramt vollzogen wird. 6. Der Papst kann keine Schuld anders erlassen als durch die Erklärung und Zusicherung, dass sie von Gott erlassen sei. 36. Jeder Christ, der seine Sünden aufrichtig bereut, hat den vollkommenen Nachlass von Strafe und Schuld, der ihm auch ohne Ablassbrief gebührt. 86. Warum erbaut der Papst, der heutzutage reicher ist als die reichsten Leute, wenigstens diese eine Peterskirche nicht lieber von seinen eigenen Geldern als von denen der armen Gläubigen?	1. Die Gesamtkirche ist ihrer Vertretung nach das rechtmäßig abgehaltene Konzil. Die Gesamtkirche ihrer Kraft und Macht nach schließlich ist die römische Kirche, das Haupt aller Kirchen, und der Papst. Die römische Kirche ihrer Vertretung nach ist das Kardinalskollegium, ihrer Kraft und Macht nach aber der Papst, der das Haupt der Kirche ist, freilich in anderer Weise als Christus. 2. Auch die römische Kirche kann nicht irren und auch der Papst nicht, wenn er in seiner Eigenschaft als Papst eine Entscheidung trifft. 3. Wer sich nicht an die Lehre der römischen Kirche und des Papstes hält als an die unfehlbare Glaubensregel, von der auch die Heilige Schrift ihre Kraft und Autorität bezieht, der ist ein Ketzer.

2. Analysiere, worin der Gegensatz zwischen Luther und dem päpstlichen Theologen Mazzolini bestand und beziehe dies auf das Schema oben auf der Seite.
3. Vor einiger Zeit hat ein ev.-luth. Bischof den Vorschlag gemacht, zwar die evangelische Kirchenstruktur beizubehalten, aber den Papst anzuerkennen. Diskutiert diesen Vorschlag.

M3 Katholische und evangelische Kirchen und Gottesdienste

	Evangelische Kirche	Katholische Kirche
Wie wirkt das Gebäude auf dich?		
Worin unterscheidet sich die Innenausstattung und warum?		
Welche Rolle ist der Gemeinde zugedacht?		
Wie tritt der Pfarrer bzw. Priester auf?		
Sind die Liederbücher und Bibeln anders oder vergleichbar?		
Was können wir von der anderen Konfession lernen?	Die ev. Kirche kann von den Katholiken lernen, dass	Die kath. Kirche kann von den evangelischen Christen lernen, dass .....

▷ Wir haben eine katholische und eine evangelische Kirchengemeinde besucht. Um unsere Erfahrungen zu überdenken und zu ordnen, sollt ihr die Fragen zuerst allein beantworten. Anschließend sprechen wir darüber.

Andrei Rubljow, Marienikone,15. Jh.

Marienlob der Orth. Kirche

Wahrlich, würdig ist es, seligzupreisen Dich, Gottesgebärerin, Du allzeit hochselige und ganz unbefleckte Mutter unseres Gottes, die Du geehrter bist als die Cherubin* und unvergleichlich herrlicher als die Seraphim*, die Du unversehrt Gott, das Wort geboren hast, wahrhafte Gottesgebärerin, Dich erheben wir.

(*Cherubim, Seraphim = Engel)

Michelangelo, Pietà, 1500

Ave Maria der kath. Kirche

Gegrüßet seist du, Maria, voll der Gnade, der Herr ist mit dir, du bist gebenedeit* unter den Frauen und gebenedeit ist die Frucht deines Leibes, Jesus.

Heilige Maria, Mutter Gottes, bitte für uns Sünder, jetzt und in der Stunde unseres Todes.

(*gebenedeit = gepriesen, gelobt)

Albrecht Dürer, Maria lactans, 1512

Marienlied (Ev. Gesangbuch)

Gelobet seist du, Jesus Christ,
dass du Mensch geboren bist
von einer Jungfrau, das ist wahr.
des freuet sich der Engel Schar,
Kyrieleis*.
Den aller Welt Kreis nie beschloss,
der liegt in Marien Schoss;
er ist ein Kindlein worden klein,
der alle Ding erhält allein.
(*Kyrieleis = Herr erbarme dich)

Wie hat sich die Verehrung Marias entwickelt?

- Seit dem 4. Jahrhundert wird die Jungfräulichkeit von Maria betont.
- Auf einem Konzil (Ephesus 431) beschloss die Kirche Maria „Gottesgebärerin" zu nennen.
- Im späten Mittelalter in Europa entstand das „Ave Maria" und das Rosenkranzgebet.
- Für Luther war Jesus Christus wichtiger. Maria war Jesu Mutter und Vorbild.
- 1854 formulierte die katholische Kirche, dass Maria vom Anfang ihrer Schwangerschaft an als Mutter des Sohnes Gottes auserwählt war und ohne Erbsünde empfangen wurde („unbefleckte Empfängnis").
- Danach entstehen viele Wallfahrtsorte für Maria (Lourdes, Fatima usw.).
- 1950 verkündigte die katholische Kirche das Dogma der leiblichen Aufnahme Marias in den Himmel (Maria Himmelfahrt).
- Evangelische Theologen und einige moderne katholische Theologen nennen Maria nicht Jungfrau, sondern „junge Frau", die vom Heiligen Geist (in der Gestalt eines „Engels") die besondere Bedeutung ihrer Schwangerschaft erfahren hat.

1. Bildet konfessionell gemischte Kleingruppen und fertigt eine Mindmap an. In die Mitte schreibt ihr das Wort „Maria". Danach werden alle Einfälle an der Tafel gesammelt.
2. Die Mariendogmen sind immer noch trennend. Diskutiert, wo und wie es Annäherungen geben könnte.

M5 Heilige

Heilige und ihre Kennzeichen

 *Stephanus* hat runde **Steine** in der Hand oder an den Füßen, mit denen er gesteinigt wurde.	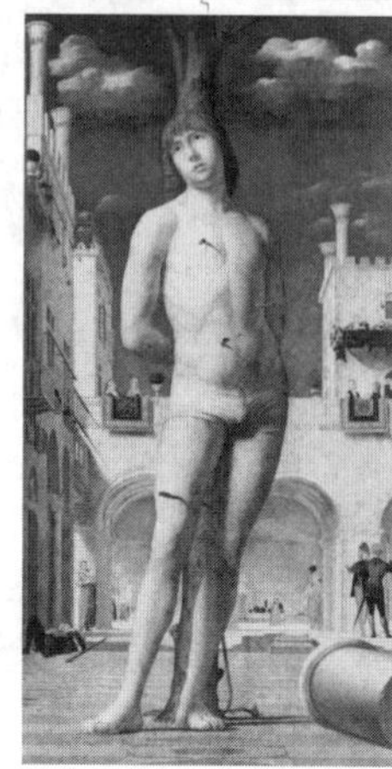 Der schöne, junge *Sebastian* ist an einen Baum gebunden, am ganzen Körper durchbohrt von **Pfeilen**.	 *Katharina* sollte 307 auf einem **Rad** gemartert werden. Ein Engel zerbrach es, sie wurde enthauptet.
 Bischof *Nikolaus* von Myra, der Kinderfreund, reicht drei **Goldklumpen** durchs Fenster.	 *Martin* (noch als Ritter auf einem Pferd) teilt seinen **Mantel** mit einem Bettler.	 *Elisabeth* von Thüringen hat eine **Kanne** in der Hand und reicht einem Bettler **Brot**.

1. Bildet konfessionell gemischte Kleingruppen und fertigt eine Mindmap rund um das Wort „Heilige" an. Danach werden alle Ideen und Einfälle an der Tafel gesammelt.
2. Was sind Heilige? Wie wird man für heilig erklärt?
3. Sankt Martin und Nikolaus werden auch von evangelischen Christen verehrt. Martin Luther oder Dietrich Bonhoeffer sind evangelischen Christen wichtig und werden als Namengeber von Kirchen oder an Gedenktagen verehrt. Die evangelische Kirche nennt sich „Gemeinschaft der Heiligen". Diskutiert, inwiefern es „evangelische Heilige" gibt.

Der Film „Luther“ M6

Im Film „Luther“ von Eric Till (Regie, BRD 2003) spielt Joseph Fiennes Martin Luther.

1. Welchen Beruf hatte Luthers Vater?

___

___

2. Ist Luther in einem der drei mittelalterlichen Stände geboren worden?

___

___

3. Was erfuhr Martin Luther über das Leben der Priester und über die christliche Praxis, als er eine Reise nach Rom machte?

___

___

___

4. Welche zentrale Glaubensentdeckung machte Luther?

___

___

___

5. Was predigte der Ablasshändler Tetzel?

___

___

___

6. Wie reagierte Luther auf Tetzels Predigten und welche Folgen hatte das?

___

___

___

M7 Was wollte Martin Luther?

Gemeindelied: Nur freut euch, Christen

Für Martin Luther war es wichtig, dass der ganze Gottesdienst auf Deutsch stattfand. Statt der alten lateinischen Messgesänge sollte die Gemeinde selbst auf Deutsch singen. In dem ersten Lied, das er 1523 schrieb, erzählt er aus der Ich-Perspektive von seiner „reformatorischen Entdeckung“: Ihr findet es im Evangelischen Gesangbuch unter Nr. 341.

1. Nun freut euch, lieben Christen g'mein/und lasst uns fröhlich springen, /
Dass wir getrost und all in ein / mit Lust und Liebe singen, /
Was Gott an uns gewendet hat / und seine süße Wundertat; /
Gar teu'r hat er's erworben.

2. Dem Teufel ich gefangen lag, / im Tod war ich verloren, /
Mein Sünd mich quälte Nacht und Tag, / darin ich war geboren. /
Ich fiel auch immer tiefer drein, / es war kein Guts am Leben mein, /
Die Sünd hatt' mich besessen.

3. Mein guten Werk, die galten nicht, / es war mit ihn' verdorben; /
Der frei Will hasste Gotts Gericht, / er war zum Gutn erstorben;
Die Angst mich zu verzweifeln trieb, / dass nichts denn Sterben bei mir blieb, /
Zur Höllen musst ich sinken.

10. Was ich getan hab und gelehrt, / das sollst du tun und lehren, /
Damit das Reich Gotts wird gemehrt / zu Lob und seinen Ehren; /
Und hüt dich vor der Menschen Satz, / davon verdirbt der edle Schatz: /
Das lass ich dir zur Letze.

Lucas Cranach: Gesetz und Gnade, 1529

▷ Schreibt eine kurze Zusammenfassung der wichtigsten Neuerungen, die Martin Luther wichtig waren. Tauscht eure Ergebnisse aus.

Katharina von Bora – die Frau Martin Luthers | M8

Liebe Katharina von Bora,
im Religionsunterricht beschäftigen wir uns gerade mit Martin Luther.
Wie war das eigentlich damals? Stimmt es, dass Sie Nonne waren?
Stimmt es auch, dass Luther Sie manchmal „Herr Käthe" genannt hat?
Mit freundlichen Grüßen,
Klasse 8d

Liebe Schüler der Klasse 8d,
danke schön für Eure Fragen. Mir war es bei der Erziehung unserer Kinder immer sehr wichtig, dass sie Fragen gestellt haben und dass sie nicht von den vielen Gesprächen, die bei uns zu Hause geführt wurden, ausgeschlossen waren. Wir wohnten im ehemaligen Schwarzen Kloster in Wittenberg. Martin hatte dauernd Besuch; zwanzig, dreißig Menschen, die von weit kamen, um mit ihm über seine Einsichten zu diskutieren und ihn um Rat zu fragen: Wie sollten sie ihre Gemeinde organisieren? Wie sich gegenüber den aufständischen Bauern verhalten? Und so weiter.
Unser Haus war eine Art Hotel, und ich konnte dafür sorgen, dass alle ein Bett und zu essen und zu trinken hatten. Eine Zeit lang waren wir sogar Studentenwohnheim. Ein Glück, dass Martin immer mehr Geld bekam und der Kurfürst uns Lebensmittel und Stoffe schickte. Ein Glück, dass wir auch noch einige Grundstücke mit Obstbäumen hatten. Martin wusste, wie wichtig es war, dass ich das Haus und das Geld verwaltete. Er konnte selbst gar nicht mit Geld umgehen! Er verschenkte es an jeden, der etwas brauchte. Einmal habe ich sogar einige Becher, die er verschenkt hatte, hinter seinem Rücken zurückgekauft! Man muss doch aus etwas trinken! In derartigen Situationen nannte er mich dann „Herr Käthe". Aber er schätzte mich sehr. Bei den berühmten Tischgesprächen in unserem Haus durfte ich dabei sein und mitreden. Er hat mich verteidigt gegenüber seinem Freund Philipp Melanchthon, als der gegen unsere Ehe war. Und als unsere Tochter Magdalena starb, schrieb er für mich ein Testament, in dem er mich, obwohl ich nur eine Frau bin, zur alleinigen Erbin von allen unseren Häusern und Grundstücken bestimmte.
Ja, es stimmt, dass ich eigentlich Nonne war. Meine Eltern waren zwar von Adel, aber nicht reich. Ich war sechs Jahre, als sie mich in ein Kloster gegeben haben. Mit 16 wurde ich schon zur Nonne geweiht. Aber wir lasen heimlich Luthers Schriften, die ins Kloster geschmuggelt wurden. Er war ja auch Mönch gewesen und frei geworden. Warum sollten wir dann Nonnen bleiben? Auch zog der radikale Thomas Müntzer durchs Land und zerstörte die Klöster. Wir hatten Angst! 1523 flüchtete ich mit acht anderen Schwestern aus dem Kloster nach Wittenberg. Dr. Luther hat alle unter die Haube gebracht. Es ist ja nichts für eine Frau, wenn sie allein lebt. Als ich übrig blieb, habe ich es darauf angelegt, dass *er* mich heiratete. Alle waren überrascht, als er zustimmte.
Mit herzlichen Grüßen,
Katharina

1. Ordne die wichtigsten Geschehnisse aus Katharinas Leben den Jahreszahlen zu.
2. Arbeite heraus, wie Luther und Katharina nach 1525 die veränderte Rolle der Frau sahen.

1499		1515	
1505		1526/27	
1515		1542	
1523		1552	Katharina verunglückt auf der Flucht vor der Pest in Torgau und wird dort beerdigt.

8. Johannes Calvin
Das protestantische Denken verbreitet sich weltweit

Wenn man in Deutschland nach Calvin fragt, bekommt man meistens karge und wenig positive Antworten: War Calvin nicht der Franzose, der in der Zeit Luthers in Genf gewirkt hat? Hat er dort nicht als Tyrann die Ermordung Servets herbeigeführt? War Calvin nicht dieser strenge Reformator, der den Christen den Spaß verderben wollte? Hat er nicht die calvinistischen Protestanten zu fleißigen Arbeitern gemacht?

Calvin ist hier im Schatten Luthers fast verschwunden. Dennoch gilt: „Ohne die deutsche Reformation Martin Luthers ist Calvin nicht denkbar, wie umgekehrt gilt, dass Luthers Reformation ohne Calvin eine historische Episode geblieben wäre. Denn am westeuropäischen Calvinismus ist der Ansturm der Gegenreformation zerbrochen und ohne diese Rückversicherung im Westen hätte der deutsche Protestantismus den dreißigjährigen Krieg schwerlich in dieser Weise überstanden." (Staedtke, 9) Es gehört darum zum Basiswissen der Kirchengeschichte, Calvins Beitrag für die Reformation einordnen zu können, damit das, was er in seinem Leben geleistet hat, angemessener gewürdigt wird. Schließlich war er es, der in der zweiten Generation nach Luther die reformatorischen Impulse viel konsequenter durchdenken konnte, als Luther es getan hat. Luther stand in vieler Hinsicht (z. B. Abendmahlsauffassung, Teufel, Anti-Judaismus) noch mit beiden Füßen im römisch-katholischen Mittelalter. Calvins klares Denken führt die Überzeugung Luthers weiter und Calvins Theologie überzeugte so sehr, dass sich viele evangelische Christen in der Schweiz, in den Niederlanden, Schottland, Ungarn, Nord-Amerika, Süd-Afrika, Süd-Korea usw. bis heute Calvinisten nennen. Die weltweite Verbreitung des reformatorischen Denkens und der Einfluss der Reformation auf die Neuzeit kann ohne Calvin nicht verstanden werden.

Jean Cauvin

Johannes Calvin wurde 1509 als Jean Cauvin in Noyon, einer Stadt in Nordfrankreich geboren. Sein Vater war dort Notar am Domkapitel und hatte eine gehobene Stellung in der (katholischen) Kirchenverwaltung. Es zeigte sich bald, dass Jean ein intelligenter Knabe war. Deshalb sollte er eine klassische Ausbildung bekommen. Am strengen Collège de Montaigu in Paris lernte er Latein und Rhetorik. Sein Vater wünschte, dass Johannes Jura studieren sollte. An der Pariser Sorbonne und an der Universität von Orleans kam er in Kontakt mit berühmten humanistischen Gelehrten, die „ad fontes" nach den römischen und griechischen Quellen der westlichen Zivilisation suchten und das mittelalterliche scholastische Denken ablehnten. Christliche Humanisten gaben sich nicht mit der lateinischen Vulgata-Bibel zufrieden, sondern studierten den Urtext in Griechisch und Hebräisch. Hier wurde Calvin mit dem Denken von Erasmus von Rotterdam, von Jacques Lefèvre d'Étaples und von Martin Luther konfrontiert. Insbesondere sein Freund, der Rektor der konservativen Pariser Sorbonne, Nicolaus Cop, war dem humanistischen und „evangelischen" Denken zugetan. Als Cop an Allerheiligen 1533 eine Predigt mit lutherischem Gedankengut hielt, wurde er alsbald der Ketzerei beschuldigt und musste fliehen. Auch Calvin wagte nicht länger in Paris zu bleiben. Im Oktober 1534 fand eine schreckliche Verfolgung von reformiert denkenden Christen statt, einige wurde sogar als Ketzer ermordet. Calvin hat ab Dezember 1534 bis zu seinem Lebensende außerhalb Frankreichs gelebt und gewirkt: in Basel, Straßburg und Genf.

In Basel fand Calvin endlich Zeit, seine Gedanken zu ordnen. Hier veröffentlichte er seine erste kleine theologische Schrift: *Unterricht in der christlichen Lehre*, kurz *Institutio* genannt. Die Schrift war an den französischen König Franz I. gerichtet, der das reformierte Denken streng verboten hatte. Calvin versuchte ihn von der Schriftgemäßheit der protestantischen Theologie zu überzeugen. Die Schrift fand starke Verbreitung, was nicht zuletzt Calvins klarer juristischer Denkstruktur und seinen humanistischen rhetorischen Qualitäten zu verdanken war. Die *Institutio* sollte Calvin im Laufe seines Lebens immer wieder überarbeiten und von sechs auf 80 Kapitel (im Jahr 1559) ausweiten. Die Grundstruktur blieb aber gleich.

Die Eckpunkte von Calvins Denken können in folgender Grafik festgehalten werden (vgl. Plasger und Elwood, passim). Weil eine derartige Grafik die Schülerinnen und Schüler der 8. Klasse überfordert, wird ihnen in M1 über einige Zitate ein erster Zugang zu Calvin ermöglicht.

Sinn des Lebens: Gotteserkenntnis und Selbsterkenntnis

In Calvins sehr lebensnaher Theologie hängen Selbsterkenntnis und Erkenntnis Gottes eng zusammen. Gott lässt sich nicht rational beweisen, es gibt auch im engeren Sinne kein „Wissen" über Gott zu vermitteln. Man kann aber sich selbst nicht kennen, ohne Gott zu kennen. Und Gott kann ich nur erkennen, wenn ich mich auf eine Beziehung zu ihm einlasse. „Erkennen" heißt Wissen mit Herz, nur auf diesem Weg kann ich Wahrheit finden. Calvin ist davon überzeugt, dass ich mich, um ich selbst zu werden, ganz und gar Gott anvertrauen muss.

Wir brauchen Gott, um als Mensch überhaupt zu sein und etwas zu können. Wer sieht, wozu der Mensch imstande ist (und Calvin lebte in einer Zeit von Krieg und Elend) weiß, dass der Mensch unvollkommen ist und von Gott entfernt lebt. Diese Gottvergessenheit ist die Sünde, die an jedem Menschen haftet. Hier folgt Calvin Paulus in Röm 5,12 und Augustinus in seiner Erbsündenlehre. Im Gegensatz zu Luther sieht Calvin im Menschen nur noch sehr flüchtig etwas von Gottes Ebenbild. Aber Gott sei dank wissen wir durch die Bibel und die Verkündigung von Jesus Christus: Er hat uns erlöst. In ihm erkennen wir, wie Gott ist. Gott ist unser Ursprung (Schöpfer) und Erlöser (in Jesus Christus). Er hat uns gezeigt, wie wir richtig leben können (Gott ist Gesetzgeber; Zehn Gebote, Lk 10), und er ist unser Bündnispartner bei der Verwirklichung seines Reiches. Der Sinn des Lebens kann nur darin bestehen, dies in Dankbarkeit zu akzeptieren, nach der Intention Gottes zu leben und durch unser Handeln in der Welt Gott die Ehre zu geben.

Anders als bei Luther gibt es bei Calvin keinen Gegensatz von Gesetz (negativ) und Evangelium (positiv). Um die lutherische Rechtfertigungslehre und die erlösende Rolle Jesu Christi im Alten und Neuen Testament zu verankern, spricht Calvin von den drei Funktionen („Ämtern") Christi; eine Unterscheidung, die weite Verbreitung gefunden hat. Jesus Christus ist König, Priester und Prophet. Als König führt er die geistige Herrschaft über unser Leben und hilft in der Not. Als Priester ist er Mittler zwischen Gott und Mensch und schenkt uns Versöhnung. Als Prophet zeigt und verkündet er Gottes Botschaft und lehrt uns Gott zu erkennen.

Im Jahr 1536 wollte Calvin von Basel nach Straßburg reisen, um zu sehen, ob er dort als Pfarrer in der französisch-reformierten Flüchtlingsgemeinde arbeiten könnte. Wegen des Kriegs zwischen Frankreich und dem deutschen Kaiser musste er den Umweg über Genf nehmen. Die Bürgerschaft von Genf hatte sich im Mai 1535 vom Herzog von Savoyen und den katholischen Bischöfen und Priestern befreit. Nun versuchte die Stadt, sich unter der Leitung von Guillaume (Wilhelm) Farel ein protestantisches Profil zu geben. Dieser überzeugte Calvin davon in Genf zu bleiben, weil es kaum Pfarrer in der Stadt gab. Beide wollten die Kirche umstrukturieren („re-formieren"), um die neue politische Lage zu unterstützen.

Für eine so gründliche Reformation reichte es Farel und Calvin nicht, dass (so Luther) nur „das Wort Gottes rein gepredigt" werden sollte. Das Wort sollte „lauter gepredigt *und gehört*" werden. Für das richtige Hören mussten die Christen empfänglich gemacht werden, damit sie ihm auch in ihrem Handeln nachfolgen. Nicht nur die Köpfe, das ganze Leben sollte reformiert werden.

Der Versuch, den Lebenswandel der Menschen zu beeinflussen und falsches Verhalten durch den Ausschluss vom Heiligen Abendmahl zu bestrafen, passte dem Genfer Magistrat aber bald immer weniger. Er hatte sich gerade von einer Fremdherrschaft befreit und brauchte nicht die nächste. Schon 1538 musste Calvin Genf verlassen. Zwei Jahre später als geplant kam er in Straßburg an.

Drei glückliche Jahre verbrachte er hier als Lehrer an der Lateinschule und als Theologe. Er konnte sich mit anderen evangelischen Theologen wie Philipp Melanchthon und Martin Bucer auseinandersetzen. Er heiratete die Witwe Idelette de Bure. Aber schon 1541 berief der Genfer Magistrat Calvin wieder in seine Stadt, um das Reformationsprojekt weiter voranzutreiben.

Konsequent Christsein gestalten

Nun entwickelte Calvin seine Kirchenordnung weiter und richtete eine fast demokratische Struktur ein. Die Leitung der Kirche lag bei einem Gremium, Konsistorium oder Presbyterium genannt, und war vergleichbar mit einem Kirchenvorstand. Das Gremium hatte vier Funktionen: Pastoren, Doktoren, Älteste (Presbyter) und Diakone. In M2 ist dies entfaltet und auf heute bezogen. Der Pfarrer (Pastor) hat im Konsistorium zwar den Vorsitz, ist aber nur „primus inter pares" (Erster unter gleichen) und hat nur eine Stimme. Der Kirchenvorstand ist die Leitung der autonomen Flüchtlingsgemeinde.

Die Stadt Genf wurde vom Stadtrat regiert und es gab eine klare Trennung zwischen den Aufgaben von Kirche und Stadt. Calvin war nie Mitglied im Stadtrat und Genf war keine Theokratie. Die sogenannte „Kirchenzucht" versuchte mit theologischen Mitteln den Lebenswandel der Christen zu reformieren. Die wichtigste Sanktion bestand im Ausschluss aus der Abendmahlsgemeinschaft. Wichtigstes Augenmerk lag dabei (biblisch begründet!) auf der Bekämpfung von Prostitution, Alkoholsucht, Völlerei, Armut und gesellschaftlicher Ungleichheit.

In dieser Zeit wurden die konfessionellen Gegensätze in Europa immer stärker und die Verfolgung von evangelisch Denkenden in Frankreich so stark, dass Genf immer mehr Flüchtlinge aufnehmen musste. Dies stärkte die reformatorischen Kräfte in der Stadt. Ab 1555 (dem Jahr des Augsburger Religionsfriedens, in dem die Lutherische Konfession in Deutschland politisch anerkannt wurde) war ganz Genf calvinistisch.

Im Jahr 1559 wurde die Genfer Akademie gegründet, in der Theologen aus aller Welt ausgebildet werden sollten. Basisfächer waren Hebräisch und Griechisch, damit die ganze Bibel in den ursprünglichen Sprachen gelesen und exegetisiert werden konnte. Die Bibel war wichtiger als die Dogmatik und sie sollte aus ihrem ursprünglichen Bedeutungshorizont heraus aktualisiert werden. In diesem Bemühen liegen die Wurzeln der späteren historisch-kritischen Exegese.

Von Genf aus verbreitete der Calvinismus sich in Deutschland: Pfalz (Heidelberger Catechismus 1563), Nassau, Emden, Bremen; in die Niederlande (hier wurde er 1579 zur bestimmenden Konfession), nach Schottland (John Knox), nach England (die Presbyterianer und späteren Puritaner), nach Amerika, nach Ungarn usw.

Im Mai 1564 starb Calvin. Auf seinem Grab befindet sich auf seinen Wunsch kein Grabstein, damit kein Persönlichkeitskult entstehen konnte. Im Februar 1564 schrieb er in seiner Abschiedsrede: „Ich habe viele Schwächen gehabt, die Ihr ertragen musstest, und selbst all das, was ich getan habe, ist im Grunde nichts wert. [...] Darum bitte ich Euch, dass Ihr mir das Schlechte verzeiht. Wenn es aber auch etwas Gutes gegeben hat, so richtet Euch danach und befolgt es!" (Plasger, 16)

Und Servet?

Was ist aber mit der Todesstrafe gegen den spanischen katholischen Arzt und Humanisten Michael Servet? Hat Calvin dies nicht bewirkt? Ohne Calvin rechtfertigen zu wollen – er hat den Tod Servets mit herbeigeführt – müssen doch einige Aspekte erläutert werden, um keine vorschnellen Schlüsse zu ziehen. In Europa galt in allen Ländern zur damaligen Zeit, dass die Obrigkeit dafür zu sorgen hat, dass Gottes Gebote eingehalten werden. Der oben schon erwähnte Augsburger Religionsfrieden (*cuius regio, eius religio*) sollte religiöse Bürgerkriege verhindern und durch die konfessionelle Eindeutigkeit in den Regionen die Einheit in den Kleinstaaten fördern. Insbesondere die katholischen Staaten achteten sehr genau darauf, wie die evangelischen Staaten und Städte das Einhalten von Gottes Geboten handhabten. Wurden Ketzer und Gottesleugner hier auch konsequent verurteilt? Michael Servet leugnete die

Trinität Gottes. Das galt überall als unerlaubte Ketzerei. Auch Calvin hat Servet theologisch verurteilt und dementsprechende Konsequenzen gefordert. Er überließ es aber dem Stadtrat, die juristischen Folgerungen zu ziehen. Zweitens: Es sollte noch 250 Jahre – bis zur Aufklärung – dauern, bis das Prinzip der Gewissensfreiheit bei abweichenden religiösen Überzeugungen akzeptiert wurde. Dennoch errichteten die Genfer Bürger zu Recht im Jahr 1903, anlässlich des 350. Todestags Servets, ein Denkmal. Es trägt folgende Inschrift: „Als ehrerbietige und dankbare Söhne Calvins, unseres großen Reformators, doch seinen Fehler, der seiner Zeit Fehler war, verwerfend, und gemäß den wahren Grundlagen der Reformation und des Evangeliums an der Gewissensfreiheit festhaltend, errichten wir dieses Sühnedenkmal." (Dankbar, 120)

Und die Prädestination?

Und was ist mit der Prädestination (Vorbestimmung), mit der Idee, dass Gott für ewig und immer bestimmt, wer gerettet und wer von seinem Heil ausgeschlossen ist? Ist das nicht eine völlig falsche Gottesvorstellung, die eher der eines Marionettenspielers oder eines Diktators entspricht? Hier ist es wichtig zu wissen, dass Calvin diese Idee der Vorbestimmung nicht erfunden hat. Sie findet sich schon bei Augustinus und Thomas von Aquin. Calvin versucht mit der Prädestinationslehre nicht eine Antwort auf die Frage „Wie ist Gott?" (das kann der Mensch nur in seiner Gottesbeziehung erkennen), sondern auf die Frage, warum bestimmte Menschen gläubig sind und andere nicht. Er will hervorheben (wie im Gleichnis vom Sämann, Mk 4), dass es nicht an uns, sondern an Gott liegt, wo gesät wird. Auch will Calvin mit der Prädestinationslehre vor Arroganz warnen („Siehe doch, wie sehr Gott mich segnet") und in Verzweiflung trösten („Ich weiß nicht, ob ich genug glaube"). Der Glaube, so sagt Calvin, ist ein Geschenk Gottes und nicht meine Leistung. Ich bin ohne Gott gar nicht imstande zu glauben. Gott hat uns Menschen erwählt und aus unserer Gottvergessenheit und Verfremdung („Sünde") erlöst. Daran können wir in Ewigkeit nichts ändern (Eph 1,4). Was Gott denkt, ist ein Geheimnis; er bestimmt selbst die Kriterien für seine Gerechtigkeit. Uns muss es reichen, dass uns offenbart ist, dass wir in Christus erlöst sind. Jeden Sonntag wird es uns angesagt. Die klassische reformierte Predigt hat den Dreisprung Elend – Erlösung – Dankbarkeit. Wir können nur in Dankbarkeit unser Leben leben, wuchern mit den Talenten, die Gott uns gegeben hat (Lk 19,11–27) und darauf vertrauen, dass Gott es gut mit uns meint. Dies tröstet vor allem in Zeiten der Verfolgung. Für Calvin selbst war die Prädestinationslehre nicht wichtig. Ihre Rolle als wichtiges Merkmal des Calvinismus hat sie erst später bekommen. Bei Calvin erscheint der Gedanke erst 1559 in der letzten Fassung der *Institutio* am Rande, unter der Frage „Wie wir der Gnade Christi teilhaftig werden". Hier will er tröstend sagen, dass Gott uns erwählt hat und uns „nach Hause geleiten will", wie John Newton in dem bekannten Lied „Amazing Grace" (ca. 1770) formuliert.

Material

Dies alles muss nicht jeder Schüler bzw. jede Schülerin wissen, aber zwei Einsichten sollten in zwei oder drei Stunden in der 8. Klasse beim Thema Reformation vermittelt werden. Die vier Materialien helfen, dem auf die Spur zu bekommen.

- Calvin war der wichtigste Reformator nach Luther. Er verkörperte die zweite Generation und konnte weitergehende Konsequenzen aus Luthers Überzeugungen ziehen als Luther selbst. M1 und M2 helfen dies entdecken. Calvin entwickelte eine Kirchenstruktur und Dogmatik (*Institutio*), die es ermöglichte, Kirche und Gesellschaft gründlich umzustrukturieren (*reformatio*). Hier liegen direkte Verbindungen zum politischen Befreiungskampf in den Niederlanden gegen die Spanier im 16. Jahrhundert. Hier liegen auch Verbindungen zu den Puritanern und Presbyterianern, zu den Auswandernden nach Amerika (Pilgrim Fathers), zu den englischen Methodisten im 18. und 19. Jahrhundert, zur Theologie der Bekennenden Kirche in den 30er Jahren in Deutschland (Barmen 1934), zur Befreiungstheologie in Lateinamerika und Südafrika. Bis heute gibt es in der ganzen Welt viele evangelische Christen, die sich Calvinisten nennen, zahlenmäßig mehr als Lutheraner.
- Die Reformation von Martin Luther könnte ohne Calvin und die Calvinisten eine innerdeutsche theologische Diskussion geblieben sein, wie bei Jan Hus in Tschechien oder Pet-

rus Valdes (Waldenser) in Norditalien. Die Internationalität Genfs als Flüchtlingsgemeinde und die von Calvin gegründete Genfer Theologische Akademie spielten die entscheidende Rolle für den geschichtlichen und weltweiten gesellschaftlichen Einfluss des Calvinismus (M3 und M4).

Kompetenzen

Das Thema Johannes Calvin kann in der 8. Klasse beim Thema Reformation (siehe auch Kapitel 7) eingebunden werden. In zwei bis vier Stunden kommt es darauf an zu zeigen, dass die reformatorische Bewegung breiter ist als Martin Luther und dass die weltweite Verbreitung dieses Denkens stark durch den Calvinismus gefördert wurde.

Wahrnehmen und Deuten

Die Schülerinnen und Schüler können durch die Zeittabelle und die Karte Calvin in der Reformationszeit einordnen und seinen Einfluss über Genf hinaus beschreiben und einschätzen.

Urteilen und Handeln

Die Schülerinnen und Schüler können die Kirchenstruktur der vier Ämter verstehen und beurteilen, wie die Calvinisten damit eine Reformation nach Lehre und Leben durchsetzen wollten. Sie gelangen durch die Analyse verschiedener Calvin-Zitate zu einem ersten Eindruck seiner Theologie.

Literatur

Rohloff, Reiner: Calvin kennen lernen, Göttingen 2008

Christopher Elwood: Calvin für zwischendurch. Göttingen 2007

Matthias Freudenberg (Hg.): Calvin Brevier. Neukirchen 2008.

Herbert Gutschera/Joachim Maier/Jörg Thierfelder: Geschichte der Kirchen. Freiburg i.B. 2003, S. 179–181.

Rainer Lachmann/Herbert Gutschera/Jörg Thierfelder: Kirchengeschichtliche Grundthemen, TLL 3. Göttingen 2003, S. 171–172

Georg Plasger: Johannes Calvins Theologie. Göttingen 2008

J. Staedke: Johannes Calvin. Göttingen/Zürich/Frankfurt/M. 1969

Acht Aussagen von Johannes Calvin | M1

1. Was ist der Sinn des menschlichen Lebens? Die Erkenntnis Gottes unseres Schöpfers.
Aus welchem Grund sagst du dies? Er hat uns ja dazu geschaffen und in diese Welt gestellt, um in uns verherrlicht zu werden. So ist es nichts als recht und billig, dass unser Leben, dessen Ursprung er ist, wiederum seiner Verherrlichung diene. (*Katechismus* 2,16–19)

2. All unsere Weisheit, sofern sie wirklich den Namen Weisheit verdient und wahr und zuverlässig ist, umfasst im Grunde eigentlich zweierlei: die Erkenntnis Gottes und unsere Selbsterkenntnis. Diese beiden aber hängen vielfältig zusammen. (*Unterricht* I, 1,1)

3. Die Wurzel unseres Glaubens an Jesus Christus liegt nicht in unserem eigenen Bemühen, auch nicht darin, dass wir einen so hochfliegenden oder durchdringenden Geist hätten, um die im Evangelium enthaltene himmlische Weisheit zu erfassen. Sie entspringt vielmehr der Gnade Gottes, einer Gnade, die unsere Natur übersteigt. (*Von der ewigen Erwählung*, 94 f.)

4. So glaubt der Glaube, dass Gott wahrhaft ist; die Hoffnung erwartet, dass er zu gegebener Zeit seine Wahrheit zeigt. Der Glaube glaubt, dass Gott unser Vater ist; die Hoffnung zählt darauf, dass er sich uns gegenüber immer als solcher erweist. Der Glaube glaubt, dass uns das ewige Leben gegeben wird; die Hoffnung erwartet, dass es einmal offenbart werden wird. Der Glaube ist das Fundament, auf dem die Hoffnung ruht. (*Katechismus* 1,182 f.)

5. Ich habe schon hervorgehoben, dass Mose keine Naturwissenschaft treiben will. Die Forscher beweisen uns mit ausreichenden Gründen, dass der Saturn, der wegen seiner Entfernung außerordentlich klein erscheint, den Mond an Größe übertrifft. [...] Die Erforschung der Gestirnwelt ist nicht nur eine Freude, sondern hat auch einen großen Wert. Gottes wunderbare Weisheit wird ja durch diese Wissenschaft uns klar. Die kühnen Forscher verdienen hohes Lob. [...] Mag immerhin in Wahrheit der Saturn größer sein als der Mond, dem Auge erscheint es anders. Mose geht es darum, was die Dinge für uns bedeuten. (*Auslegung Genesis*, 18)

6. Wir wissen aus Erfahrung, dass das Singen große Kraft und Wirkung hat, die Herzen der Menschen zu bewegen und zu entflammen, so dass sie Gott mit heiligerem und glühenderem Eifer anrufen und loben. [...] Das soll uns wie ein Organ sein, um Gott zu loben und unsere Herzen zu ihm zu erheben, um uns zu trösten, in dem wir sein Vermögen, seine Güte, Weisheit und Gerechtigkeit bedenken. [...] Die Musik hat eine verborgene und fast unglaubliche Kraft, die Herzen zu bewegen. (*Vorrede zum Psalmengesangbuch* 1543, *Lieder*, 275-279)

7. Es gibt vier Aufgabenbereiche oder Arten von Ämtern, die unser Herr zur Leitung seiner Kirche geschaffen hat: einmal die Pastoren, dann die Doktoren, danach die Ältesten und viertens die Diakone. Wenn wir also eine wohlgeordnete und unversehrte Kirche haben wollen, müssen wir uns an diese Gestalt ihrer Leitung halten. (*Kirchenordnung*, 238–241)

8. Manche versäumen es, wenn sie krank sind, sich in Gott durch sein Wort zu trösten. So kommt es, dass viele ohne Zuspruch und Lehre des Evangeliums sterben, das dem Menschen doch gerade dann ganz besonders heilsam ist. Aus diesem Grund haben wir verfügt dass niemand drei ganze Tage lang krank im Bett liegen darf, ohne dies einen Pfarrer wissen zu lassen (und) nicht zu warten, bis der Kranke im Sterben liegt, denn in diesem letzten Augenblick nützen die tröstenden Worte in den meisten Fällen nicht mehr. (*Kirchenordnung*, 262-265)

▷ Ordne die acht Aussagen des bekannten Reformators Johannes Calvin (1509–1564) in zwei Gruppen:
a) Aussagen, die dir ganz gut gefallen; b) Aussage die dir gar nicht einleuchten.
Begründe deine Meinung.

M2 Die vier Ämter im Kirchenvorstand

Für Martin Luther ist Kirche dort, wo „das Wort Gottes rein gepredigt wird". Für Calvin muss es zudem noch „gehört werden", damit es auch Folgen im Lebenswandel der Christen hat. Er sieht die Leitung der Gemeinde nicht beim Pfarrer, sondern bei einem fast demokratischen Gremium, dem Konsistorium, in dem es vier „Ämter" gibt.

Pastoren (Pfarrer)	*Doktoren*	*Älteste (Presbyter)*	*Diakone*
verkünden das Wort Gottes (Predigt) und verwalten die Sakramente (Taufe und Abendmahl)	unterrichten die Gläubigen und sorgen für die theologische Ausbildung (Katechese)	führen Aufsicht über den Lebenswandel der Gemeinde (Kirchenzucht)	sorgen für Arme und Kranke

▷ Überlege, welche vier Arbeitsfelder und Aktivitäten diese vier „Ämter" heute ausfüllen müssten und schreibe diese Funktionen in die vier Spalten darunter.

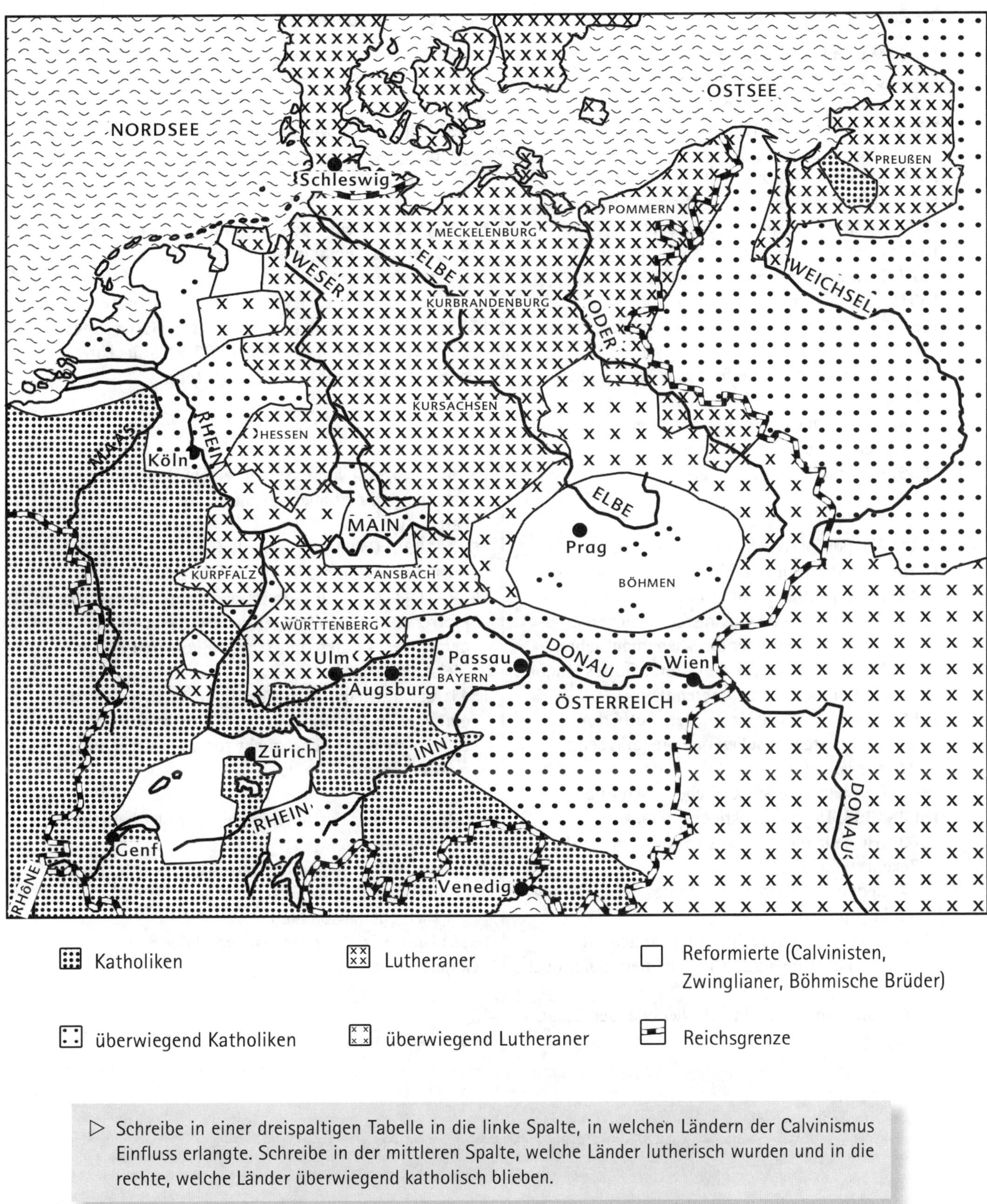

▷ Schreibe in einer dreispaltigen Tabelle in die linke Spalte, in welchen Ländern der Calvinismus Einfluss erlangte. Schreibe in der mittleren Spalte, welche Länder lutherisch wurden und in die rechte, welche Länder überwiegend katholisch blieben.

M4 Die Zeit der Reformation und Johannes Calvin

Die Zeit der Reformation

1483: Martin Luther geboren.
1492: Columbus „entdeckt" Amerika.
1497: Philipp Melanchthon geboren.
1505: Luther tritt in Erfurt ins Kloster ein.
1517: Martin Luther 95 Thesen.
1520: Die vier Hauptschriften Martin Luthers.
1521: Luther auf Reichstag in Worms verurteilt.
1521–1522: Luther auf der Wartburg.
1522: Zwingli, Zürich führt Reformation ein.
1527: Türkische Armeen stehen vor Wien.
1531: Zwingli stirbt.
1533: Ignatius von Loyola gründet den Jesuiten-Orden (S. J.).
1534: Vertreibung der Täufer aus Münster; um Menno Simons sammeln sich die „Mennoniten".
1534: Genfer Stadtrat befreit sich vom Herzog von Savoyen und dem katholischen Klerus.
1536: Reformation in Dänemark.
1541: Religionsgespräche in Regensburg.
1545– 1563: Konzil von Trient: Gegenreformation.
1546: Martin Luther stirbt in Eisleben.
1549: Zwinglianer und Calvinisten erreichen in Zürich eine Einheit über die Abendmahlslehre.
1553: Michael Servet, der die Trinität Gottes leugnet, wird in Genf als Ketzer verbrennt.
1555: Augsburger Religionsfrieden: Luthertum anerkannt; Staaten sollen monoreligiös sein: *cuius regio eius religio..*
1560: Calvinistische Staatskirche in Schottland.
1562–1598: Hugenottenkriege in Frankreich.
1563: „Heidelberger Catechismus", calvinistische Bekenntnisschrift.
1564: Beginn des Befreiungskampfes der Reformierten in den Niederlanden.
1572: „Bartholomäusnacht" in Frankreich, viele Calvinisten („Hugenotten") werden ermordet oder fliehen.
1579: Calvinismus wird in den Niederlanden Staatsreligion.

Das Leben von Johannes Calvin

1509: Jean Cauvin wird in Noyon (Nord-Frankreich) geboren.
1523–1528: Calvin studiert Jura in Paris und Orleans, Einfluss humanistischer Gelehrter, die Luthers Ideen anhängen.
1533: Calvin fühlt sich (wie Paulus) von Gott berufen zum evangelischen Glauben, er flüchtet aus Paris nach Basel, schreibt hier die *Institutio.*
1536: Calvin will von Basel auf einem Umweg nach Straßburg, bleibt aber auf Bitten von Guillaume Farel in Genf.
1537–1538: Calvins radikaler Reformationsprozess; Ausweisung durch den Genfer Stadtrat.
1538–1541: Calvin in Straßburg als Lateinlehrer und Pfarrer der französisch-reformierten Flüchtlingsgemeinde. Kontakte mit Martin Bucer und Philipp Melanchthon.
1541: Calvin wieder nach Genf berufen. Er entwirft eine Kirchenordnung, um Genf in Lehre und Leben zu reformieren. Kirchenzucht sorgt für strenge moralische Regeln.
1552: Streit über das Abendmahl trennt Lutheraner und Calvinisten.
1555: In Genf erreichen die Calvinisten die Mehrheit, Calvin gründet eine „Akademie" zur internationalen Theologenausbildung.
1559: Fünfte Fassung der *Institutio* (Vier Bände, 80 Kapitel) erscheint.
1564: Calvin stirbt (will keinen Grabstein).

▷ Beschreibe, welche Rolle Calvin in der Stadt Genf gespielt hat.

9. Paul Gerhardt

In schweren Zeiten – trotzdem singen

Die Person von Paul Gerhardt erlaubt einen kurzen Einblick in das 17. Jahrhundert, in dem für die evangelische Kirchengeschichte im Vergleich zum 16. Jahrhundert wenig zu passieren scheint. Mit dem Augsburger Religionsfrieden von 1555 war die lutherische Kirche neben der katholischen anerkannt und die Regelung, dass – um konfessionellen Streitigkeiten vorzubeugen – die Einwohner eines Gebietes sich in ihrer konfessionellen Überzeugung nach der des Landesfürsten zu richten haben (*cuius regio, eius religio*) sorgte für über 50 Jahre Frieden. Es war der Beginn des konfessionellen Zeitalters. Die Reformierten waren allerdings nicht anerkannt und durch die Hugenottenkriege flüchteten viele Protestanten aus Frankreich nach Deutschland. Die Regelung von 1555 führte dazu, dass die beiden Konfessionen sich intern stabilisieren konnten und die Glaubensüberzeugungen (die nun große politische Folgen hatten) genauer dogmatisch festgelegt wurden. Katholischerseits waren mit dem Konzil von Trient (1545–1563) und mit der Anerkennung des Jesuitenordens (Societas Jesu, SJ), der viel Bildungsarbeit leistete, hier die Weichen gestellt. Auf lutherischer Seite hatte das Konkordienbuch von 1580 eine vergleichbare festlegende Funktion. Die klaren Abgrenzungen hatten aber auch leidenschaftliche Polemik gegenüber der jeweils anderen Konfession zur Folge, ganz abgesehen vom Provinzialismus, der durch „Augsburg 1555“ stark gefördert wurde. Als 1606 der katholische Herzog Maximilian von Bayern die evangelischen Bewohner von Donauwörth (nach der Störung einer Prozession) gewaltsam rekatholisieren wollte, formierten sich die lutherischen und reformierten Fürsten 1608 zu einer „Union“. Eine katholische „Liga“ war 1609 die religiöse und politische Antwort. Die Spannungen stiegen und führten von 1618 bis 1648 zum Dreißigjährigen Krieg. Genau in dieser Zeit lebte der 1607 geborene Paul Gerhardt, der bekannteste evangelische Lieddichter.

Paul Gerhardts Lieder sind in einem Jahrhundert entstanden, das von Krieg, Pest, Hungersnot und ständiger Todesangst geprägt war. Die Gesamtbevölkerung in Deutschland sank während des Dreißigjährigen Krieges von 21 Millionen auf 13,5 Millionen. Auch nach dem Westfälischen Frieden (Münster 1648), mit dem die Reformierten anerkannt wurden und die Konfessionalität der Bürger nicht mehr an die des Landesherren gebunden war, hat es Jahrzehnte gedauert, bis sich die Situation strukturell besserte.

Theologisch steht Paul Gerhardt einerseits ganz in der Tradition der lutherischen Orthodoxie, andererseits zeigt sich bei ihm der Einfluss des Pietismus, in der das „Ich“ des Glaubenden eine viel wichtigere Rolle spielt. Zudem ist Paul Gerhardt beeinflusst von Johann Arndts Mystik, die auf Vergegenwärtigung des göttlichen Heilshandelns zielt. Paul Gerhardt dichtet von seiner Glaubensnot, von seinen Zweifeln und vor allem von seiner Zuversicht. Die singende Gemeinde, die sich auch zu Hause zu „Privatgottesdiensten“ und Hausandachten trifft, kann sich in diesem „Ich“ wiederfinden. Es sind gerade diese Aspekte seiner Poesie, die bis heute Wirkung haben. Das Lied *Ich steh an deiner Krippen hier* zeigt Spuren von allen drei Einflüssen. In Strophe 1 der aus Gnade geschenkte Glaube; in Strophe 4 die verzweifelte Suche des „Ichs“ um das Wunder zu fassen; in Strophe 9 („lass mich doch dein Kripplein sein“) die mystische Identifikation mit dem Heilsbringer Jesus Christus.

Material

Paul Gerhardts Biografie (M1), die sich übrigens auf nur wenige Quellen stützen kann, zeigt nicht viel Spektakuläres auf. Dennoch weist der frühe Tod seiner Eltern, der ihn schon mit 14 zum Waisenkind machte, auf die schwierige Zeit hin, in der er lebte. Auch die außerordentlich lange Studienzeit (es müssen ca. 12 Jahre gewesen sein) zeigt, dass ein reguläres Studium kaum möglich war. Gerhardts Geburtsort Gräfenhainichen bei Bitterfeld und Wittenberg wurde 1637 durch Kriegshandlungen völlig zerstört. Paul Gerhardt arbeitete nach seinem Studium einige Zeit als „Hauslehrer" bei der Juristenfamilie Berthold in Berlin. Dort entstand eine Beziehung zu der jüngsten Tochter Anna Maria (14 Jahre jünger als er), die er aber erst 1655 heiraten konnte, als er schon 48 Jahre alt war. Erst drei Jahre vorher (1652) trat er seine erste reguläre Stelle als Pfarrer (Propst) in Mittenwalde an. 1653 hatte er ersten Erfolg mit einem Liederband, den er mit seinem Berliner Freund und Kantor Johann Crüger zusammen herausgab. 1657 wurde er Pfarrer an der St. Nicolai-Kirche in Berlin. In den dreizehn Jahren seiner Ehe wurden fünf Kinder geboren, von denen nur ein Sohn seine Eltern überlebte. Zwei Mädchen und zwei Jungen starben im ersten Lebensjahr. Hohe Kindersterblichkeit hängt stark mit Armut und schlechter Versorgung zusammen. Auch Anna Maria starb mit 48. Nach nur zehn Jahren an der St. Nicolai-Kirche sollte Paul Gerhardt durch eine Amtsenthebung zwei Jahre „arbeitslos" werden. Noch mit 62 trat er eine neue Stelle in Lübben im Spreewald an, wo er acht Jahre später starb. So ist seine Biographie von immer wiederkehrenden Verlusterfahrungen durchzogen.

Die erwähnte Amtsenthebung ist einer der wenigen gut dokumentierten Konflikte in seinem Leben (Bunners, 75–107). Wie zu erwarten im „konfessionellen Zeitalter", geht dieser auf konfessionelle Spannungen zurück. Der Brandenburger Große Kurfürst Friedrich Wilhelm (1640–1688) versuchte sein Gebiet zu modernisieren und nahm – trotz Widerstand der Lutheraner – auch Hugenotten auf. Auf seine Initiative hin wurden Versöhnungsgespräche zwischen beiden Parteien geführt. Auch verbot er lutherischen und reformierten Pfarrern sich auf der Kanzel gegenseitig zu verketzern, bei Strafe von Amtsenthebung und Verlust der Bezüge. Paul Gerhardt empfand dieses Verbot als Einschränkung seiner – durch das Konkordienbuch verbrieften – Predigtfreiheit. Er verweigerte aus Gewissensgründen die Unterzeichnung des Kurfürstlichen Verbots und verlor 1666 sein Amt. Die Gemeindemitglieder sollten ihn aber weiter mit ihren Zehnten unterstützen. Das Verbot wurde schon 1667 aufgehoben, aber erst 1669 konnte Paul Gerhardt seinen letzten Amtssitz in Lübben beziehen.

Weltliteratur

Ich steh' an deiner Krippe hier, O Haupt voll Blut und Wunden, Du meine Seele singe, Lobet den Herren, Die güldne Sonne, Befiehl du deine Wege, Geh aus mein Herz und suche Freud; Anfangszeilen von Liedern von Paul Gerhardt, die vielen Menschen bekannt sind. Es befinden sich von Paul Gerhardts 139 Liedern 26 im heutigen Evangelischen Gesangbuch. Damit ist er zusammen mit Martin Luther der meist vertretene Dichter. Die Lieder bilden das Herz der protestantischen Spiritualität; sie wurden und werden weltweit gesungen. Seine Texte mit den Melodien von Crüger und Ebeling haben Generationen geprägt und bewegt. Sogar in calvinistischen Kreisen, wo im Gottesdienst nur Psalmen gesungen wurden, war für die häusliche Frömmigkeit das Liedgut Paul Gerhardts beliebt. Sie gehören heute auch zum selbstverständlichen Liedgut der katholischen Kirche. Christian Bunners, der Autor der Standardbiografie zu Paul Gerhardt, nennt seine Texte schlicht „Weltliteratur". Kein anderer deutscher Dichter des 17. Jahrhunderts ist in so viele Sprachen übersetzt worden und so bekannt geblieben.

Dabei verstand Paul Gerhardt sich vor allem als Pfarrer, der durch seine Lieder der Gemeinde half, ihren Glauben zu leben. Die Sprache der Lieder ist darum einfach und bildreich, geprägt von der Bibel und inspiriert vom Alltag. Vielleicht sind die Lieder deshalb so zeitlos und helfen der Seele auch in Krisen und schwierigen Lebenslagen. Dietrich Bonhoeffer, der im Jahr 1936 Paul Gerhardts Lieder noch als „fromme Poesie" disqualifizierte, entdeckte 1943 in der Gefangenschaft, als er nur einige Bibelstellen und Liedfragmente im Kopf hatte, die geistige Kraft dieser Texte. Auch Kurt Ihlenfeld (1901–1972), ein Freund Jochen Kleppers, erzählt, wie ganze Scharen flüchtender und entwurzelter Menschen in und nach dem Krieg oft das Lied *Befiehl du deine Wege* anstimmten und es von Mund zu Mund weiterlief. Oft waren Zeilen von Gerhardt-Liedern mit Kreide an die Wand der mit Hausgerät und Nahrung beladenen Flüchtlings-Wagen nach dem Zweiten Weltkrieg geschrieben, „sodass man Gerhardt für einen Lyriker von 1947" halten könnte. (Bunners, 339).

Mit M2 können Schülerinnen und Schüler versuchen, die tröstende und wegweisende Kraft der Texte anhand von Paul Gerhardts bekanntestem Lied *Befiehl du deine Wege* nachzuvollziehen. Dabei tut sich das Problem auf, dass bei der heutigen jungen Generation die Lieder nicht mehr zwingend bekannt sind. Einfachere moderne Lieder haben Gerhardt verdrängt. In der Konfirmandenzeit können sie die Lieder noch im Gottesdienst gehört haben, aber auch dort werden oft nur einzelne Strophen gesungen. Die Sprache und die Länge der Lieder werden gelegentlich als Zumutung empfunden, wenn denn die barocken Formulierungen, Symbole, Metaphern und Naturbilder überhaupt verstanden werden. Dennoch spricht Paul Gerhardt von Erfahrungen, die auch heute noch existenziell sind. Worte, die das Leid ernst nehmen und keinen billigen Trost anbieten. „An seinen Liedern kann man die Kunst des Sterbens lernen" (Moos, 21). Mitten im Alltag und im Leiden findet er Gott und er beschreibt seinen Glauben in Worten, die dem alltäglichen Leben entnommen sind.

Der Liedtext wird gekürzt angeboten. So wird das Akrostichon auf Psalm 37,5 fast sichtbar und kann erschlossen werden (ggf. nachschlagen: EG 361). Die kursiven Worte am Anfang der Strophen bilden diesen Psalmvers. Das Lied ist wie eine Predigt zu diesem Vers, wobei die Vorsehung Gottes als Trost aus der „Ich-Perspektive" formuliert wird. Eigentlich sollte das Lied ganz gesungen werden, aber das Hören der Interpretation von Sarah Kaiser ist eine gute Alternative. M3 zeigt exemplarisch das Weiterleben Paul Gerhardts bis in die heutige Zeit.

Kompetenzen

In Klasse 8 oder 9 des Gymnasiums kann Paul Gerhardt Thema in einigen Stunden sein. Eine Verknüpfung mit der Einheit „Reformation" empfiehlt sich und zeigt, wie sich die evangelische Kirche auch nach der reformatorischen Wende weiter entwickelt hat. Wer als Lehrer/-in den Ehrgeiz hat, nicht nur exemplarisch wenige Themen aus der Kirchengeschichte zu behandeln, sondern den Schülerinnen und Schüler einen linear zusammenhängenden Überblick über zwanzig Jahrhunderte vermitteln möchte, braucht die Zeittabelle in M1. Der Baustein „Paul Gerhardt" eignet sich aber auch im Zusammenhang mit „Sterben, Tod und Auferstehung", das in der 9. oder 10. Klasse besprochen wird. Dabei dient das Biographische dem Verstehen seiner Texte.

Wahrnehmen und Deuten

Die Schülerinnen und Schüler können anhand der Zeittabelle die schwerwiegenden Folgen des grauenvollen Dreißigjährigen Krieges für das Leben Paul Gerhardts erahnen. Sie dient als Hintergrund für das Wahrnehmen und Deuten des Liedtextes *Befiehl du deine Wege.*

Urteilen und Handeln

Die Beschäftigung mit diesem Lied führt die Schülerinnen und Schüler in das Herz der protestantischen Spiritualität und zeigt deren Bedeutung für das Handeln in schwierigen Zeiten.

Literatur

Christian Bunners: Paul Gerhardt. Weg – Werk – Wirkung, Göttingen [4]2007

Jörg Ulrich Fechner: Paul Gerhardt, in: Martin Greschat (Hg.): Gestalten der Kirchengeschichte, Bd. 7, Stuttgart 1982, S. 177–190

Herbert Gutschera/Joachim Maier/Jörg Thierfelder: Geschichte der Kirchen. Freiburg i.B. 2003, 209–222

Rainer Lachmann/Herbert Gutschera/Jörg Thierfelder: Kirchengeschichtliche Grundthemen. TLL 3. Göttingen [3]2010, S. 199–218

Thorsten Moos: „Befiehl du deine Wege". Paul Gerhardt, Schönberger Heft 2/07, S. 19–22

Felizitas Muntanjohl/Michael Heymel: Auf, auf mein Herz mit Freuden. Gottesdienste, Gemeindearbeit und Seelsorge mit Liedern von Paul Gerhardt, Gütersloh 2006

M1 Zeittabelle 17. – 18. Jahrhundert

Politik und Kultur

1555: Augsburger Religionsfrieden stellt Lutheraner und Katholiken gleich.
1562–1598: Frankreich vertreibt Hugenotten (= Protestanten).

1618–1648: Dreißigjähriger Krieg.
1637: Gräfenhainichen im Krieg zerstört.
1641: René Descartes geboren.
1642: Galileo Galilei stirbt.
1648: Westfälischer Frieden.

Zeitalter des Barock
1661: Louis XIV. in Frankreich absolutistischer Fürst. Versailles.
1692: H.A. Francke gründet Hallesche Anstalten.
1726: Vivaldi. Vier Jahreszeiten.
1750: Johannes Sebastian Bach stirbt.
1776: Unabhängigkeit USA.
1778: Rousseau stirbt.
1784: Immanuel Kant, Kategorischer Imperativ.
1789: Französische Revolution.

Geschichte der Kirche

1540: Jesuitenorden anerkannt.
1546: Martin Luther stirbt.
1555: *cuius regio, eius religio* – konfessionelle politische Aufteilung Deutschlands.

Konfessionelles Zeitalter
1563: Konzil von Trient endet: katholische „Gegenreformation".
1580: Konkordienbuch (= lutherische Bekenntnisschriften).
1609: Jesuiten gründen Paraguay.
1610: Mit Johann Arndt beginnt der Pietismus („fromme Nachfolge").

1648: Reformierte werden anerkannt.

1654: Blaise Pascal wird Christ.

1675: Jacob Ph. Spener will pietistische Kirchenreform.

1727: Zinzendorf gründet Brüdergemeine.

Weltweite Missionstätigkeit
1762: Jesuiten in Frankreich verboten.

Aufklärungstheologie

Paul Gerhardt (1607–1676)

1607: Paul Gerhardt geboren in Gräfenhainichen (bei Wittenberg).
1619/1621: Vater und Mutter sterben.
1628–1640: Versuch, trotz Krieg und Pest in Wittenberg Theologie zu studieren.
ab ca. 1640: Hauslehrer in Berlin.

1652: Erste Pfarrstelle, Propst in Mittenwalde.
1653: Erfolgreiches Liederbuch erscheint.
1655: Heirat mit Anna Maria Berthold (fünf Kinder geboren, nur eins überlebt).
1657: Pfarrer an St. Nicolai in Berlin.
1666: Amtsenthebung.
1668: Anna Maria stirbt.
1669: Pfarrer in Lübben.
1676: Paul Gerhardt stirbt.

▷ Betrachtet das Leben von Paul Gerhardt und die Zeit, in der er gelebt hat. Beschreibt seine Erfahrungen und überlegt, wie ein Mensch mit diesen Erfahrungen umgehen kann.

Befiehl du deine Wege M2

Paul Gerhardt ist vor allem berühmt durch Kirchenlieder, die bis heute in der ganzen Welt gesungen werden.

1. *Befiehl* du deine Wege und was dein Herze kränkt
Der allertreusten Pflege des, der den Himmel lenkt.
Der Wolken, Luft und Winden gibt Wege, Lauf und Bahn,
der wird auch Wege finden, da dein Fuß gehen kann.
2. *Dem Herren* musst du trauen, wenn dirs soll wohl ergehn;
Auf sein Werk musst du schauen, wenn dein Werk soll bestehn.
Mit Sorgen und mit Grämen und mit selbsteigner Pein
Lässt Gott sich gar nichts nehmen, es muss erbeten sein.
3. „*Dein* ewge Treu und Gnade, o Vater, weiß und sieht,
was gut sei oder schade dem sterblichen Geblüt;
und was du dann erlesen, das treibst du, starker Held,
und bringst zum Stand und Wesen, was deinem Rat gefällt.
4. *Weg* hast du allerwegen, an Mitteln fehlt dirs nicht;
Dein Tun ist lauter Segen, dein Gang ist lauter Licht;
Dein Werk kann niemand hindern, dein Arbeit darf nicht ruhn,
wenn du, was deinen Kindern ersprießlich ist, willst tun."
5. *Und* ob gleich alle Teufel hier wollten widerstehn,
so wird doch ohne Zweifel Gott nicht zurücke gehen;
was er sich vorgenommen und was er haben will,
das muss doch endlich kommen zu seinem Zweck und Ziel.
6. *Hoff*, o du arme Seele, hoff und sei unverzagt!
Gott wird dich aus der Höhle, da dich der Kummer plagt,
mit großen Gnaden rücken, erwarte nur die Zeit,
so wirst du schon erblicken die Sonn der schönsten Freud.
7. *Auf*, auf gib deinem Schmerze und Sorgen gute Nacht,
lass fahren, was das Herze betrübt und traurig macht,
bist du doch nicht Regente, der alles führen soll,
Gott sitzt im Regimente und führet alles wohl.
8. *Ihn*, ihn lass tun und walten, er ist ein weiser Fürst
Und wird sich so verhalten, dass du dich wundern wirst,
wenn er, wie ihm gebühret mit wunderbarem Rat
das Werk hinausgeführet, das dich bekümmert hat.
9. *Er* wird zwar eine Weile mit seinem Trost verziehn
und tun an seinem Teile, als hätt in seinem Sinn
er deiner sich begeben und, solltst du für und für
in Angst und Nöten schweben, als frag er nicht nach dir.

1. Lest die Strophen. Klärt miteinander alle Stellen, die ihr nicht auf Anhieb versteht.
2. Betrachte die kursiv gedruckten Worte am Anfang der Strophen. Finde heraus, worauf sie sich beziehen und schlage die Originalstelle nach.
3. Überlege: Wie viele Strophen hat Paul Gerhardts Lied wohl insgesamt?

M3 Gib dich zufrieden

Wilhelm Steinhausen (1846–1924): Engel am Straßenrand

1. Stell dir vor, du bist der junge Mann, der hier am Straßenrand sitzt. Der „Engel" ist ein guter Freund, der versucht, dir Mut zuzusprechen. Mit welchen Bildern Paul Gerhardts könnte er dich zum Weiterlaufen bewegen?

Sarah Kaiser, eine zeitgenössische Jazzsängerin, schreibt über Paul Gerhardt:
Ein wenig später, auf der Suche nach neuem Liedmaterial für mein Konzertprogramm, suchte ich im evangelischen Gesangbuch nach Werken von Paul Gerhardt. Ich schlug eins nach dem anderen auf, testete Melodien an, las mir die Texte durch und blieb hängen bei dem Lied *Gib dich zufrieden.* Ich sang die Strophen nach, unterlegte sie mit ein paar einfachen, modernen Akkorden. ... Ich konnte es allzu gut nachempfinden, dieses vergebliche Mühen. Gleichzeitig sprachen die Worte aber auch in mein Herz, wie ein Tröstender, der mich nicht nur in seine Arme nimmt, sondern tiefer geht – der direkt in die Leere meines Herzens schaut und den wunden Punkt berührt.

2. Was ist es, was die Worte Paul Gerhardts heute noch wirken lässt?
3. Hört euch, wenn es möglich ist, die moderne Interpretation durch Sarah Kaiser (*Gast auf Erden*, Gerth Medien 2003) an und beurteilt ihre Interpretation.

Dietrich Bonhoeffer (1906–1945), der von den Nazis ermordet wurde, schrieb 1943:
In den ersten 12 Tagen, in denen ich hier als Schwerverbrecher abgesondert und behandelt wurde – meine Nachbarzellen sind bis heute fast nur mit gefesselten Todeskandidaten belegt – hat sich Paul Gerhardt in ungeahnter Weise bewährt.

4. Überlege, warum es gut war, dass Dietrich Bonhoeffer Lieder von Paul Gerhardt auswendig kannte. Lerne einen kurzen Liedtext, von dem du hoffst, dass er dir in schwierigen Zeiten helfen wird, auswendig.
5. Mache eine kleine Befragung bei deinen Eltern und/oder Großeltern. Frage sie, ob sie eins von diesen Liedern kennen: *Ich steh' an deiner Krippen, hier, O Haupt voll Blut und Wunden, Du meine Seele singe, Lobet den Herren, Die güldne Sonne, Befiehl du deine Wege, Geh aus mein Herz und suche Freud.* Wie würden sie Aufgabe 4 beantworten?

10. Johann Hinrich Wichern und Amalie Sieveking

Diakonie, die Antwort der Kirche auf die industrielle Revolution

Das 19. Jahrhundert, eine Zeit von Menschenmassen, Maschinen und Klassenkampf. War im 18. Jahrhundert noch das Klappern von Pferdehufen und das Rattern von Kutschen der Lärm des Alltags, das 19. Jahrhundert wurde laut durch die Maschinen, die überall zu hören waren. In den Fabriken lärmten die Dampfmaschinen und Antriebsbänder, die die Produktion in die Höhe trieben. Der Transport war laut und schnell durch Dampflokomotiven und Dampfschiffe. Das Handwerk, das früher vielerorts in Kleinstädten, Dörfern und auf Bauernhöfen stattfinden konnte, wurde abgelöst von großen Industriezentren, die an zentralen, für den Transport günstig gelegenen Orten lagen. Das verbliebene ländliche Handwerk konnte mit der Geschwindigkeit und den niedrigen Preisen der Großindustrie nicht konkurrieren. Gleichzeitig gab es zwei Entwicklungen, die auf dem Land zu einem starken Bevölkerungswachstum führten: die verbesserte medizinische Versorgung und die bessere Ernährungssituation. Die höheren Agrarerträge waren vor allem auf Fruchtwechsel und Kunstdünger zurückzuführen. Krankheit und Kindersterblichkeit nahmen ab, wodurch zum Beispiel die deutsche Bevölkerung von 1816 bis 1845 um fast 40% wuchs! Dieses Wachstum übertraf die Arbeitsmöglichkeiten auf dem Land. Viele zogen in die Städte. Eilig gebaute Arbeiterviertel wuchsen zu ungekannter Größe. Das Überangebot an Arbeitskräften, von denen wegen der Maschinen weniger gebraucht wurden, sorgte für geringe Löhne, was eine Verarmung großer Teile der Bevölkerung zur Folge hatte. Die Familien hatten oft nicht mehr als nur ihre *proles*, ihre Kinder: das Proletariat. Die Kinder mussten helfen das Einkommen der Familie zu verbessern und arbeiteten schon sehr jung in Bergwerken und Industrie. Insbesondere in den Städten führte dies zu großen sozialen Problemen. Hier standen weder die traditionellen Großfamilien und Großgrundbesitzer bereit, um Armut und Elend abzufangen, noch konnte die traditionelle kirchliche Armenpflege ein so großes Problem bewältigen. Auch das frühere Zunftwesen verlor seine Bindungskraft; viele Gesellen mussten sich als billige Industriearbeiter verdingen. Insbesondere in der Übergangsphase von der traditionell agrarischen Gesellschaft zur Industriegesellschaft (für Deutschland ca. 1820–1880) war die „Soziale Frage“ eine der wichtigsten Herausforderungen, auf die auch die Kirche eine Antwort formulieren musste.

Material

In den Fächern Geschichte und Erdkunde wird in der Mittelstufe die hier skizzierte gesellschaftliche Änderung ausführlich behandelt. Für das Fach Evangelische Religion ist es wichtig, die unterschiedlichen Motive der kirchlichen Reaktion auf die Soziale Frage elementarisiert darzulegen, auch im Vergleich zu anderen Reaktionen, etwa der des Kommunismus. Die didaktische Erschließung ist auf zwei Personen abgestimmt: Johann Hinrich Wichern und Amalie Sieveking. Es können andere, für die eigene Region wichtige Personen (Gustav Werner usw.) hinzu genommen werden. Die Brücke zu heute kann bei diesem Thema leicht geschlagen werden durch den Hinweis auf die heutige kirchliche Diakonie, deren Wurzeln im 19. Jahrhundert liegen. Methodisch bieten sich die Medien Bild und Film an. Aus dem 19. Jahrhundert ist eine Fülle von Bildern bewahrt, während noch heute die Weiterentwicklungen der Gründungen aus dem 19. Jahrhundert sichtbar sind. Mit M1, und M2 werden drei Filme erschlossen, mit denen die Schülerinnen und Schüler Einsicht in die kirchliche Problematik des 19. Jahrhundert bekommen. Sie sind bei den regionalen Filmbildstellen vorhanden und leicht auszuleihen.

Abhängig von der Schwerpunktsetzung und der Verfügbarkeit können ein oder zwei davon gezeigt werden. Die Antworten auf die Analysefragen bei den Filmen bilden den Hintergrund für die Erarbeitung von M3, M4 und M5.

Für die Kirchen begann das 19. Jahrhundert mit einem Desaster, das ihre Position in der westeuropäischen Gesellschaft bis heute beeinflusst: der Säkularisierung. Die politische Variante der Aufklärung zeigte sich in der Französischen Revolution. Der daran anschließende Imperialismus unter Napoleon, der 1803 auch Deutschland erreichte, hatte die Enteignung des kirchlichen Eigentums zur Folge. Drei Jahre später war das Ende des Heiligen Römischen Reiches Deutscher Nation besiegelt. Der Wiener Kongress (1814–1815) legte für Europa neue Grenzen fest und löste die alte, seit 1555 gültige konfessionelle Struktur zum Teil auf. Im Jahr 1817 verfügte der preußische König, dass die konfessionelle Spaltung zwischen Lutheranern und Calvinisten aufzuheben sei und ordnete die „Unierte Kirche" an. Diese wurde in sechs weiteren Gebieten in Deutschland durchgesetzt. Die Evangelische Kirche setzte durch ihre starke Verbundenheit mit der Obrigkeit auf eine Restauration der alten Ordnung.

Die Aufklärung beeinflusste auch die Theologie. Es etablierte sich die liberale Theologie mit ihrer rational-ethischen Ausprägung und ihrem historisierenden Wahrheitsbegriff. Dies führte in den Bibelwissenschaften durch die historisch-kritische Methode zur Relativierung der Heiligen Schrift. Theologisch formierte sich dagegen die „Erweckungsbewegung", die anstelle des vernunftbetonten Glaubens auf Frömmigkeit, persönliche Glaubenserfahrung und biblische Jesusnachfolge und „Reichgottesarbeit" setzte. Ohne die Erweckungsbewegung wäre auch die starke Missionstätigkeit des 19. Jahrhunderts nicht zu erklären. Die christliche Antwort auf die Soziale Frage kam aus diesen „erweckten", eher konservativen Kreisen. Johann H. Wichern (1806–1881) und Amalie Sieveking (1794–1859) sind hier zu verorten.

Übrigens stammen die bekannten Bilder des Arbeiterlebens des 19. Jahrhunderts eher aus der Zeit nach 1860: die Slums der industriellen Großstädte; kleine dreckige, überfüllte Wohnungen; die schmalen Straßen unter dem Rauch der Schlote; die Folgen des Alkoholismus; die Probleme der Prostitution. Aber gerade in der Übergangsphase zur Industriegesellschaft war die Verarmung am schlimmsten. Schon 1837 wurde in Preußen ein Gesetz gegen Kinderarbeit unter 9 Jahren verabschiedet. Die bekannte Revolte der Weber in Schlesien, die blutig durch das preußische Militär niedergeschlagen wurde, fand 1844 statt. Vor allem in dieser Zeit war die Kirche durch die enormen strukturellen Änderungen völlig überfordert. In den Wohnvierteln der Arbeiter gab es kaum Kirchen und die entwurzelten Proletarier hatten ihre Bindungen an Kirche oft verloren. Die traditionelle kirchliche Armenpflege, die seit dem Mittelalter durch die Ausgabe von Waren und Geld ihre verarmten Mitglieder unterstützte, griff nicht mehr. Der Staat sah die Armenfürsorge erst im 20. Jahrhundert als seine Aufgabe an.

Die Soziale Frage war darum für die Kirche vor allem eine Frage nach ihrem Verhältnis zu den Arbeitern und ihrer Präsenz in den städtischen Slums. Hier gab es unterschiedliche Antworten:

- Adolf *Kolping* (1813–1865) war katholischer Priester und ehemaliger Schuhmachergeselle. Er gründete 1849 in Köln einen Gesellenverein, in dem Industriearbeitern ein soziales Zuhause und die Möglichkeit für Weiterbildung und Kontakt zur Kirche geboten wurden.
- William *Booth* (1829–1912) war der Gründer der *Salvation Army*, der Heilsarmee. In seiner militärisch straff organisierten Evangelisationsgesellschaft wurde eine aggressive Erweckungstheologie mit unbedingtem sozialem Einsatz in den Arbeiterslums von Ost-London verbunden.
- John und Charles *Wesley* (John 1703–1788, Charles 1707–1791) verknüpften wie Kolping und Booth Verkündigung mit sozialer Arbeit. Ihre Wurzeln liegen in der anglikanischen Kirche (Oxford) und im reformierten Presbyterianismus. Den Namen *Methodisten* bekamen sie wegen ihrer systematischen und geordneten Art der Glaubensweitergabe, die auf Bekehrung aus war.
- Johann Hinrich *Wichern* (1808–1881) wuchs in Hamburg in einfachen Verhältnissen auf. Er geriet unter Einfluss der Erweckungsbewegung (A. Neander) und wurde nach dem Studium der Theologie kein Pfarrer, sondern Lehrer in einer „Sonntagsschule". Hier wurden Kinder und Jugendliche unterrichtet, die in der Woche arbeiten mussten und sonst nicht Lesen und Schreiben gelernt hätten. Angetrieben durch das Elend dieser Kinder, gründete Wichern 1833 in Hamburg-Horn das *Rauhe Haus*: ein ehemaliges Bauernhaus, in dem junge Menschen wie in einer Familie zusammenlebten, alphabetisiert wurden und ein Handwerk lernten. Der tägliche Gottesdienst, das gemeinsame Singen, das Basteln, das Theaterspielen usw. sollten Gemeinschaft fördern und entwurzelten jungen Menschen eine Heimat vermitteln. Wichern bastelte

als Erster einen Adventskranz, um das Warten auf Weihnachten zu verkürzen. Nicht eingepfercht und ohne Zwang (wie in Waisenhäusern), lebten die durchaus problematischen Jugendlichen hier zusammen, sondern nur „gekettet durch die Ketten der Liebe", wie Wichern sagte. Er selbst lebte mit seiner Familie zwischen den Jungen. Bald entstanden neben der alten Bauernkate andere Gebäude: Häuser für Mädchen, ein „Brüderhaus" für die Erzieher. Wicherns *Rauhes Haus* fand bald überall in Deutschland Nachahmung. Seine zentrale These lautete: „Die Liebe gehört mir wie der Glaube". Der Begriff *Innere Mission* bezeichnete seine missionarische „Reichgottesarbeit" im eigenen Lande, im Gegensatz zur „äußeren Mission" in Übersee. Noch heute ist das *Rauhe Haus* eine Einrichtung für Jugend- und Sozialarbeit.

- Friedrich von *Bodelschwingh* (1831–1910) war der Gründer der bekannten diakonischen Einrichtungen *Bethel* bei Bielefeld. Die Bodelschwinghs waren westfälischer Landadel, Friedrichs Vater preußischer Finanzminister. Friedrich von Bodelschwinghs Engagement begann mit dem Urbarmachen eines Heidegebietes, auf dem Bethel (Buchstäblich Beth-El: Haus-Gottes) gegründet wurde. Es waren vor allem herumziehende Gesellen und ehemalige Landarbeiter, die in der Großindustrie nach Arbeit suchten, die hier aufgenommen wurden. Bald kamen auch Epileptiker und andere geistig und körperlich Behinderte dazu. Momentan leben in dieser Einrichtung der Inneren Mission 26.000 behinderte Menschen.

Allen fünf Personen ist gemeinsam, dass sie die Wurzel des Elends in der Gottlosigkeit und der Sittenlosigkeit der verarmten Bevölkerung sahen. Durch Verkündigung des Evangeliums, verbunden mit einer tatkräftigen Hilfe, sollten die Menschen gerettet werden. Kolping setzte dabei auf die alte Gesellenstruktur, die als Gemeinschaftsform wiederbelebt werden sollte. Wichern gründete sein Rettungshaus als altes Bauerndorf, in dem die familiäre Strukturen wieder Halt geben sollten. Die von ihm gegründete *Innere Mission* wurde 1957 mit dem *Evangelischen Hilfswerk* zum *Diakonischen Werk* zusammengefügt.

Mit der Zeittabelle von M3 können die Schülerinnen und Schüler ihr im Film gesammeltes Wissen über Wichern vertiefen.

Der Unterschied zwischen den kirchlichen Lösungen für die Soziale Frage und der Lösung der „Kommunisten" kann sehr gut an den gegensätzlichen Äußerungen von Wichern und Karl Marx im Jahr 1848 verdeutlicht werden. In diesem Jahr waren Politiker in Frankfurt in der Paulskirche versammelt, um die Einheit Deutschlands zu fördern. Sie gründeten das erste demokratische „Gelehrten-Parlament". Ebenfalls im Jahr 1848 erschien das Kommunistische Manifest. Mit der Stegreifrede von Wichern auf dem Kirchentag von Wittenberg im gleichen Jahr wurde die Innere Mission gegründet und die ganze evangelische Kirche für die Soziale Frage sensibilisiert.

Die Kontroverse zwischen Wichern und Marx ist an einem fingierten Brief eines ehemaligen Pflegekindes des Rauhen Hauses, das Schneider wurde, entfaltet (M4).

Die Versammlung in Wittenberg wollte die Einheit der evangelischen Kirche erreichen. Wichern war direkt aus den Hungergebieten Schlesiens nach Wittenberg gereist und beschrieb das soziale Elend großer Bevölkerungsgruppen in eindringlichen Worten. Er plädierte für die Gründung eines „Centralausschusses" für die Innere Mission, die vor allem die Verkündigung des Evangeliums, die Seelsorge und die christliche soziale Hilfe fördern sollte. Über die Aufgabe des Centralausschusses sagte er: „Die Wurzel ihres Werkes ist Christus, dem alle Not zu Herzen geht und in dessen Herz die Hilfe gegen alles Elend zu finden ist."

Die Argumentation des Kommunistischen Manifests setzte dagegen bei dem jahrhundertealten Kampf zwischen Besitzern der Produktionsmittel (Bourgeoisie) und lohnabhängigen Arbeitern (Proletariern) an. Nur der Sturz der Bourgeoisie und die Diktatur des Proletariates könne zu neuen gesellschaftlichen Verhältnisse führen. Die Religion, so Karl Marx und Friedrich Engels, verblende dagegen die wahre Sicht auf diese Verhältnisse. Marx ist wie Feuerbach der Meinung, dass der Glaube an Gott dem Wunschdenken der Menschen entspringt; sie sei „Opium für das Volk" und verhindere den notwendigen Aufstand. Die Revolution des Proletariats war somit auch gegen die Kirche gerichtet. „Proletarier aller Länder, vereinigt euch!"

Für Wichern war bei dieser Sichtweise der Anti-Christ am Werke. Die Kommunisten, so sagte er, haben die Sittenlosigkeit und Gottlosigkeit der Proletarier missbraucht, um sie zur Revolution und Enteignungen aufzuwiegeln. Wichern, so muss man demgegenüber feststellen, hatte keinen Sinn für die strukturellen und politischen Aspekte der Sozialen Frage, er wollte nur individuell Hilfe geben. Erreicht hat er aber, dass die in Wittenberg versammelten konservativen Kreise von der Notwendigkeit der Hilfe überzeugt wurden. Der Centralausschuss wurde gegründet.

Sehr gutes didaktisches Material zu Wichern ist zu finden bei Katja Baur (siehe Literatur). Vor allem die Materialien für die „Managermethode“ (Expertengruppen) und die zwei „Talkshows“ (Rollenspiele; S. 45–51 und 68–71) sind inspirierend.

In **M6** wird mit Amalie Sieveking eine Vorreiterin der sog. „Vereinsdiakonie für Frauen“ vorgestellt und mit Wichern verglichen.

Nach der Erkundung beider historischer Personen kann durch den Auftrag zur Internetrecherche über diakonische Einrichtungen heute eine Brücke ins 21. Jahrhundert geschlagen werden. Die Anweisungen zu **M6** sprechen für sich.

Kompetenzen

Die Themen Wichern, Sieveking und Diakonie können an unterschiedlichen Stellen im Unterricht der 7.–9. Klasse eingebracht werden. Sie können an das Thema Reformation anschließen, vor allem, wenn hier nach Diakonie und Caritas gefragt wird (vgl. Kapitel 7 und 8). In vielen Kerncurricula ist das diakonische Handeln von Kirche und Christen jedoch ein gesondertes Thema. Hier darf die historische Dimension nicht fehlen. Natürlich kann auch in Absprache mit den Kolleg/-innen für Geschichte fächerübergreifend unterrichtet werden. Schließlich eignet „Wichern“ sich bei einem durchgehenden Kirchengeschichtsunterricht als Brücke zwischen den Standardthemen „Reformation“ und „Kirche und Nationalsozialismus“.

Ungeachtet der Verortung sollte im Unterricht „das Bekenntnis des Glaubens durch die Tat rettender Liebe“ als Motiv für das wichtige diakonische Engagement von Kirche entfaltet werden.

Wahrnehmen und Beschreiben

Die Schülerinnen und Schüler können in Filmen wahrnehmen, aus welchen Motiven Christen im 19. Jahrhundert versucht haben, die Soziale Frage zu lösen. Auch können sie beschreiben, wie diese Initiativen bis heute weiterwirken.

Urteilen und Handeln

Die Schülerinnen und Schüler können anhand des Beispiels von Wichern und Sieveking lernen, wie Christ-Sein zum aktiven Handeln in der Gesellschaft führt. Auch können sie Differenzen zwischen dem Wichernschen und Marxschen Ansatz benennen und beide Positionen begründet vertreten.

Gestaltungsfähigkeit

Bei der Präsentation der Internetrecherche zu heutigen diakonischen Einrichtungen machen die Schülerinnen und Schüler die aktuelle Dimension des historischen Themas gestalterisch sichtbar.

Literatur

Katja Baur: Wichern 2008 – (k)ein Thema im Religionsunterricht? Grundlagen und Unterrichtsbausteine für Sek. I und II. Berlin/Münster 2008

Herbert Gutschera/Joachim Maier/Jörg Thierfelder: Geschichte der Kirchen. Freiburg i.B. 2003, S. 266–281

Rainer Lachmann/Herbert Gutschera/Jörg Thierfelder: Kirchengeschichtliche Grundthemen, TLL 3, Göttingen [3]2010, S. 238–251

Harry Noorman: Kirchengeschichte, Stuttgart 2006, S. 105–123

Rainer Postel: Amalie Sieveking. in: Gestalten der Kirchengeschichte, hg. von Martin Greschat. Band 9(1). Stuttgart 1985, S. 233–242

Helmut Talazko: Johann Hinrich Wichern, in: Gestalten der Kirchengeschichte, hg. von Martin Greschat, Band 9(2). Stuttgart 1985, S. 44–63

Charles Taylor: Ein säkulares Zeitalter, Frankfurt/M. 2009

Maschinen und Menschen **M1**

Du hast die ersten ca. 30 Minuten des Filmes *Maschinen und Menschen* gesehen. Beantworte bitte die folgenden Fragen in Stichworten.

1. Mit welchem Desaster für die Kirchen beginnt das 19. Jahrhundert?

2. Wie lebte im 19. Jahrhundert das „Industrieproletariat"?

3. Wie reagierten die Kirchen zunächst auf die Armut in den Arbeitervierteln der Großstädte?

4. Was tat Adolph Kolping?

5. Was tat William Booth?

6. Was tat Johann Hinrich Wichern?

7. Was taten die „Methodisten"?

M2 Von der Kate zum Graffiti / Zweite Heimat geben

Du hast die Film *Von der Kate zum Graffiti* und *Zweite Heimat geben* von Wolfgang Neumann-Bechstein aus dem Jahr 1998 gesehen. Beantworte bitte die folgenden Fragen in Stichworten.

1. Warum gab es in der Zeit von J.H. Wichern (1810–1860) so viele soziale Probleme?

___

___

2. Was tat Wichern um Kindern zu „retten?"

___

___

3. Warum nennt er seine diakonische Hilfe *Innere Mission*?

___

___

4. Was macht das *Rauhe Haus* in Hamburg heute?

___

5. Wieso werden Menschen obdachlos?

___

___

6. Was hat Friedrich von Bodelschwingh für „Wanderarme" gemacht?

___

7. Was bedeutet der Name Bethel (Beth-El)?

___

8. Was tat Friedrich von Bodelschwingh in Bethel für Behinderte?

___

___

9. Was macht man in Bethel heute für Wohnsitzlose?

___

___

Zeittabelle 19. Jahrhundert M3

Politik

1789: Französische Revolution.
1803: Napoleon erobert Europa.
1806: Ende des Heiligen Römischen Reiches Deutscher Nation.
1814–15: Wiener Kongress.
1831: Hegel stirbt.

Industrielle Revolution.

1835: Erste Eisenbahnstrecke in Deutschland.

ca. 1840: Ludwig Feuerbach: „Gott entsteht aus dem Wunsch des Menschen nach Unsterblichkeit.".
1844: Aufstand der schlesischen Weber.
1848: Karl Marx, *Kommunistisches Manifest*.
1848: Frankfurter Paulskirche: Nationalversammlung.

ca. 1860: Charles Darwin formuliert die Evolutionstheorie.
1860–1890: Bismarck Reichskanzler.

1871: Gründung Deutsches Reich.
1871–1875: Kulturkampf: Kirchliche Rechte werden eingeschränkt.

1883: Preußen führt Kranken- und Unfallversicherung ein.
1888–1918: Kaiser Wilhelm II.

1914–1918: Erster Weltkrieg.

Kirche

1799: Schleiermacher: Reden über die Religion.
1803: Säkularisierung Verstaatlichung von Kirchenbesitz.
1814: Wiederherstellung des Jesuitenorden.

Erweckungsbewegung.

Starke Missionsbewegung.

1836: Theodor Fliedner gründet Diakonissenanstalt Kaiserwerth.
1843: *Innere Mission* als Aufgabe für Kirche gesehen.

1848: Konferenz der Evangelischen Kirchen (Kirchentag) in Wittenberg.
1848: Bischof Ketteler, sechs Predigten über Soziale Frage.

1849: Adolf Kolping gründet ersten katholischen Gesellenverein.
1854: Dogma „Maria unbefleckte Empfängnis".
1870: 1. Vatikanisches Konzil: Unfehlbarkeit des Papstes.
1871: Altkatholische Kirche.

1872: Bodelschwingh gründet Bethel.
1891: Papst Leo XIII: Rerum novarum (über die Arbeiter).
1910: Weltmissionskonferenz in Edinburgh.
1914: Gründung Weltbund für Freundschaftsarbeit der Kirchen.

Johann Hinrich Wichern

1806: geboren als erster Sohn einer einfachen Familie.
1818: zum Gymnasium.
1826: Studium der Theologie.
1832: leitet Sonntagsschule für Kinder, die arbeiten, sieht das Elend der Armen.

1833: Leiter des *Rauhen Hauses* in Hamburg.
1835: Heirat mit Amanda Böhme.

1848: Rede in Wittenberg über die soziale Frage. Gründung *Centralausschuss Innere Mission*, das spätere Diakonische Werk.

1857: Beamter in Preußen und beauftragt mit der Reorganisation des Gefängniswesens.
1858: Wichern gründet Johannisstift in Berlin.

1874: Wichern wird krank.
1881: Wichern stirbt im Rauhen Haus.

1957: *Innere Mission* und *Evangelisches Hilfswerk* werden *Diakonisches Werk*.

▷ Analysiere die Zeittafel. Wie versuchte Wichern die sozialen Probleme seiner Zeit zu lösen? Wie sahen andere die Situation?

M4 Brief eines Pflegekindes aus dem „Rauhen Haus"

Lieber Herr Wichern,

hoffentlich erinnern Sie sich noch an mich, obwohl ich Ihnen schon 10 Jahre nicht mehr geschrieben habe. Ich war eins der ersten Kinder, die bei Ihnen im Rauhen Haus in Hamburg-Horn aufgenommen wurden. Sie hatten Ihre Schwierigkeiten mit mir, das weiß ich noch. Aber Sie waren mein erster „Vater". Wer mein eigentlicher Vater ist, weiß ich bis heute nicht. Meine Mutter hatte immer wieder andere Freunde. Um ihr Elend zu vergessen, hat sie immer viel getrunken. Ich bin auf der Straße aufgewachsen. Die Schule hatte ich, bevor ich zu Ihnen kam, nur von außen gesehen.
Als ich mit noch zwölf anderen Jungen in meinem Alter, keiner aus besseren Verhältnissen als ich, bei Ihnen aufgenommen wurde, wusste ich nicht, was Sie mit uns wollten. Ich dachte, es sei die nächste Strafanstalt. Aber Sie haben uns nicht bestraft. Ich habe mich gewundert über Ihre Geduld und darüber, dass es keine Mauer um unser „Dörfchen" gab. Auch, dass Sie einfach bei uns auf dem Gelände gewohnt haben. Es war gut, dass Sie uns lesen und schreiben beigebracht haben und wir einen Beruf lernten. Ich erinnere mich noch gut an die Geschichten von Jesus, die Sie erzählten, und an das viele Singen! Vor allem denke ich oft zurück an den schönen Adventskranz, der vor Weihnachten bei uns hing. Ich bin dann, als ich bei Ihnen wegging, in Erfurt Schneider geworden.
Neulich hat mir ein Freund erzählt, dass Sie vor zwei Wochen in Wittenberg mehr als eine Stunde zu Vertretern der Kirche gesprochen haben. Es ging um die großen Probleme, die es heute gibt. Sie haben gesagt, dass es Zeit wird, dass das ganze Volk endlich christlich wird und dass die Menschen sich an Gottes Gebote halten sollten. Reiche und Arme sollten zusammenhalten. Erst so wird das Reich Gottes kommen, so wie Jesus es wollte. Ich bin froh, dass Sie das gesagt haben, weil ich selbst erfahren habe, wie Sie mir geholfen haben ein normales Leben zu führen. Ich habe Ihnen aber noch nicht erzählt, dass ich meine Schneiderei aufgeben musste. Es kamen ja immer mehr billige Kleider aus der Fabrik. Nun arbeite ich selbst in einer Textilfabrik, 14 Stunden am Tag, und verdiene zu wenig, um meine Familie satt zu bekommen. Meine Frau und sogar meine kleinen Kinder arbeiten auch.
In der Fabrik habe ich mit einem Freund über Ihre Rede gesprochen. Er war aber gar nicht mit Ihrer Auffassung einverstanden. Er hat gesagt, dass ich doch sehen könnte, wie die Reichen immer reicher und wir immer ärmer werden. Und wie die Regierung vor vier Jahren den Aufstand der armen Weber in Schlesien niedergeschlagen hat. Wie sollen da Reiche und Arme zusammen die Probleme lösen? Auch hat er gesagt, dass Armut nichts mit dem Glauben zu tun hat. Nicht der Unglaube sei die Ursache des Elends, sondern die Unterdrückung durch die Direktoren der Fabriken. Er hat mir ein kleines Buch gezeigt: das Kommunistische Manifest von Karl Marx. Marx redet nicht vom Reich Gottes, sondern von einer Revolution gegen die Reichen und Mächtigen. Wir sollten uns als Arbeiter zusammentun und unser Recht fordern. Von Gott will mein Freund nichts wissen, der habe ihm nie geholfen.
Lieber Herr Wichern, ich weiß nicht, was ich ihm antworten soll. Ich habe mich aber erinnert, dass Jesus in einem armen Stall geboren wurde und auch mal gegen die reichen Priester und die Händler im Tempel war. Sie haben aber immer gesagt, dass jeder zu einem Stand gehört und dass Gott das so gewollt hat. Bitte schreiben Sie mir eine Antwort.

In dankbarer Erinnerung,
Ihr Franz

▷ Informiere dich über die Ideen von Marx. Skizziere dann die beiden Lösungen für die Soziale Frage, die Wichern und Marx anstrebten. Formuliere den Antwortbrief, den Wichern seinem ehemaligen Pflegekind geschrieben haben könnte.

Amalie Sieveking M5

Im Leben der Amalie Sieveking spielt die Erweckungsbewegung eine große Rolle. Sie wurde 1794 in Hamburg geboren. Ihr Vater war Kaufmann und Senator, der allerdings durch die französische Besatzung nach 1803 sehr verarmt war. Amalies Eltern starben beide, bevor sie 15 war. Sie wohnte ab 1811 bis zu ihrem Lebensende im Jahr 1859 bei einer Cousine der Mutter und blieb unverheiratet.

Als junge Frau geriet Amalie Sieveking unter den Einfluss der sog. „Erweckungsbewegung". Diese Bewegung verstand Christ-Sein als persönlichen Glauben, der die Folge einer bewusst erlebten Bekehrung zu Jesus war, und als aktive Nächstenliebe. Schon mit 18 Jahren wollte Amalie Sieveking einen protestantischen „Orden der barmherzigen Schwestern" gründen.

Weil die Hilfe der Stadt und die kirchliche Armenhilfe bei Weitem nicht reichten, um den vielen Armen und Kranken zu helfen, setzte sie sich für die Pflege und Erziehung von jungen Frauen ein. Nach einer verheerenden Choleraepidemie im Jahr 1832 gründete sie einen Diakonieverein für Armen- und Krankenpflege, der bis heute besteht. Die ersten 13 Mitglieder dieses Vereins waren Frauen aus allen Schichten. Sie sollten nicht nur mit Geld helfen, sondern jede sollte aktiv in zwei bis drei Wohnungen für Ordnung und Sauberkeit sorgen. Wöchentlich kamen die Helferinnen zur Beratung zusammen. 1835 zählte der Verein schon 35 Mitglieder; 1858 waren es 80.

Im Jahr 1842 wurde Sievekings Idee der planmäßigen Hilfe für Arme und Kranke schon in 19 anderen Städten in Deutschland nachgeahmt. Vor allem für unverheiratete christliche Frauen, so betonte Sieveking, war dies ein sinnvoller Lebensinhalt. Sie gründete auch eine Schule für die Ausbildung von Erzieherinnen, in der sie Religion unterrichtete. Vom Kommunismus (Karl Marx) hielt Amalie Sieveking nichts. Arme und Reiche, obere und untere Schichten sollten zusammen eine christliche Gemeinde bilden und einander helfen. Auch wenn sie die Idee der Emanzipation ablehnte, hat sie gezeigt, auf welche Weise christliche Frauen zur Lösung von sozialen Fragen viel beitragen können.

▷ Beurteile Amalia Sievekings Lebenswerk aus heutiger Sicht. Was würdest du heute auch so machen, was sicher nicht?

Untersuche zwei der folgenden Internetadressen und beantworte die Fragen. Achte darauf, dass nicht alle Fragen auf alle Websites bzw. Einrichtungen und Initiativen zutreffen.
www.diakonie.de; www.caritas.de; www.brot-fuer-die-welt.de; www.mission-possible.de; www.hoffnung-fuer-osteuropa.de; www.diakonie-kliniken.de

1. Welche Internetadresse hast du untersucht (Name, Sitz der Einrichtung usw.)?
2. Was ist das Ziel bzw. das Leitbild dieser Einrichtung?
3. Wann ist die Einrichtung entstanden und warum?
4. Bei welchen Problemen könnte dir hier geholfen werden?
5. Wie könntest du dich hier engagieren?

▷ Die Ergebnisse müssen schriftlich auf einem Plakat oder Handout dokumentiert werden. Sie werden der Klasse vorgestellt und anschließend bewertet.

11. Barth, Bonhoeffer und Hitler
Die Grenzen kirchlichen Handelns im Nationalsozialismus

Für Schülerinnen und Schüler ist das 20. Jahrhundert keine Zeitgeschichte. Es gibt kaum noch Zeitzeugen, selbst die Großeltern waren im Nationalsozialismus höchstens Kinder. Schon vor zwanzig Jahren sagte mir ein Schüler: „Adolf Hitler ist ganz lange her, genauso weit weg wie Franziskus oder Luther."

In den Fächern Deutsch und Geschichte gehört das Thema Nationalsozialismus in der 9. oder 10. Klasse zum festen Kern. Viele Schülerinnen und Schüler lesen in Deutsch in der Mittelstufe „Damals war es Friedrich".

Im Fach Evangelische Religion können anhand des Themas „Kirche im Nationalsozialismus" viele theologische und ethische Fragen bearbeitet werden. Es ist für die Vermittlung von theologischer und ethischer Urteilskompetenz besonders geeignet:

- Theologisch spielen grundlegende ekklesiologische Fragen eine Rolle: das Verhältnis von Kirche und Staat, die Rolle und Verantwortung von Christen in der Gesellschaft. Auch das Verhältnis von Theologie und Biografie (Bonhoeffer, Niemöller) oder von Theologie und Politik (Deutsche Christen, Bekennende Kirche) kann exemplarisch angesprochen werden.
- Ethisch spielen u.a. folgende grundsätzliche Fragen eine Rolle: Rassismus, Neonazismus, Anpassung oder Widerstand, Euthanasie, Kriegsdienstverweigerung. Welche Möglichkeiten, Widerstand oder Hilfe zu leisten, hatten einzelne Personen? Wie wäre dies heute? Wie steht es mit der Frage nach Schuld, Vergebung, Versöhnung?

Es wird der theologischen und ethisch-existenziellen Frage nach den Grenzen und Möglichkeiten für das Handeln von Christen und Kirchen in einer Diktatur nachgegangen. Personen stehen dabei im Zentrum. Die Übersicht skizziert den Unterrichtsverlauf in einer 9. oder 10. Klasse.

Bonhoeffer, Barth und Hitler

1.	Wegschauen, hinschauen oder politisch aktiv werden: Rassismus heute und unsere Reaktionen (Bildarbeit)
2.	Aufbau der Unterrichtsreihe darstellen Die nationalsozialistische Diktatur, Wie konnte das passieren? (M1) Auftrag: Beschäftigung mit einer Person aus der Zeit des NS (M2)
3.–4.	Wie hat der Nationalsozialismus versucht die Kirchen für sich zu gewinnen? (M3)
5.–6.	Festlegen der Personen für die biografischen Skizzen Film: *Christ/-innen im Dritten Reich*. Besprechung.
7.–8.	Rollenspiel: Die Grenzen des Handelns der Kirchen. (M4)
9.–10.	Auswertung des Rollenspiels. Vertiefung mit Quellentexten (M5) und Aktualisierung durch ein Unterrichtsgespräch.
11.–13.	Präsentation der Plakate/Biografien *Christ/-innen im Dritten Reich.*
14.	Formen von Widerstand: Einordnen der präsentierten Personen
15.	Die Rolle der Kirche in der DDR. Film: *Nicolaikirche*, 1992
16.	Evtl. Leistungskontrolle/Arbeit

Rassismus

Was den Nationalsozialismus von anderen Formen der Diktatur unterscheidet, ist seine rassistische Ideologie. „Was für den Marxismus der Klassenkampf war, war für Hitler und seine Bewegung der Rassenkampf." (Hermle/Thierfelder, 6). Nachdem 1918 in vielen Ländern versucht wurde, Demokratien zu begründen, entwickelten sie sich in den 20er und 30er Jahren zu totalitären Regimes zurück (Spanien, Italien, Deutschland). Merkmal des deutschen Totalitarismus war der Judenhass. Die erste Unterrichtsstunde setzt darum mit dem aktuellen und existenziellen Thema „Rassismus" ein. Auf einem großen Tisch in der Mitte des Klassenzimmers liegen viele Bilder, die Menschen in einer fremdenfeindlichen Situation zeigen: Neonazis im Marsch, verängstigte schwarze Kinder, eine türkische Frau hinter einem eingeschlagenen Fenster, Hakenkreuze an einer Haustür usw. (Als Bildkartei ist z. B. zu verwenden; Fotos für Gespräche: Rassismus bei uns? Mülheim 1993; aber auch im Internet oder der Tageszeitung wird man leider schnell fündig.) Die Schülerinnen und Schüler werden aufgefordert ein Bild auszusuchen und auf einem Blatt schriftlich zwei Fragen zu beantworten:

- Was glaubst du, wie ein rechtsradikaler Jugendlicher diese Szene kommentieren würde?
- Was wäre deine Reaktion, wenn du das hören würdest?

In einem Klassengespräch werden die Antworten ausgetauscht. Ziel des Gesprächs ist nicht nur, von einfachen Denkschemata (buchstäblichem Schwarz-Weiß-Denken) wegzukommen, sondern sich der Plausibilität der Vorurteile bewusst zu werden. Wichtig ist, diese Sichtweisen nicht von vornherein mundtot zu machen, sondern als *mögliche* Positionen zuerst einmal anzuhören. Abhängig vom Verlauf der Debatte können einige Ergebnisse an der Tafel festgehalten werden. Ziel ist es, die Schülerinnen und Schüler dafür zu sensibilisieren, dass es in den 30er Jahre nicht nur Gegner von Hitler gab und man erst nach 1945 sehen konnte, wie sich die Diktatur bis zur „Endlösung der Judenfrage" ab 1942 entwickeln hatte. Nur sehr wenige erkannten 1933 wohin der Weg führen würde. Die Spielräume für Widerstand wurden dabei immer geringer. Auch heute wissen wir nicht, was morgen kommt.

Material

Mit M1 wird die Brücke zu den 20er und 30er Jahren geschlagen. Zuerst geht es um die bleibende Frage: „Wie konnte das passieren?" Durch ein Gespräch über die Bilder und Texte wird das Vorwissen, das die Schülerinnen und Schüler aus anderen Fächern und aus den Medien haben, aktiviert. Es hilft der Lehrkraft zu wissen, wo sie anschließen kann. Die Hintergründe werden auch in der Literatur ausführlich erwähnt: Gutschera, 304–307; Breuer, 298–301.

In der zweiten Hälfte der Stunde wird eine Übersicht über die ganze Unterrichtsreihe gegeben und der Auftrag „Christ-Sein im Dritten Reich" (M2) erläutert. Es handelt sich bei allen erwähnten Personen um evangelische und katholische Männer und Frauen, die aus unterschiedlicher christlicher Motivation Widerstand im Dritten Reich geleistet haben. Es steht hinreichend Literatur zur Verfügung (s. u.). Die Schülerinnen und Schüler sind somit nicht von willkürlichen Recherche-Ergebnissen im Internet abhängig. Durch die dreifache Fragestellung und den Auftrag, ein Plakat zu erstellen, ist es überdies kaum möglich, vorhandene Materialien zu kopieren oder herunterzuladen.

Zu Beginn der vierten Stunde geben alle bekannt, welche Person sie für die Präsentation gewählt haben.

In dieser Stunde wird dann eine DVD über Christen im Dritten Reich gezeigt. Als neuerer Film eignet sich *Pforten der Hölle* aus der Reihe „2000 Jahre Christentum", Matthias Film 1999 (eine Auflistung vieler kirchenhistorischer Filme findet sich in Dam: Kirchengeschichte lebendig, S. 49–57). Die Bilder sind sogar für eine 9. oder 10. Klasse sehr eindringlich und es sollte versucht werden, den 45-minütigen Film in einer Doppelstunde zu schauen, damit anschließend darüber gesprochen werden kann. Es werden diesmal ausnahmsweise keine (kleinschrittigen) Beobachtungsfragen gestellt, dafür eine Leitfrage, die vor dem Abspielen des Films zur Betrachtung mitgegeben wird. Sie lautet: „Welche Chancen und Grenzen haben Kirchen in einer Diktatur?" Die Antworten werden anschließend im Klassengespräch ausgetauscht und eventuell an der Tafel (in zwei Spalten) festgehalten.

Mittlerweile ist soviel Hintergrundwissen bei den Schülerinnen und Schülern vorhanden, dass in der 5. und 6. Stunde mit M3 klassische Quellenarbeit gemacht werden kann. Hier geht es darum zu verstehen, was damals passiert ist und wie die Nationalsozialisten die Kirchen für sich eingenommen und eingegliedert („gleichgeschaltet") haben.

Neben den Quellentexten sind einige Abbildungen aufgenommen, die unterstreichen, dass wir es hier mit einer anderen Zeit und einem anderen „Zeitgeist" zu tun haben. Den Schülerinnen und Schülern „ist neu, dass Nation und Vaterland damals Schlüsselbegriffe waren, die das Leben und Handeln von Millionen Deutscher bis in die Tiefe ihres Daseins bestimmten." „Begriffe wie Zucht, Ordnung, Gehorsam und Opfer, Begriffe, die damals einen ganz hohen Stellenwert bei Jugendlichen hatten, stoßen weitgehend auf Unverständnis." (Klaus Scholder in: Thierfelder 1990, S. 73). Dieses Wissen soll wiederum das vorschnelle ethische Urteilen verhindern.

Das Rollenspiel, das in der 7. Stunde gespielt wird, ist eine Variante der „Radiodebatte", die ich 2002 publizierte (Dam: Kirchengeschichte lebendig, S. 49–57). M4 bietet auf Rollenkärtchen drei einfache Informationstexte sowie Hinweise auf die zu spielenden Positionen. An einem Wendepunkt in der Geschichte, im Frühjahr 1933, wo es noch anders hätte ablaufen können, kommen (fingiert) Vertreter von Deutschen Christen, Bekennender Kirche und ökumenisch orientierten Christen (Bonhoeffer) zusammen und diskutieren über die Frage, in welchem Maße sie „die Nationale Revolution, die sich unter der Führung der NSDAP und unserem Führer" vollzogen hat, begrüßen.

Die Rollen können durch sechs Gruppen vorbereitet werden. Aus jeder Gruppe spielt eine/r. Namensschilder geben einen Hinweis darauf, welche Gruppe vertreten wird. Im Klassenraum sind die Tische an den Rand geräumt und die Gruppen sitzen hinter ihrem Vertreter. Die Lehrkraft moderiert das Spiel mit folgenden provokativen Fragen:

- Begrüßt ihr die „Nationale Revolution", die vor drei Monaten mit der Wahl von Reichskanzler Adolf Hitler begonnen hat?
- Wie seht ihr die Chancen der Kirchen, diese Entwicklung zu fördern?
- Welche Rechte und Freiheiten sollte die Kirche behalten?
- Sollte nicht endlich eine einheitliche Reichskirche gegründet werden, statt 28 verschiedenen kleinen Landeskirchen?
- Was soll mit christlichen Pfarrern geschehen, die jüdische Eltern haben und als Juden (wie die Staatsbeamten) entlassen werden sollen? Was sollen die Kirchen tun, um „die Rasse rein zu halten"?
- Sollte die kirchliche Jugendarbeit nicht in die Hitler-Jugend eingegliedert werden?
- Sollte im Religionsunterricht nicht über den von Juden gekreuzigten Jesus und über die alten jüdischen Geschichten von Abraham usw. geschwiegen werden? Sollte nicht besser über den deutschen Helden Martin Luther gesprochen werden und über die Frage, wie Deutschland wieder an Ansehen gewinnen kann?

Nach dem Spiel werden die Rollen „abgeschüttelt" und die Tischgruppen aufgelöst. Auch die Lehrkraft erklärt ihre vielleicht überraschende Rolle. Die alte Sitzordnung wird wieder hergestellt und die Reaktionen auf das Spiel werden gesammelt.

Direkt anschließend oder spätestens in der darauf folgenden Unterrichtsstunde, werden die Positionen anhand von Quellentexten (M5) vertieft.

Nun kann auch erzählend dargelegt werden, wie die Geschichte weitergegangen ist. (Gutschera, 309–325; Breuer, 303–308; Hermle/Thierfelder, 71–86).

Deutsche Christen

Die *Deutschen Christen (DC)* formierten sich 1932 und wurden nach Hitlers Machtergreifung zur nationalen Kraft. Es war Hitler selbst, der den Namen „Evangelische Nationalsozialisten" verbot, was zur Bezeichnung „Glaubensbewegung Deutsche Christen" führte. Reichsleiter Joachim Hossenfelder formulierte in den Richtlinien eine völkische Theologie und propagierte einen „artgemäßen Christenglauben". Vor allem die Forderung nach *einer* Reichskirche beherrschte die Forderung der Deutschen Christen bei den Kirchenvorstandswahlen in der Altpreußischen Union (die größte ev. Landeskirche mit 19 Mio. Mitgliedern). Hier gewann die DC ein Großteil der Sitze. Als im Juli 1933 durch politische Intrigen der Nationalsozialisten der unbekannte Wehrkreispfarrer Ludwig Müller zum Reichsbischof ernannt wurde, war die DC übermächtig. In diesem Monat schloss Hitler auch ein Konkordat mit dem Vatikan, in dem den Katholiken bestimmte Freiheiten zugesagt wurden. Auf der ersten evangelischen „Nationalen Synode" im September 1933 erschienen die DC-Synodalen sogar in ihren braunen SA-Uniformen; daher der Name „Braune Synode". Sie beschlossen den „Arier-Paragraphen" in der Kirche einzuführen. Erst die sog. Sportpalastkundgebung in Berlin im November 1933 machte den antisemitischen Charakter der DC in breiten Schichten offensichtlich. Dies führte zur inneren Spaltung und zum Machtverlust der Bewegung. Reichsbischof Müller konnte sich nur durch unchristliche Maßnahmen wie „Maulkorb" und „Publikationsverbote" gegen seine Gegner wehren. Er sollte erst Anfang 1935 seine Befugnisse verlieren und dies vor allem durch (ökumenischen) Druck aus dem Ausland.

Bekennende Kirche

Die Anfänge der *Bekennenden Kirche (BK)* liegen im Mai 1933, als eine Reihe reformierter Theologen (sog. Jungreformatorische Bewegung) durch den zunehmenden Einfluss der DC das Wesen der Kirche bedroht sahen. Eine Anpassung der Kirche an den politischen Zeitgeist – auch wenn man als Bürger, politisch, pro Hitler sein konnte – hielten sie für nicht evangeliumsgemäß. Es gelang ihnen aber nicht, bei den Kirchenvorstandswahlen im Juli 1933 Einfluss zu gewinnen. Als durch die Einführung des Arier-Paragraphen immer mehr jüdisch-christliche Pfarrer in Schwierigkeiten gerieten, wurde von Martin Niemöller (Berlin-Dahlem) der sog. Pfarrernotbund gegründet. Die Eingliederung des Ev. Jugendwerkes in die Hitlerjugend (ein „Weihnachtsgeschenk" von Ludwig Müller an Hitler!) und die oben genannte Sportpalastkundgebung im Herbst 1933 führten zu verstärktem Widerstand gegen die DC-Reichskirche. Eine freie, bekenntnistreue Kirche hielt im Januar 1934 in Barmen ihre erste Synode. Die Leitung einer Kirche sollte, so die Synode, nicht bei der „Reichsbischofsdiktatur", sondern bei einem Gremium von zwölf Laien (vgl. zwölf Jünger), dem sog. Bruderrat liegen. Im Mai fand, wiederum in Barmen, die erste Bekenntnissynode für die ganze Kirche in Deutschland statt. Die vom Bonner Professor Karl Barth initiierten *Barmer Thesen* formulierten scharfe Kritik gegen politischen Einfluss in der Kirche. Die Kirche muss Kirche bleiben. Ab Sommer 1934 wurde auch von Pfarrern der „Treueeid auf den Führer" gefordert. Barth verweigerte und musste Deutschland verlassen. Er wurde Professor in Basel und war einer der einflussreichsten Theologen des 20. Jahrhunderts.

Ökumeniker

Dietrich Bonhoeffer steht hier für die wenigen deutschen *international und ökumenisch* orientierten Theologen, neben ihm z.B. auch Friedrich Siegmund-Schultze. Nach seinem Studium in Barcelona und New York wurde er nach der Konferenz des „Weltbundes für Freundschaftsarbeit der Kirchen" in Cambridge (1931) Jugendsekretär dieser alten ökumenischen Strömung. Hier versuchte man gerade in dieser Zeit intensiver mit einer anderen, mehr kirchlichen Strömung – der „Bewegung für Praktisches Christentum" – zu kooperieren. Es war Bonhoeffer, der als Jugendsekretär die Kirchen im Ausland auf die Entwicklungen in Deutschland (z.B. die „Braune Synode") aufmerksam machte. Auch bei einer großen ökumenischen Konferenz im dänischen Fanö (1934) vertrat er unermüdlich die Auffassung, dass die Bekennende Kirche die einzig rechtmäßige deutsche Kirche sei. Als Pfarrer der Deutschen Gemeinde in London hatte er einen direkten Kontakt zu Bischof George Bell, dem Vorsitzenden von „Praktisches Christentum". Dies führte zu britischen Anfragen beim deutschen Außenministerium, welches einen Imageschaden für Deutschland fürchtete. Die Entmachtung Ludwig Müllers war Folge dieser Interventionen. Für eine Kursänderung der ganzen Kirche in Deutschland war es aber schon zu spät. Die Diktatur war 1934 schon zu sehr gefestigt. Der Weg Bonhoeffers in den Widerstand ist 1933 schon vorgezeichnet durch die letzte Konsequenz, die er im Aufsatz *Kirche vor der Judenfrage* aufzeigt: dem Rad in die Speichen fallen.

Im Unterricht kann nach der Besprechung von M5 wieder der Bogen zu heute gespannt werden. Die Aktualisierung kann z.B. gelingen durch Fragen wie:
- Was wäre gewesen, wenn Barth oder Bonhoeffer sich viel stärker hätten durchsetzen können?
- Gibt es heute vergleichbare Gruppierungen innerhalb oder außerhalb der Kirche?
- Hat die Kirche den Auftrag, auf gesellschaftliche Fragen Einfluss zu nehmen?
- Was würdest du tun, wenn du als Mitglied des Kirchenvorstandes über die Anfrage einer rechtsradikalen Jugendgruppe für eine Raummiete entscheiden müsstest?
- Was würdest du tun, wenn deine Schule „Hossenfelder-Schule" oder „Ludwig-Müller-Schule" heißen würde?
- Was wären heute gute Möglichkeiten, um rassistischen oder totalitären Entwicklungen entgegenzutreten?

In den folgenden Stunden werden einige Christinnen und Christen aus der Zeit des Dritten Reiches

Aktiver Widerstand	Protest	Verweigerung	Anpassung	Aktive Unterstützung

der Klasse vorgestellt; das Ergebnis des Auftrags in M2. Die Reihe der Präsentationen schließt mit einer Einordnung in die möglichen „Formen von Widerstand". Zuerst werden fünf Kategorien gebildet. Anschließend werden die Handlungen den Personen zugeordnet. Die Einordnung auf der Skala zwischen aktivem Widerstand und aktiver Unterstützung hilft bei der Einschätzung. Dabei muss man sich bewusst sein, dass in den meisten Ländern Europas über 80 % der Bevölkerung der Spalte „Anpassung" zugeordnet werden müssen.

Es gilt immer noch das Wort von Richard von Weizsäcker aus dem Jahr 1985: „Die Jungen sind nicht verantwortlich für das, was damals geschah. Aber sie sind verantwortlich für das, was in der Geschichte daraus wird. Wir müssen den Jungen helfen zu verstehen, warum es lebenswichtig ist, die Erinnerung wachzuhalten."

Nicolaikirche

Eine weitere Aktualisierung kann initiiert werden mit dem Film *Nicolaikirche*. Er wurde 1995 als Dokumentarfilm gedreht und erschien 1996 als Kinofilm. Seit 2009 auf DVD erhältlich, ist er ausgezeichnet geeignet die Rolle der Kirche im totalitären Regime der DDR zu verstehen. Hervorragendes Unterrichtsmaterial erschien dazu bei der bayerischen Gymnasialpädagogischen Materialstelle (Gojny/Höhne, siehe Literatur). Insbesondere die Rolle von Pfarrer Christian Führer hilft Schülerinnen und Schülern die gleichen Fragen wie für 1933–1934 zu beantworten: „Was kann ich innerhalb meiner Möglichkeiten als Christ in der Gesellschaft bewirken?"

Kompetenzen

Im Unterricht einer 9. oder 10. Klasse kommt es darauf an, dass die Schülerinnen und Schüler den Nationalsozialismus als Rassismus deuten und Beziehungen zu heutigen Formen von Rassismus und Unterdrückung herstellen können.

Wahrnehmen und Deuten

Die Schülerinnen und Schüler können wahrnehmen und deuten, dass Kirche Teil der Gesellschaft ist und Grenzen und Möglichkeiten des Handelns mitbestimmt.

Urteilen und Handeln

Die Schülerinnen und Schüler können die Möglichkeiten für das menschliche Handeln in einem totalitären Regime (die Positionen auf der Skala von Kollaboration bis Widerstand) benennen und aus christlicher Sicht beurteilen.

Dialogfähigkeit

Im Rollenspiel können die Schülerinnen und Schüler sich aktiv mit unterschiedlichen Positionen von Christ-Sein im Totalitarismus auseinandersetzen.

Gestaltungsfähigkeit

Durch die Präsentation einer christlichen Person aus der Zeit des 3. Reiches, können die Schülerinnen und Schüler sich exemplarisch mit den Handlungsmöglichkeiten einzelner Christ/-innen im Totalitarismus identifizieren und Ergebnisse darstellen.

Literatur

Thomas Breuer/Manfred L. Pirner: Kirche und Nationalsozialismus, Kirche im Sozialismus. in: Rainer Lachmann/Herbert Gutschera/Jörg Thierfelder: Kirchengeschichtliche Grundthemen, TLL 3, Göttingen ³2010, S. 298–341

Harmjan Dam: Der Weltbund für Freundschaftsarbeit der Kirchen, Frankfurt/M. 2001

Harmjan Dam: Kirchengeschichte lebendig, Frankfurt/M. 2002

Herbert Gutschera/Joachim Maier/Jörg Thierfelder: Geschichte der Kirchen. Freiburg i.B., 2003, S. 304–333

Siegfried Hermle/Jörg Thierfelder: Herausgefordert. Dokumente zur Geschichte der Evangelischen Kirche in der Zeit des Nationalsozialismus, Stuttgart 2008

Tanja Gojny/Florian Höhne: Kerzen und Gebete. Der Film „Nicolaikirche" als Unterrichtsmedium im ev. RU. Hg. Materialstelle Ev. Luth. Kirche Bayern (Nr. 146), Erlangen 2009

Literatur zu einzelnen Persönlichkeiten

Karl Barth (1866–1931): Personenlexikon Religion und Theologie, hg. von Martin Greschat. Göttingen 1998, S. 33–35

Dietrich Bonhoeffer (1906–1945): Christian Strohm in: Karl-Joseph Hummel/Christoph Strom: Zeugen einer besseren Welt, Leipzig 2000, S. 320–338

Clemens August von Galen (1933–1946). Martin Greschat: Gestalten der KG. Bd. 10,3, Stuttgart 1985, S. 286f.

Bernhard Lichtenberg (1875–1943) Zeugen einer besseren Welt, S. 174–191

Max Joseph Metzger (1887–1944) Zeugen einer besseren Welt, S. 225–241

Martin Niemöller (1892–1984) Martin Greschat: Gestalten der KG. Bd. 10,3. S. 187–204.

Pius XII. (Eugenio Pacelli) Papst von 1939–1958: C. Fichtinger: Lexikon der Heiligen und Päpste, Salzburg 1984, S. 336–337

Paul Schneider (1897–1939): Zeugen einer besseren Welt, S. 72–86

Katharina Staritz (1903–1953): A. Bohmeyer u.a.: Schwierigkeiten mit Verantwortung und Schuld. Päd. Materialien 7 Fritz Baur Institut Frankfurt/M., S. 37–51

Edith Stein (1891–1941): Zeugen einer besseren Welt, S. 106–118

Hermann Stöhr (1898–1940): Zeugen einer besseren Welt, S. 87–105

Elisabeth von Thadden (1890–1944). Zeugen einer besseren Welt, S. 192–208

M1 Wie konnte das passieren?

Der Aufstieg des Nationalsozialismus

Den Aufstieg des Nationalsozialismus kann man nicht verstehen, ohne die Niederlage Deutschlands im Ersten Weltkrieg. Was 1914 so Erfolg versprechend begonnnen hatte, endete 1918 mit einer bitteren Niederlage. Bei den Verhandlungen in Versailles wurden Deutschland große Wiedergutmachungszahlungen auferlegt, die zu einer enormen Inflation führten. Die reiche Mittelschicht verarmte in kurzer Zeit. Als Deutschland seine Schulden nicht bezahlen konnte, besetzte Frankreich 1923 das Ruhrgebiet, um die Kohle selbst zu holen.
Den demokratischen Parteien (SDAP, Kath. Zentrum) gelang es nicht, das Vertrauen der Bevölkerung zu gewinnen. Viele, insbesondere evangelische Christen, trauerten der guten alten Zeit unter Kaiser Wilhelm nach. Die Weltwirtschaftskrise 1929 traf Deutschland mehr als andere Länder und viele, insbesondere arbeitslose junge Menschen erhofften von den Nationalsozialisten Verbesserungen: eine soziale Politik für die eigene Nation. Andere erwarteten von der Nationalsozialistischen Partei die Wiederherstellung von Recht und Ordnung und Widerstand gegen den Marxismus und den sowjetischen Kommunismus: die „rote Gefahr". Bei den Reichstagswahlen 1930 wurde die NSDAP zweitstärkste Partei. Im Januar 1933 wurde Hitler, mit Unterstützung der Zentrumspartei, Reichskanzler.

Hitlers Weltanschauung

Hitlers Überzeugungen waren sehr schlicht und das machte sie in einer Zeit, wo vieles unsicher war, umso wirkungsvoller. So wie die Marxisten den Klassenkampf in allem sahen, führten die Nationalsozialisten alles auf den Rassenkampf und den Kampf der Völker um Lebensraum zurück. Die reine arische Rasse kämpfte, laut Hitler, gegen die niederen Juden, die ihrerseits mit allen Mitteln versuchten, den Ariern den Lebensraum abzunehmen. Die Juden waren überdies in Hitlers Augen die Ursache für alles Elend: die Niederlage im Weltkrieg, den sowjetischen Kommunismus, das verheerende Finanzsystem, die „entartete" moderne Kunst usw. Es war die Aufgabe des arischen deutschen Volkes, die Rasse rein zu halten und die Weltherrschaft durch die Vernichtung der jüdischen Rasse herbeizuführen.
Hitler wusste, dass er sein Ziel nicht ohne Duldung der Kirchen erreichen konnte und verschleierte seine rassistische Ideologie. Die Partei begrüßte das „positive Christentum" als Basis der deutschen Moral. Viele evangelische Christen meinten, dass die Nationalsozialisten es mit ihrer Rassenlehre nicht so ernst meinten. Als Adolf Hitler die Macht erlangt hatte, setzte er seine primitiven Ideen mit allen Mitteln durch. Es endete mit der industriellen Vernichtung von 6 Millionen Juden (Auschwitz) und dem Tod von vielen Millionen Menschen im Zweiten Weltkrieg.

▷ Tragt zusammen: Was wisst ihr über den Nationalsozialismus?

Christ-Sein im Dritten Reich | M2

Liebe Schülerinnen und Schüler,
Im kommenden Monat habt ihr Zeit, euch mit einer Person aus der Zeit des Nationalsozialismus vertieft zu beschäftigen. In der Geschichte handeln Menschen je in ihrer Zeit unter bestimmten Bedingungen (Chancen und Grenzen). Gerade in einer Diktatur sind diese Möglichkeiten begrenzt. Was war damals dennoch möglich?

1. Wählt zu zweit oder zu dritt je *eine* der unten genannten Personen. Legt euch außerdem auf eine Ersatzperson fest.
2. Sammelt erste Informationen über diese Person (Internet, Geschichtsbuch, Religionsbuch, ...). In der nächsten Stunde verabreden wir, wer sich definitiv mit wem beschäftigt. Ihr erhaltet weitere Materialhinweise.
3. Erstellt ein Plakat (großer Tonpapierbogen), das uns über folgende Aspekte informiert:
   - Was war dies für eine Person? (Lebensdaten, Beruf, Wohnort usw.)
   - Welche Position nahm er/sie gegenüber dem Nationalsozialismus ein?
   - Welche Möglichkeiten für Widerstand hat er/sie ergriffen und warum?
4. Die Plakate werden am Ende der Unterrichtsreihe präsentiert und anschließend bewertet.

Folgende Personen stehen zur Auswahl:

Karl Barth (1866–1931): Schweizer evangelischer Theologe, Professor in Bonn bis 1934, dann im Exil. Mit-Begründer der Bekennenden Kirche.

Dietrich Bonhoeffer (1906–1945): Deutscher evangelischer Theologe, Widerstandskämpfer gegen Hitler und aus diesem Grund kurz vor Kriegsende hingerichtet.

Clemens August von Galen (1878–1946): Katholischer Bischof in Münster (1933–1946). Seine Predigten von 1941 gegen die „Euthanasie" usw. motivierten u. a. die Geschwister Scholl.

Bernhard Lichtenberg (1875–1943): Katholischer Priester und mutiger Prediger gegen Hitler. Er wurde in einem KZ ermordet.

Max Joseph Metzger (1887–1944): Katholischer Priester, ökumenisch aufgeschlossen und kritischer Gegner des Nationalsozialismus. Ermordet im KZ.

Martin Niemöller (1892–1984): Evangelischer Theologe in Berlin. Im ersten Weltkrieg U-Boot-Kommandant. Er war bis zum Kriegsende „persönlicher Gefangener" Hitlers und wurde 1949 Kirchenpräsident der Ev. Kirche in Hessen und Nassau.

Pius XII. (Eugenio Pacelli, 1876–1958): Papst von 1939–1958. Er nahm als Nuntius an den Verhandlungen über das Reichskonkordat mit Deutschland teil. Rolle im Zweiten Weltkrieg umstritten.

Paul Schneider (1897–1939): Evangelischer Pfarrer. Der „Prediger von Buchenwald" und in diesem KZ ermordet.

Katharina Staritz (1903–1953): Evangelische Theologin, betreute Juden und Auswanderer in Breslau. Wegen Judenhilfe ins KZ. Erste Pfarrer*in* der Ev. Kirche von Hessen und Nassau.

Edith Stein (1891–1941): Jüdin, später katholische Nonne. Widerständlerin gegen Hitler und darum im KZ ermordet.

Hermann Stöhr (1898–1940): Evangelischer Christ. Einer der ersten Kriegsdienstverweigerer und darum schon 1940 im KZ ermordet.

Elisabeth von Thadden (1890–1944) Evangelische Christin. Leitete ein Erziehungsheim in Süddeutschland. Sie wurde wegen ihrer Friedensbemühungen ermordet.

Viel Erfolg!

M3a Nationalsozialismus und evangelische Kirche

1. Programm der Nationalsozialistischen Deutschen Arbeiterpartei, 24. Februar 1920

24. Wir fordern die Freiheit aller religiösen Bekenntnisse im Staat, soweit sie nicht dessen Bestand gefährden oder gegen das Sittlichkeits- und Moralgefühl der germanischen Rasse verstoßen.
Die Partei als solche vertritt den Standpunkt eines positiven Christentums, ohne sich konfessionell an ein bestimmtes Bekenntnis zu binden. Sie bekämpft den jüdisch-materialistischen Geist in und außer uns und ist überzeugt, dass eine dauernde Genesung unseres Volkes nur erfolgen kann von innen heraus auf der Grundlage: *Gemeinnutz vor Eigennutz.*
25. Zur Durchführung alles dessen fordern wir: Die Schaffung einer starken Zentralgewalt des Reiches. Unbedingte Autorität des politischen Zentralparlaments über das gesamte Reich und seine Organisationen im Allgemeinen.

2. Adolf Hitler: Mein Kampf (1925-1927)

Wenn in Deutschland vor dem Kriege das religiöse Leben für viele einen unangenehmen Beigeschmack erhielt, so war dies dem Missbrauch zuzuschreiben, der von Seiten einer sogenannten „christlichen" Partei mit dem Christentum getrieben wurde, sowie der Unverschämtheit mit der man den katholischen Glauben mit einer politischen Partei zu identifizieren versuchte.
Die Aufgabe der Partei ist nicht die einer religiösen Reformation, sondern die einer politischen Reorganisation unseres Volkes. Sie sieht in beiden religiösen Bekenntnissen gleich wertvolle Stützen für den Bestand unseres Volkes und bekämpft deshalb diejenigen Parteien, die dieses Fundament einer sittlich religiösen und moralischen Festigung unseres Volkskörpers zum Instrument ihrer Parteiinteressen herabwürdigen wollen.
Es gibt nur ein heiligstes Menschenrecht, und dieses Recht ist zugleich die heiligste Verpflichtung, nämlich: dafür zu sorgen, dass das Blut rein erhalten bleibt, um durch die Bewahrung des besten Menschentums die Möglichkeit einer edleren Entwicklung dieser Wesen zu geben.

3. Hitlers Regierungserklärung Berlin am 23. März 1933

Indem die Regierung entschlossen ist, die politische und moralische Entgiftung unseres öffentlichen Lebens durchzuführen, schafft und sichert sie die Voraussetzungen für eine wirklich tiefe innere Religiosität. Die Vorteile personalpolitischer Art, die sich aus Kompromissen mit atheistischen Organisationen ergeben mögen, wiegen nicht annähernd die Folgen auf, die in der Zerstörung der allgemeinen religiös-sittlichen Grundwerte sichtbar werden.
Die nationale Regierung sieht in den beiden christlichen Konfessionen wichtige Faktoren der Erhaltung unseres Volkstums. Sie wird die zwischen ihnen und den Ländern abgeschlossenen Verträge respektieren; ihre Rechte sollen nicht angetastet werden. Sie kann aber niemals dulden, dass die Zugehörigkeit zu einer bestimmten Konfession oder einer bestimmten Rasse eine Entbindung von allgemeingesetzlichen Verpflichtungen sein könnte oder gar ein Freibrief für straflose Begehung oder Tolerierung von Verbrechen.
Die nationale Regierung wird in Schule und Erziehung den christlichen Konfessionen den ihnen zukommenden Einfluss einräumen und sicherstellen. Ihre Sorge gilt dem aufrichtigen Zusammenleben zwischen Kirche und Staat.

Nationalsozialismus und evangelische Kirche M3b

4. Sportpalast Kundgebung der Deutschen Christen am 13.11.1933

Sportpalast Berlin 1933

Aus der Entschließung, die die 20 000 Anwesenden der Sportpalastkundgebung am 13. November 1933 in Berlin – bei einer Gegenstimme – angenommen haben.

1. Wir sind als nationalsozialistische Kämpfer gewohnt, das Ringen um die Gestaltung einer großen Idee nicht mit einem faulen Frieden abzubrechen... Ein dauernder Friede kann hier nur geschaffen werden durch Versetzung oder Amtsenthebung aller der Pfarrer, die entweder nicht willens oder nicht fähig sind, bei der religiösen Erneuerung unseres Volkes und der Vollendung der deutschen Reformation aus dem Geist des Nationalsozialismus führend mitzuwirken.
2. Wir erwarten von unserer Landeskirche, dass sie den Arier-Paragraphen – entsprechend dem von der Generalsynode beschlossenen Kirchengesetz – schleunigst und ohne Abschwächung durchführt, dass sie darüber hinaus alle fremdblütigen evangelischen Christen in besondere Gemeinden ihrer Art zusammenfasst und für die Begründung einer judenchristlichen Kirche sorgt.
3. Wir erwarten, dass unsere Landeskirche als eine deutsche Volkskirche sich frei macht von allem Undeutschen in Gottesdienst und Bekenntnis, insbesondere vom Alten Testament und seiner jüdischen Lohnmoral.
4. Wir fordern, dass eine deutsche Volkskirche ernst macht mit der Verkündigung der von aller orientalischen Entstellung gereinigten schlichten Frohbotschaft und einer heldischen Jesus-Gestalt als Grundlage eines artgemäßen Christentums, in dem an die Stelle der zerbrochenen Knechtsseele der stolze Mensch tritt, der sich als Gotteskind dem Göttlichen in sich und in seinem Volke verpflichtet fühlt.
5. Wir bekennen, dass der einzige wirkliche Gottesdienst für uns der Dienst an unseren Volksgenossen ist, und fühlen uns als Kampfgemeinschaft von unserem Gott verpflichtet, mitzubauen an einer wehrhaften völkischen Kirche, in der wir die Vollendung der deutschen Reformation Martin Luthers erblicken, und die allein dem Totalitätsanspruch des nationalsozialistischen Staates gerecht wird.

5. Eingliederung der evangelischen Jugend in die Hitlerjugend 20. Nov. 1933

1. Das Evangelische Jugendwerk erkennt die einheitliche staatspolitische Erziehung der deutschen Jugend durch den nationalsozialistischen Staat und die Hitler-Jugend als Träger der Staatsidee an.
   Die Jugendlichen des Evangelischen Jugendwerkes unter 18 Jahren werden in die Hitler-Jugend und ihre Untergliederungen eingegliedert.
2. Die gesamten Mitglieder des Evangelischen Jugendwerkes tragen entsprechend ihrer Zugehörigkeit zur Hitler-Jugend den Dienstanzug der Hitler-Jugend.
3. An 2 Nachmittagen in der Woche und an 2 Sonntagen im Monat bleibt dem Evangelischen Jugendwerk die volle Freiheit seiner Betätigung in erzieherischer und kirchlicher Hinsicht mit Ausnahme der [turnerischen, sportlichen und staatspolitischen Erziehung].
   Gezeichnet: Baldur von Schirach (Jugendführer des Deutschen Reiches) und Ludwig Müller (Reichsbischof)

▷ Wertet die Materialien aus: Was waren die Beweggründe der Deutschen Christen?

M4a Rollenspiel „Kirche und Nationalsozialismus"

An einem Wendepunkt in der Geschichte, im Frühjahr 1933, wo es noch anders hätte ablaufen können, kommen Vertreter von drei unterschiedlichen kirchlichen Positionen zusammen und diskutieren über die Frage, in welchem Maße sie „die Nationale Revolution, die sich unter der Führung der NSDAP und unserem Führer Adolf Hitler" vollzogen hat, begrüßen.

A. Rollenbeschreibung: Deutsche Christen

Die „Deutschen Christen" sind eine innerkirchliche theologisch-politische Gruppierung. Sie nannte sich „Glaubensbewegung" und war keine politische Partei. Sie stand dem Nationalsozialismus positiv gegenüber und wollte über die Wahl der Kirchenvorstände Einfluss auf die Kirche nehmen. Nach der – in ihren Augen chaotischen – Weimarer Zeit, in der Deutschland zum ersten Mal versuchte, eine Demokratie zu sein, erhofften sie vom Reichskanzler Hitler mehr Ordnung und Einheit im Deutschen Volk. Die Reichseinheit sollte nun auch in einer Einheit der Evangelischen Kirche (bis dahin viele kleine Landeskirchen und Freikirchen) ihren Niederschlag finden. Die Deutschen Christen wollten eine Reichskirche, die dem deutschen Volk dient.

Im Rollenspiel sollten folgende Positionen klar hervortreten:

- ▷ Wir nennen uns Deutsche Christen, weil wir Deutsche sind und ein Christentum wollen, das zu unserer deutschen Volksart passt.
- ▷ Unter Hitler gewinnt Deutschland wieder an Ansehen. Wir werden *ein* starkes Volk und *ein* Reich bilden. Die 28 kleinen evangelischen Landeskirchen müssen sich dieser Entwicklung anschließen, ihre Zersplitterung überwinden und *eine* Reichskirche bilden, die von einem starken Bischof geführt wird. Hier denken wir an Ludwig Müller.
- ▷ Wir werden ein starkes Volk, wenn wir unsere Rasse rein halten. Die Juden verderben unsere Rasse.
- ▷ Die jüdischen Hintergründe des Christentums müssen ausgemerzt werden. Das Alte Testament mit seinen Viehzüchter-Geschichten brauchen wir nicht; wir haben Jesus als Held, der uns in den Sieg vorangeht.
- ▷ Genau wie im Reich müssen auch Pfarrer, die zum Christentum übergetreten sind, aber jüdisches Blut in sich haben (also Nichtarier sind), entlassen werden.
- ▷ Für Nichtarier kann man eigene juden-christliche Kirchen gründen.
- ▷ Christen wie Karl Barth, die sich an den alten Bekenntnissen orientieren, verstehen nicht, dass die Zeiten sich geändert haben. Die Kirche muss mit ihrer Zeit mitgehen.

B. Rollenbeschreibung: Bekennende Kirche

Die Bekennende Kirche entstand in scharfer Abwehr zu der kirchenpolitischen Bewegung der Deutschen Christen, die eine starke Verbindung von Kirche mit dem Nationalsozialismus fördern wollte. Die Kirche muss nicht in erster Linie deutsch sein, sondern sie muss „Kirche in der Nachfolge von Christus" sein. In ihr sollte das Wort Gottes (das ist Jesus Christus, wie er uns in der Bibel offenbart wurde) der einzig gültige Maßstab sein. Der wichtigste Vertreter dieser Gruppe war der in Bonn lehrende Schweizer Theologieprofessor Karl Barth. Im Frühjahr 1933 entstand diese Bewegung, die sich im Jahr 1934 als „Bekennende Kirche" die rechtmäßige Kirche nennen sollte. Die „deutsch-christliche" Reichskirche, die mit Unterstützung der Nationalsozialisten entstand, lehnten sie ab. Karl Barth wurde 1934 aus Deutschland verbannt, weil er sich verweigerte, den Amtseid auf Hitler zu schwören.

Rollenspiel „Kirche und Nationalsozialismus" M4b

Im Rollenspiel sollten folgende Positionen klar hervortreten:

▷ Wir nennen uns Bekennende Kirche, weil wir uns an die alten Bekenntnisschriften der christlichen Kirche halten wollen. Da steht, dass wir an die „heilige allgemeine christliche Kirche" glauben und nicht an eine deutsche Kirche.

▷ Wer die Kirche an die Forderungen der nationalsozialistischen Machthaber anpasst, muss fürchten, dass der eigentliche Inhalt, die Verkündigung des christlichen Glaubens, hinter politischen Zielen verschwindet. Kirche muss Kirche bleiben.

▷ Wir haben an sich nichts gegen Hitler, aber in der Kirche soll er keinen Einfluss haben.

▷ Es ist nicht gut, wenn in der Kirche das gleiche Führerprinzip wie im Staat gilt. Wir brauchen keinen starken Reichsbischof, der sagt, wo es lang geht. Wie bei Jesus mit seinen zwölf Jüngern soll die Leitung bei zwölf Brüdern liegen: einem Bruderrat.

▷ Die Nationalsozialisten wollen die deutsche Rasse rein halten. Die Deutschen Christen wollen Extra-Kirchen für Juden-Christen. Davon steht nichts in der Bibel. Das Evangelium gilt für alle. Alle, die getauft sind, gehören zur Kirche. Die Rassenzugehörigkeit gilt in der Kirche nicht.

▷ Wenn christliche Pfarrer, die jüdische Vorfahren haben, Probleme bekommen, werden wir ihnen helfen und einen „Notbund" gründen.

▷ Wenn die ganze Kirche mit dem Nationalsozialismus gleichgeschaltet wird, werden wir die Bibeltreuen Christen in einer Synode zusammenrufen und eine eigene Kirche gründen.

C. Rollenbeschreibung: Dietrich Bonhoeffer und die Ökumene

Auf einer wichtigen Konferenz in Dänemark (Fanö), machte Bonhoeffer viele Christen weltweit auf die Folgen der Hitlerdiktatur für die Kirchen aufmerksam. Als er später Pfarrer in London wurde, informierte er den englischen Bischof Georg Bell, der international hoch angesehen war, über die negativen Folgen des Nationalsozialismus für die Juden und die Kirchen. Bells Proteste erwirkten eine Mäßigung der Probleme. Bonhoeffer schloss sich später dem Widerstand gegen Hitler an und wurde 1945 in einem Konzentrationslager hingerichtet.

Im Rollenspiel sollten folgende Positionen klar hervortreten:

▷ Wir nennen uns „Ökumenische Christen", weil die Kirche eine weltweite Organisation ist, die nicht nur auf Entwicklungen in Deutschland achten darf.

▷ Wir wissen, dass Jesus Jude war und die Kirche für Juden und Christen offen steht. In der Kirche spielen Rasse, Blut, Hautfarbe oder Staatsangehörigkeit keine Rolle. Auch getaufte Juden sind und bleiben Mitglied der Kirche.

▷ Wir können nicht akzeptieren, dass in der Kirche die Gesetze des Staates gelten sollen. Pfarrer müssen nicht, wie Staatsbeamte, „reinrassige Deutsche" (Arier) sein.

▷ Wenn der Staat versucht, die Kirche an die nationalsozialistischen Überzeugungen anzupassen, muss die Kirche dies nicht akzeptieren. Wenn der Staat z. B. juden-christliche Mitglieder zu Opfern macht, muss die Kirche diesen helfen. Wenn dies alles nicht hilft, muss die Kirche notfalls den Unrechtsstaat bekämpfen: „dem Rad selbst in die Speichen fallen".

▷ Teilt euch in drei Gruppen auf und bereitet gemeinsam die Strategie eurer Argumentation vor. Jede Gruppe schickt einen Vertreter in das Streitgespräch.

M5a Deutsche Christen, Bekennende Kirche, Bonhoeffer

Richtlinien der Glaubensbewegung „Deutsche Christen" vom 26. Mai 1932

Die „Deutschen Christen" sind eine innerkirchliche theologisch-politische Gruppierung. Sie stand dem Nationalsozialismus positiv gegenüber und wollte über die Wahl der Kirchenvorstände Einfluss auf die Kirche nehmen. Die Reichseinheit sollte zur Einheit auch der evangelischen Kirche führen – statt vieler kleiner Landes- und Freikirchen eine Reichskirche des deutschen Volkes mit einem Reichsbischof an der Spitze.

1. Die Liste „Deutsche Christen" will keine kirchenpolitische Partei in dem bisher üblichen Sinne sein. Sie wendet sich an alle evangelischen Christen deutscher Art. Die Zeit des Parlamentarismus hat sich überlebt, auch in der Kirche. Kirchenpolitische Parteien haben keinen religiösen Ausweis, das Kirchenvolk zu vertreten, und stehen dem hohen Ziel entgegen, *ein* Kirchenvolk zu werden. Wir wollen eine lebendige Volkskirche, die Ausdruck aller Glaubenskräfte unseres Volkes ist.
2. Wir stehen auf dem Boden des positiven Christentums. Wir bekennen uns zu einem bejahenden artgemäßen Christusglauben, wie er deutschem Luthergeist und heldischer Frömmigkeit entspricht.
3. Wir wollen das wieder erwachte deutsche Lebensgefühl in unserer Kirche zur Geltung bringen und unsere Kirche lebenskräftig machen. In dem Schicksalskampf um die deutsche Freiheit und Zukunft hat die Kirche in ihrer Leitung sich als zu schwach erwiesen. Die Kirche hat bisher nicht zum entschiedenen Kampf gegen den gottfeindlichen Marxismus und das geistfremde [katholische] Zentrum aufgerufen, sondern mit den politischen Parteien dieser Mächte einen Kirchenvertrag geschlossen. Wir wollen, dass unsere Kirche in dem Entscheidungskampf um Sein oder Nichtsein unseres Volkes an der Spitze kämpft. Sie darf nicht abseits stehen oder gar von den Befreiungskämpfern abrücken.
4. Wir sehen in Rasse, Volkstum und Nation uns von Gott geschenkte und anvertraute Lebensordnungen, für deren Erhaltung zu sorgen, uns Gottes Gesetz ist. Daher ist der Rassenmischung entgegenzutreten. Die deutsche Äußere Mission [d. h. die Organisation der evangelischen Missionare im Ausland] ruft auf Grund ihrer Erfahrung dem deutschen Volke seit langem zu: „Halte deine Rasse rein!" und sagt uns, dass der Christusglaube die Rasse nicht zerstört, sondern vertieft und heiligt.
5. In der Judenmission sehen wir eine schwere Gefahr für unser Volkstum. Sie ist das Eingangstor fremden Blutes in unseren Volkskörper. Sie hat neben der Äußeren Mission keine Daseinsberechtigung. Wir lehnen die Judenmission in Deutschland ab, solange die Juden das Staatsbürgerrecht besitzen und damit die Gefahr der Rassenverschleierung und -bastardierung besteht. Die Heilige Schrift weiß auch etwas zu sagen von heiligem Zorn und sich versagender Liebe. Insbesondere ist die Eheschließung zwischen Deutschen und Juden zu verbieten.
6. Wir wollen eine evangelische Kirche, die im Volkstum wurzelt, und lehnen den Geist eines christlichen Weltbürgertums ab. Wir wollen die aus diesem Geist entspringenden verderblichen Erscheinungen wie Pazifismus, Internationale, Freimaurertum usw. durch den Glauben an unsere von Gott befohlene völkische Sendung überwinden.

Bekennende Kirche

Die Bekennende Kirche entstand in scharfer Abwehr zu der kirchenpolitischen Bewegung der Deutschen Christen, die eine starke Verbindung von Kirche mit dem Nationalsozialismus fördern wollte. Die Kirche habe nicht deutsch zu werden, sondern sollte „Kirche Christi" sein. In ihr sollte das Wort Gottes (das ist Jesus Christus, wie er uns in der Bibel offenbart wurde) der einzig gültige Maßstab sein. Der wichtigste Vertreter dieser Gruppe war der in Bonn lehrende Schweizer Theologieprofessor Karl Barth. Die Bekennende Kirche (die als solche im Laufe von 1933-1934 entstand) äußerte sich nicht politisch, sondern nur theologisch gegen die Ideologie des Nationalsozialismus („Es ist Neuheidentum!").

Deutsche Christen, Bekennende Kirche, Bonhoeffer M5b

Karl Barth: Theologische Existenz heute! (Sommer 1933)

Was ich zu den Richtlinien der Deutsche Christen von Mai 1933 zu sagen habe, ist einfach: Ich sage unbedingt und vorbehaltlos Nein zum Geist und zum Buchstaben dieser Lehre. [...] Ich halte dafür, dass die evangelische Kirche lieber zu einem kleinsten Häuflein werden und in die Katakomben gehen sollte, als dass sie mit dieser Lehre auch nur von ferne Frieden schlösse.
Ich nenne zur Begründung dieser meiner Ablehnung folgende Punkte:

1. Nicht dafür hat die Kirche „Alles zu tun", dass das deutsche Volk „auch wieder den Weg zur Kirche" finde, sondern dafür, dass es in der Kirche das Gebot und die Verheißung des freien und reinen Wortes Gottes finde.
2. Das deutsche Volk empfängt seine Berufung von Christus und zu Christus durch das nach der heiligen Schrift zu verkündigende Wort Gottes. Diese Verkündigung ist die Aufgabe der Kirche.
3. Die Kirche hat überhaupt nicht den Menschen und also auch nicht dem deutschen Volk zu dienen. Die deutsche evangelische Kirche ist die Kirche für das deutsche evangelische Volk. Sie dient aber allein dem Worte Gottes.
4. Die Kirche glaubt an die göttliche Einsetzung des Staates als des Vertreters und Trägers der öffentlichen Rechtsordnung im Volke. Sie glaubt aber weder an einen bestimmten, also auch nicht an den deutschen und sie glaubt an keine bestimmte, also auch nicht an die nationalsozialistische Staatsform. [...]
5. Die Gemeinschaft der zur Kirche Gehörigen wird nicht durch das Blut und also auch nicht durch die Rasse, sondern durch den heiligen Geist und durch die Taufe bestimmt. Wenn die deutsche evangelische Kirche die Judenchristen ausschließen oder als Christen zweiter Klasse behandeln würde, würde sie aufgehört haben, christliche Kirche zu sein.

Dietrich Bonhoeffer, Die Kirche vor der Judenfrage, April 1933

Im Frühjahr 1933 fingen die Maßnahmen gegen die Juden an: ihre Läden wurden boykottiert, Fensterscheiben beschmiert, jüdische Beamte entlassen. Als einer der Ersten sah Dietrich Bonhoeffer, welche Folgen dies haben würde. Er hatte in New York studiert, sein Schwager war Jude. Er wurde 1945 von den Nazis ermordet.

Der Staat, der die christliche Verkündigung gefährdet [die freie Predigt verbietet], verneint sich selbst. Das bedeutet eine dreifache Möglichkeit kirchlichen Handelns dem Staat gegenüber:
Erstens, die an den Staat gerichtete Frage nach dem legitim staatlichen Charakter seines Handelns [darf ein Staat nach seinen eigenen Gesetzen so handeln?], d. h. die Verantwortlichmachung des Staates.
Zweitens, der Dienst an den Opfern des Staatshandeln [die politisch Verfolgten, die Juden].
In beiden Verhaltensweisen dient die Kirche dem freien Staat in ihrer freien Weise, und in Zeiten der Rechtswandlung [auch unter Hitler als Reichkanzler] darf die Kirche sich diesen beiden Aufgaben keinesfalls entziehen.
Die dritte Möglichkeit besteht darin, nicht nur die Opfer unter dem Rad zu verbinden, sondern dem Rad selbst in die Speichen zu fallen. In der Judenfrage werden für die Kirche heute die beiden ersten Möglichkeiten verpflichtende Forderung der Stunde.

Dietrich Bonhoeffer, Berlin 1932–1933, © 2001, Gütersloher Verlagshaus, Gütersloh, in der Verlagsgruppe Random House GmbH

▷ Stellt die Verhaltensweisen evangelischer Christen im Dritten Reich gegenüber. Ergänzt eure Tabelle, indem ihr im Internet weiteres Material recherchiert.

12. Nathan Söderblom, Philip Potter und die Ökumene
Globale Probleme fordern die Kirche weltweit heraus

Das 20. Jahrhundert ist das Jahrhundert der Globalisierung. Entwicklungen, die bis dann noch auf bestimmte Gebiete begrenzt waren, erlangen weltweite Dimensionen. Dies gilt für die beiden Weltkriege, die eine weltpolitische Machtverlagerung von Westeuropa nach Amerika (USA) und der Sowjetunion (UdSSR) zur Folge hatten. Dies gilt für die Wirtschaft, wie schon die erste weltweite Börsenkrise 1929 zeigte. Der weltweite Austausch von Rohstoffen, Produkten und Arbeitskräften ist am Ende des 20. Jahrhunderts selbstverständlich geworden. Die Globalisierung gilt auch für die Massenmedien wie Film, Musik, Literatur, Zeitungen, Fernsehen und Internet, die eine weltweite kulturelle Vereinheitlichung bewirken.

Innerhalb der christlichen Kirchen war die große Römisch-Katholische Kirche immer schon weltweit organisiert. Ihre weltweite Bedeutung wurde im zweiten Vatikanischen Konzil (1962–1965) noch stärker betont. Die Globalisierung gilt auch für die Religionen, wie sich 1993 an der ersten Versammlung des „Parlaments der Religionen“ in Chicago zeigt. Hier wurde eine Erklärung zum „Weltethos“ verabschiedet, die vor allem auf Bemühungen von Hans Küng zurückgeht. Am Anfang des 21. Jahrhundert stellt der globale Einfluss des Islam eine neue Herausforderung für alle Religionen dar. Für die protestantischen und die orthodoxen Kirchen zeigt sich die Globalisierung in der sog. ökumenischen Bewegung.

Das Wort Ökumene kommt vom griechischen *oikein* = wohnen und von *oikumenè*= der ganze bewohnte Erdkreis. Ökumene ist das wichtigste kirchengeschichtliche Ereignis des 20. Jahrhunderts. Seit ca. 1910 strebten zunächst einzelne protestantische Christen und später auch die Kirchen selbst auf unterschiedliche Weise nach mehr Einheit. Die in Deutschland gängige Deutung von Ökumene als Zusammenarbeit zwischen evangelischer und katholischer Kirche ist eine Verengung auf nur einen interkonfessionellen Aspekt. Das Streben nach weltweiter Gerechtigkeit spielt von Anfang eine zentrale Rolle, während in letzter Zeit der interreligiöse Aspekt stark an Bedeutung gewinnt (Lachmann, 273). Ein Grundproblem bleibt, dass das, was unter „Einheit“ zu verstehen ist, sehr unterschiedlich gedeutet wird und dass – von den Anfängen im NT an – die Kirche eine Kirche in der Vielfalt war (vgl. Strömungsdiagramm der Kirchen auf Seite 128). Der Begriff *koinonia*, gedeutet als Gemeinschaft in der Vielfalt und in gegenseitigem Respekt, wird darum in der Ökumene zunehmend als Maximalziel formuliert. Das Verhältnis der Römisch-Katholischen Kirche zur Ökumene ist wechselhaft. Nach anfänglicher Distanz bewegte sie sich in den sechziger Jahren (Vaticanum II) auf die anderen Kirchen zu, während sie in letzter Zeit unter Papst Benedikt XVI. (Ratzinger) an Ökumenizität verliert.

Vier Strömungen am Anfang der Ökumene

Im Jahr 1910 – auf dem Höhepunkt des europäischen Imperialismus – trafen sich Vertreter von vielen protestantischen Missionsgesellschaften in Edinburgh. Es waren europäische und nordamerikanische Christen, die in Afrika und Asien versuchten, durch Dienst und Verkündigung Menschen für Christus zu gewinnen. Katholiken und orthodoxe Christen waren nicht eingeladen. Ziel der Konferenz war es, der Missionsidee einen globalen Impuls zu geben. John Mott, ein methodistischer Laie und Studentensekretär der amerikanischen YMCA (CVJM) formulierte hier, dass „in dieser Generation die ganze Welt für Christus gewonnen werden sollte“. Insbesondere die konfessionellen Unterschiede und die Konkurrenz im Missionsfeld wirkten dabei störend. Schon 1895 hatte er den sog. *Studentenweltbund* gegründet, die Kaderschmiede der künftigen Leiter der ökumenischen Bewegung. Die verschiedenen Missionsorganisationen gründeten 1921 in Lake Mohonk den *Internationalen Missionsrat* (International Missionary Council, IMC), um mehr Einheit der Kirchen zu bewirken. Dies war der erste Impuls für die ökumenische Bewegung.

Den zweiten Impuls gab der Imperialismus. Die nationalistischen Spannungen drohten einen großen Krieg auszulösen, vor allem der starke Ausbau der Flotten in England und Deutschland. Als Gegenbewegung organisierten Christen aus beiden Ländern einen Austausch: die *Britisch-Deutsche Freundschaft.* Lord Dickinson, ein britischer Politiker, Allan Baker, ein kanadischer Fabrikant und Friedrich Siegmund-Schultze, ein junger deutscher Theologe, spielten die wichtigste Rolle in diesem Austausch. Als der amerikanische Stahlmagnat Andrew Carnegie die *Freundschaft* finanziell unterstützte, wurde sie über deutsche und britische Vertreter hinaus ausgeweitet zum *Weltbund für Freundschaftsarbeit der Kirchen* (World Alliance for Friendship through the Churches). Die Gründungsversammlung fand im August 1914 in Konstanz statt, genau in den Tagen, als der erste Weltkrieg ausbrach. Die Delegierten flüchteten durch die Fronten nach Hause und trafen sich erst 1918 in Oud-Wassenaer (bei Den Haag) wieder. Sie waren hier nicht als Vertreter von Kirchen, sondern als ökumenische Avantgarde zusammen. Hier schafften sie es, obwohl viele selbst Verwandte im Krieg verloren hatten, sich gegenseitig wieder in die Augen zu schauen und zu bekennen: „Wir verurteilen den Krieg und den Gedanken an Rache." Die wichtigsten Ziele des Weltbundes waren die Förderung der Idee der internationalen Schiedsgerichtsbarkeit (Internationaler Gerichtshof, Den Haag) und des Völkerbunds. Als Finanzier der ökumenischen Bewegung hat er z.B. *Praktisches Christentum* (Life and Work) ermöglicht.

Diese dritte Strömung wurde 1925 in Stockholm gegründet. Mit der Idee, dass die Lehre der Kirchen zwar trennt, aber gemeinsames Dienen möglich sein müsste, wusste der schwedische Bischof Nathan Söderblom die Kirchen selbst zur Mitarbeit in der ökumenischen Bewegung zu bewegen. Der dritte Impuls für die Ökumene war der weltweite Kampf gegen soziale Ungerechtigkeit. Dazu sollten konkrete, gemeinsame, konfessionell gemischte Hilfsprojekte gefördert werden. Je weniger die demokratischen Kräfte in Europa Einfluss hatten, desto schwieriger wurde es für den *Weltbund* den ökumenischen Gedanken voran zu treiben. Im Zeitalter des Totalitarismus war er genauso machtlos wie der *Völkerbund.* Aber schon ab 1932 hatten *Weltbund* und *Praktisches Christentum* in Genf ein gemeinsames Büro und einen gemeinsamen Generalsekretär: Louis Henriod. Dass das ökumenische Netzwerk auch den weltweiten kirchlichen Kontakt sehr förderte, kann am Beispiel Dietrich Bonhoeffers (M4 und M5 in Kapitel 11), dem Jugendsekretär des *Weltbundes*, gezeigt werden. 1937 kamen die Ökumeniker in Oxford zusammen, um über das Verhältnis von Volk, Kirche und Staat zu sprechen. Deutsche Christen durften nicht dahin ausreisen. Insbesondere durch ihre Flüchtlingshilfe im Zweiten Weltkrieg erwarb das *Praktische Christentum* viel Respekt. Als die deutschen Kirchen 1945 nach dem Krieg einen Neuanfang machen mussten, waren es die Ökumeniker, die halfen die sog. „Stuttgarter Schulderklärung" zu formulieren:

„Mit großem Schmerz sagen wir: Durch uns ist unendliches Leid über viele Völker gebracht worden. [...] Wir klagen uns an, dass wir nicht mutiger bekannt, nicht treuer gebetet, nicht fröhlicher, inniger geglaubt und nicht brennender geliebt haben."

Auch wenn viele in Deutschland diese Erklärung ablehnten, ermöglichte sie den deutschen Kirchen wieder den internationalen Kontakt. Die Erklärung war die Basis für das wieder zu gewinnende moralische Ansehen der deutschen Kirchen.

Der vierte Impuls für die ökumenische Bewegung betraf am meisten die offiziellen Vertreter der Kirchen. Sie wollten die inhaltlichen Fragen, die die Kirchen trennten, ansprechen. Charles Brent, ein amerikanischer anglikanischer Bischof, der lange auf den Philippinen gearbeitet hatte, war hier eine treibende Kraft. Diese *Bewegung für Glaube und Kirchenverfassung* (Faith and Order) hat sich den schwierigsten Fragen gewidmet und sehr lange gebraucht um Erfolge nachzuweisen. Aber die Einigungen und Dissensbeschreibungen bei den Themen „Taufe, Eucharistie und Amt" (Baptist, Eucharist und Ministry; Lima 1981) bilden Eckpunkte, hinter denen die Kirchen nicht mehr zurückfallen sollten.

Dass es gerade einmal vier Strömungen waren, die die Einheit der Kirchen bringen sollten, befriedigte die ökumenische Bewegung selbst nicht. Als nach dem Zweiten Weltkrieg der weltweite Ruf nach Einheit der Menschheit sehr stark war, wurden z.B. die Vereinten Nationen als Nachfolgerorganisation des Völkerbundes gegründet (United Nations Organisation, New York). Im gleichen Jahr konnte die Internationale Menschenrechtserklärung angenommen werden. Ebenfalls 1948 wurde in Amsterdam der Ökumenische Rat der Kirchen (ÖRK bzw. Ecumenical Council of Churches, WCC) gegründet, mit Sitz in Genf. Erster Generalsekretär war der Niederländer Willem A. Visser 't Hooft. Der ÖRK erklärte keine *una sancta* oder *superchurch* sein zu wollen, sondern als Ziel die Zusammenarbeit zwischen den Kirchen fördern zu wollen. Der erste schwarze Generalsekretär des ÖRK, Philip Potter, formulierte dieses Ziel in den 70er Jahren sehr griffig: Es geht darum „Eine Kirche für Eine Welt" zu werden. Die biblische Begründung dafür ist das Gebet von Jesus in Joh 17,21: „Alle sollen eins sein: Wie Du, Vater, in mir bist und ich in Dir bin, sollen auch sie eins sein, damit die Welt glaubt, dass Du mich gesandt hast."

Dem Rat gehören mittlerweile ca. 350 evangelische und orthodoxe Kirchen an, die helfen wollen, in „versöhnter Verschiedenheit" die globalen Fragen der Menschheit durch mehr Einheit zu lösen. Die Römisch-Katholische Kirche ist Gast bzw. Beobachter, weil sie – wie oben angedeutet – meint, dass es die Eine Kirche schon gibt, und zwar sie selbst.

Material

Nicht die Kirchen, sondern Personen standen am Anfang der ökumenischen Bewegung. Auf unterschiedliche Weise versuchten sie zur Lösung brennender Probleme der Menschheit beizutragen. In M1 geht es zuerst darum, anhand einer Zeittabelle des 20. Jahrhunderts zu identifizieren, welche globalen Probleme für die Kirchen eine Herausforderung waren. Nicht Konferenzorte und Themen bilden den roten Faden der Geschichte der Ökumene, sondern Personen. Aus didaktischen Gründen werden in M2 zwei Deutsche (Friedrich Siegmund-Schultze und Friedrich Spiecker) neben Nathan Söderblom und Charles Brent exemplarisch für die ökumenischen Anfänge vorgestellt. Die kurzen Einführungstexte können von vier „Expertengruppen" gelesen und an der Tafel (in vier Felder teilen!) präsentiert werden. Eine Doppelstunde reicht als Zeit für Lesen, Aufschreiben und Analyse. Bei Einzelstunden können die Gruppen die Texte als Hausaufgabe bekommen und im Unterricht auf Overheadfolien schreiben. Die Folien können dann in der nächsten Stunde präsentiert werden.

Mit M3 kann der Beitrag der weltweiten Kirchen zu den globalen Problemen heute thematisiert werden. 1972 wurde mit Philip Potter der erste schwarze Generalsekretär des *Ökumenischen Rates der Kirchen* gewählt. Seine Biografie und die Debatte um das Programm zur Bekämpfung von Rassismus und Apartheid erschließen das sozialethische Kernanliegen der ökumenischen Bewegung in den 70er Jahren. Die Ökumene reagierte hiermit auf die zunehmende Kluft zwischen Arm und Reich, Nord und Süd und die Dekolonisierung. Im Jahr 1968, als in Paris die Studenten protestierten, weltweit gegen den Vietnamkrieg demonstriert wurde, sich die „Flower Power"-Bewegung (Woodstock) unter Jugendlichen ausbreitete und Martin Luther King ermordet wurde, kamen in Uppsala Vertreter der Ökumene zusammen. Fast die Hälfte kam aus Asien, Afrika und Lateinamerika. Hier wurde das „Program to Combat Racism/PCR) verabschiedet, das die Unterstützung von bewaffnetem Widerstand gegen weiße Unterdrückung in Südafrika erlaubte. Die heftigen Debatten danach zogen einen neuen Riss durch die Kirchen weltweit. Traditionelle (weiße) evangelikale Kirchen und Gruppierungen gründeten eine internationale *Evangelische Allianz.* Philip Potter wurde ihre beliebteste Zielscheibe.

Das Anliegen der Ökumene, nach weltweiter Gerechtigkeit, Frieden und Bewahrung der Schöpfung zu streben, verfolgte die ÖRK aber stringent weiter. In der größten ökumenischen Vollversammlung (über 3000 Delegierte) in Vancouver 1983 wurde das „Program for Justice, Peace, Integrity of Creation" (JPIC) ausgerufen, das ein starker Impuls für viele evangelische Kirchentage in Deutschland war.

Die Orthodoxen Kirchen bilden nach der Katholischen Kirche die zweitgrößte christliche Konfession. Als Kirche des Oströmischen Reiches breiteten sie sich vor allem in Griechenland, auf dem Balkan, in der Ukraine und Russland aus. Der Orthodoxe Patriarch hat noch immer seinen Sitz in Konstantinopel. Die 15 nationalen Kirchen sind unabhängig. Die Abbildung in M4 zeigt, dass ca. 3,5 % der Menschheit weltweit der Orthodoxie zuzurechnen sind.

Ortho-dox bedeutet sowohl wahrer (*orthos*) Glauben (*dokeo*) wie wahren Lobpreis (*doxaso*). Die theologischen Inhalte sind von den ersten sieben christlichen Konzilien bestimmt. Liturgie und Ikonen stehen im Mittelpunkt der Gestaltung.

Seit den 20er Jahren, seit Gründung der Sowjetunion, sind die Orthodoxen mit den protestantischen Kirchen in der ökumenischen Bewegung verbunden. Für ihr Fortbestehen unter der atheistischen Sowjetdiktatur waren die Beziehungen, die vor allem über griechische- und Exil-Orthodoxe liefen, sehr wichtig. Für den Protestantismus hat die Beziehung zum „Glauben aus dem Osten" zu Erneuerung der Spiritualität (Ikonen) und der Liturgie geführt. Auch war er in dem Ökumene eine wichtige Korrektur zu einer zu engen protestantischen Sicht. Im Laufe der 50er Jahre traten auch die Orthodoxen Kirchen von Russland, Rumänien, Bulgarien und Polen der ÖRK bei. Dies begründet die trinitarische Ausweitung der theologischen Basis des ÖRK, die in M3 erwähnt ist.

Das Verhältnis der Orthodoxen zur Ökumene ist aber ambivalent. Die sozialethische Ausprägung des ÖRK und die Akzeptanz von Pfarrer*innen* bei den Protestanten waren vielen Orthodoxen ein Dorn im Auge. Als sich die Sowjetunion 1990 auflöste und z. B. die Russische Kirche ihre alte Machtposition wieder erlangte, wurde diese Kritik lauter. Georgien (1997) und Bulgarien (1998) traten aus. Die Orthodoxen erreichten, dass statt Mehrheitsentscheidungen nur noch Konsens-Beschlüsse gefasst wurden. Die ökumenische Lima-Liturgie durfte nicht mehr „Gottesdienst" genannt werden, weil Differenzen über die Eucharistie bestehen. An derartigen Entwicklungen sehen wir, dass das Streben nach tatsächlicher Einheit der Kirchen ein steiniger Weg ist.

Die Katholiken und die Ökumene

Das gilt auch für das Verhältnis der Katholiken zur Ökumene. M5 dokumentiert die wechselhaften Beziehungen. Der erste Text, von Pius XI. in der Enzyklika *Quadragessimo Anno* aus dem Jahr 1928, ist stark ablehnend. Die größte ökumenische Öffnung gelang in den 60er Jahren durch Papst Johannes XXIII. Das Vaticanum II hatte ein *aggiornamente* der Theologie gefordert und das bedeutete unweigerlich, dass die Ökumene in Blick kommen und die Fenster zur Welt sich öffnen mussten. Mit der Lima-Erklärung 1981 (Taufe, Abendmahl, Amt), an der die Katholiken auch teilnahmen, und mit der Gemeinsamen Erklärung der katholischen und lutherischen Kirchen über die Rechtfertigung (1999) schienen immer weitere Annäherungen zu gelingen. Umso überraschender war die Veröffentlichung des Dekrets *Dominus Iesus* im Jahr 2000. Unter der Leitung von Kardinal Joseph Ratzinger, dem jetzigen Papst Benedikt XVI., wurden hier die Trennlinien wieder klar definiert (Fischer, 138f). Ratzinger stellte fest, dass falscher Irenismus die Reinheit der katholischen Lehre schadet, insbesondere in der zentralen Auffassung über die Eucharistie, und dass nur die Römisch-Katholische Kirche in der apostolischen Nachfolge (Sukzession) steht.

Diese unüberwindbare Differenz zeigte sich auch 2003 beim 1. Ökumenischen Kirchentag in Berlin. Der katholische Trierer Systematiker Prof. Hasenhüttl feierte demonstrativ mit Evangelischen ein gemeinsames Abendmahl. Dies führte zu seiner Suspendierung. Die Differenz kann wie folgt ausgedrückt werden: Die Katholische Kirche will erst gemeinsam Eucharistie feiern, wenn die Einheit sichtbar realisiert ist. Die Protestanten sind bereit zur gemeinsamen Eucharistie, um in die Einheit hinein zu feiern.

Trotz vielen selbstverständlichen ökumenischen Aktivitäten an der Basis ist in Blick auf den Dissens über die Eucharistie (Realpräsenz/Heilsnotwendigkeit) und das Papst-Amt (Sukzession) (vgl. auch Kapitel 7, M1 und M2), mehr Einheit zwischen der Römisch-Katholischen und Protestantischen Kirchen nicht in Sicht.

Kompetenzen

Ökumenisches Lernen ist viel mehr als kirchengeschichtliches Wissen über die Entwicklung der Ökumenischen Bewegung. Die globalen Herausforderungen für die Kirche spielen im ganzen Religionsunterricht eine Rolle. Hier stellt sich die Frage nach seiner „Pluralitätsfähigkeit".

In 6–8 Stunden in der 9. oder 10. Klasse kommt es bei diesem kirchenhistorischen Zugang zur Ökumene darauf an, zuerst den Ökumenebegriff über die Verengung „evangelisch-katholisch" zu erweitern. Ökumene als „Eine Kirche für Eine Welt" zeigt die besonderen Möglichkeiten der weltweiten Kirche auf, sich im Sinne Jesu Christi, für Gerechtigkeit, Frieden und Bewahrung der Schöpfung zu engagieren.

Wahrnehmen und Deuten

Die Schülerinnen und Schüler können beschreiben, wie die globalen Probleme die Kirchen zur weltweiten Kooperation gebracht haben. Sie können verstehen, wie Menschen trotz unterschiedlichen Motiven und Hintergrund gleiche Ziele anstreben können.

Urteilen und Handeln

Die Schülerinnen und Schüler können durch das Kennenlernen von vier „Pionieren der Ökumene" feststellen, dass es im Christentum oft Personen sind, die Vorreiter von bestimmten Entwicklungen sind. Ökumenisch orientierte Christen haben durch ihr Handeln die Kirche verändert. Durch ihr globales Netz erfüllt die ÖRK eine „Wächterrolle" für globale sozialethische Fragen.

Dialogfähigkeit

Durch die Beschäftigung mit dem Verhältnis der Orthodoxen und Katholiken zur Ökumene können die Schülerinnen und Schüler Grenzen und Möglichkeiten bei der Lösung globaler Fragen entdecken. Gleichzeitig lernen sie am Modell der Ökumene, wie Dialog in der Praxis funktionieren kann.

Literatur

Ulrich Becker/Gerhard Büttner/Herbert Gutschera/Jörg Thierfelder: Projekt Ökumene. Auf dem Weg zur Einen Welt. Düsseldorf/Stuttgart 1997

Harmjan Dam: Der Weltbund für Freundschaftsarbeit der Kirchen 1914–1948. Frankfurt 2001

Helmut Fischer: Einheit der Kirche? Zum Kirchenverständnis der großen Konfessionen. Zürich 2010

Herbert Gutschera/Joachim Maier/Jörg Thierfelder: Geschichte der Kirchen. Freiburg i.B., 2003, S. 334–356

Rainer Lachmann: Ökumenische Bewegung, in: Rainer Lachmann/Herbert Gutschera/Jörg Thierfelder: Kirchengeschichtliche Grundthemen, TLL 3, Göttingen [3]2010, S. 271–297

Werner Simpfendörfer: Ökumenische Spurensuche. Porträts, Stuttgart 1989

Wolfram Stierle/Dietrich Werner/Martin Heider: Ethik für das Leben. 100 Jahre Ökumenische Wirtschafts- und Sozialethik, Rothenburg o. d. T. 1996

Zeittabelle 20. Jahrhundert M1

Weltgeschichte im 20. Jahrhundert

1911: Titanic gesunken.
1914–1918: Erster Weltkrieg.
1917: Oktoberrevolution in Russland.
1918: Gründung der Sowjetunion (UdSSR).
1919: Weimarer Republik in Deutschland.
1920: Gründung des Völkerbundes.
1922: Faschismus in Italien: Mussolini.

1925: Verträge von Locarno (Stabilität Europa).

1928: Kellogg-Briand-Pakt in Paris, 13 Länder schließen einen Nicht-Angriffspakt und wollen abrüsten.
1929: Erste weltweite Finanzkrise.

1930: Wahlsieg der deutschen Nationalsozialisten (NSDAP).
1933: Hitler in Deutschland Reichskanzler.
1935: Mussolinis Italien erobert Äthiopien.
1939–1945: Zweiter Weltkrieg.
1941: „Endlösung" der Judenfrage, Holocaust.
1945: Atombombe auf Hiroshima/Nagasaki.
1945: Gründung Vereinte Nationen (UNO).
1948: Menschenrechtserklärung UNO.
1948: Gründung des Staates Israel.
1950–1980: Kalter Krieg USA vs UdSSR.
ca. 1960: Dekolonisierung.
1961: Mauerbau Berlin.
1963: US-Präsident Kennedy ermordet.
1965: Albert Schweitzer stirbt in Lambarene.
1967: Europäische Union gegründet.
1967: Prager Frühling.
1968: Studentenbewegung, Paris und Europa.
1970: Flower power, Woodstock.

1989: DDR-Bewegung „Wir sind das Volk" versammelt sich in der Nikolaikirche Leipzig.
1989: Mauerfall in Berlin. Auflösung der DDR und der UdSSR.
1991: Ende der Apartheid in Süd-Afrika.
2001: „9-11" Islamistische „Al Kaida-Gruppe" zerstört World Trade Center in New York.
2008: Barack Obama wird erster schwarzer Präsident der USA.

Kirchengeschichte im 20. Jahrhundert

1910: Weltmissionskonferenz in Edinburgh.
1914: Gründung des Weltbundes für Freundschaftsarbeit der Kirchen.
1919: In Deutschland bilden die regionalen Landesherren nicht mehr die Kirchenregierung.

1922: Gründung des Deutschen Evangelischen Kirchenbunds (DEK).
1925: Erste Konferenz der Bewegung für Praktisches Christentum in Stockholm.
1928: Erste Konferenz der ökum. Bewegung für Glaube und Kirchenverfassung in Lausanne.
1929: Vatikan schließt Konkordat mit Mussolini.

1932: Deutsche Christen fordern Reichskirche.
1934: Bekennende Kirche, Barmer Thesen.

Kirchenkampf

1937: Oxford-Konferenz gegen Totalitarismus.
1937: Enzyklika *Mit brennender Sorge*.
1945: Bonhoeffer von den Nazis ermordet.
1945: Gründung der EKD.
1948: Ökumenischer Rat der Kirchen (ÖRK) gegründet in Amsterdam.
1950: Vatikan: Dogma Mariä Himmelfahrt.

1961: Ökumenische Konferenz New Delhi, Weltmissionsrat (IMC) wird Teil der ÖRK.
1962–1965: II. Vatikanisches Konzil.

1968: ÖRK in Uppsala, gegen Apartheid.
1968: Martin Luther King ermordet.
1978: Papst Johannes Paul II..
1981: Lima-Erklärung zu Taufe, Abendmahl und Amt.
1986: Friedensgebet der Religionen in Assisi.

1999: Evangelische und katholische Kirche: Erklärung zur Rechtfertigungslehre.
2000: Dekret *Dominus Iesus*: nur eine christliche Kirche, die römisch-katholische.
2003: Erster Ökumenischer Kirchentag in Berlin.
2010: Zweiter Ökumenischer Kirchentag in München.

▷ Schreibt die Ereignisse heraus, bei der die Kirche auf weltweite Entwicklungen reagiert hat.

M2a Expertengruppen

Expertengruppe A: Nathan Söderblom

Nathan Söderblom (1866–1931) ist Erzbischof der schwedischen Staatskirche. Er kommt aus einem Dorf, wo sein Vater Pfarrer ist. In der Familie gehören Kirchgang, Abendgebet, Sonntagsschule und ein „anständiges" Leben zu den Selbstverständlichkeiten. Nathan ist das Gebet als intimes Gespräch mit seinem Herrn Jesus Christus ganz wichtig. Als er anfängt Theologie zu studieren, wird ihm erst bewusst, dass in anderen Teilen der Welt ganz anders, aber mit genau so viel Innigkeit an Gott gedacht wird. Andere Religionen und Länder faszinieren ihn. Er kommt mit christlichen Studenten aus aller Welt in Kontakt und entdeckt, wie Einheit und Gemeinschaft von Christen aus aller Welt sein kann. In sein Tagebuch schreibt er: „Herr, gib mir Demut und Weisheit, der großen Sache der freien Einheit deiner Kirche zu dienen."
Nach dem Studium wird er schwedischer Gesandtschaftspfarrer in Paris und beschäftigt sich in seiner Doktorarbeit intensiv mit der alt-persischen Religion. Er wird Professor für Religionswissenschaften in Leipzig und Uppsala und 1914 zum Erzbischof von Schweden gewählt, genau als der Erste Weltkrieg ausbricht. Seine Kontakte nach Frankreich und Deutschland verhindern nicht, dass die Kirchen in den kriegführenden Ländern sich hinter die Ziele ihrer Staaten stellen und z. B. die eigenen Waffen segnen. Söderblom ist davon überzeugt, dass vor Gott alle Menschen gleich sind und dass die Ungleichheiten in der Welt beseitigt werden müssen. Die Kirchen sollen zusammen die Probleme der Welt anpacken und so zusammenwachsen und eine Kirche werden.

Expertengruppe B: Charles Brent

Charles Brent (1862–1929) ist geboren im Süden Kanadas, in Ontario, unweit der Grenze zu den Vereinigten Staaten. Mit 25 Jahren ist er schon Pfarrer der „Episcopal Church" in Buffalo (USA). Diese Kirche ist vergleichbar mit der lutherischen Kirche in Deutschland, die auch einen Bischof als höchste Amtsperson hat und bei der Gottesdienste wichtig sind. Er sagt: „Wo sollte ein Mensch sonst seine Kraft herholen, wenn nicht aus dem feierlichen Dienst vor Gott?" Um selbst geistig aufzutanken hat er eine klösterliche Bruderschaft, in der er sich zurückziehen kann. Brents zweite Gemeinde ist Boston, die große Hafen- und Industriestadt an der Ostküste, mit allen Problemen, die dazu gehören: qualmende Schlote, Arbeitslosigkeit, Alkoholismus, Kriminalität. Aber gleichzeitig sind einige reiche Fabrikanten Mitglied seiner Kirche. Das ist aber nur eine kleine Kostprobe der großen Probleme, die ihn auf den Philippinen beschäftigen sollen, als er dort Missionsbischof wird. Charles Brent sieht seine Aufgabe darin, Seelsorge zu bieten und zu predigen: Das Wort Gottes soll verbreitet werden. Aber die vielen Krankheiten und die Flucht ins Opium sorgen dafür, dass viele Menschen sich überhaupt nicht für das Wort Gottes öffnen können. Quelle des Elends ist seines Erachtens der Mangel an Schulung und Bildung. Kindergärten, Grundschulen, Berufsausbildungen, Krankenhäuser müssen gegründet werden, um den Menschen wirklich zu helfen. Ist das nicht auch „Gottesdienst"? Was Brent zum Verzweifeln bringt, ist die Tatsache, dass auf den Philippinen zwar viele christliche Kirchen mit ihren Missionaren und Einrichtungen vertreten sind, sie aber meistens aneinander vorbei arbeiten. Ein Schlüsselerlebnis hat er auf einer großen Missionskonferenz in Edinburgh 1910. Endlich sind Vertreter vieler Missionsgesellschaften aus Europa zusammengekommen, um ihre Arbeit besser aufeinander abzustimmen. In Edinburgh wird ein Gottesdienst mit Abendmahl gefeiert, an dem fast alle Delegierten teilnehmen. Auf einmal weiß Brent: Wir sind eigentlich eine einzige große Kirche, der „Leib Christi" in dieser Einen Welt. Die Kirchen sollen untersuchen, worin sie sich theologisch einig sind und wo die Unterschiede liegen und das ausdiskutieren.

Expertengruppe C: Friedrich Siegmund-Schultze

Friedrich Siegmund-Schultze (1885–1969) ist geboren in Görlitz, einer Kleinstadt in einem Industriegebiet Deutschlands. Mit Kirche wollen die Menschen hier nicht viel zu tun haben. Noch nicht einmal die Hälfte geht bei der Trauung in die Kirche. Friedrichs Vater ist hier Pfarrer und auch Friedrich soll Theologe werden. Adolf von Harnack, bei dem er in Berlin Theologie studiert, verknüpft auf überzeugende Weise den individuellen Glauben mit dem Auftrag der Christen in der Welt. „Das Reich Gottes ist inwendig in euch." Siegmund-Schultze wird Hilfsprediger in der Friedenskirche in Potsdam-Sanssouci. Da geht es ihm aber nicht gut. In einem Brief an die Kirchenverwaltung schrieb er: „Die Hofluft bedrückt mich, die Potsdamer Damenverehrung stört mich." Auf einer Reise hat er im Osten Londons Theologen kennengelernt, die rigoros mit der reichen Volkskirche gebrochen haben, in den armen Vierteln wohnen und „christliche Sozialarbeit" zu machen. Dies, so meint er, solle es auch im armen Osten Berlins geben! „Eine Kirche, die sich auf die Seite der Sicheren, Braven, Herrschenden stellt, schließt sich selbst aus dem lebendigen Kreis der Gemeinschaft Christi aus." Die „Soziale Arbeitsgemeinschaft Berlin-Ost" wird schnell berühmt. Das Haus wird zum Clubhaus für Jungen und Männer, mit einem Café und mit Bildungskursen (juristische Hilfe, Sprachkurse, Steno für Frauen). Für Siegmund-Schultze gehört die soziale Arbeit unmittelbar zu seinen Kontakten mit Christen weltweit und zu seiner pazifistischen Überzeugung: Für die Kirchen dürfen die Unterschiede zwischen Völkern und Nationen keine Rolle spielen. Sie müssen zeigen, dass vor Gott alle Menschen gleich sind und dass Jesus der Friedensfürst ist. Die Schranken zwischen Kirchen und Ländern müssen fallen.

Expertengruppe D: Friedrich Albert Spiecker

Friedrich Albert Spiecker (1854–1936) ist seit 20 Jahren Präsident der großen Norddeutschen Missionsgesellschaft. Er ist in Afrika geboren, wo seine Eltern als Missionare arbeiten. Als er zehn Jahre alt ist, stirbt sein Vater an einer unbekannten tropischen Krankheit und die Familie zieht zurück nach Deutschland. Der größte Wunsch seiner Mutter ist, dass er auch Missionar werden soll. Zu Hause gehören Gebet, Bibellesen, der sonntägliche Besuch der lutherischen Kirche, die feierliche Konfirmation und die ernsthafte Teilnahme am Abendmahl zu den Selbstverständlichkeiten. Wöchentlich wird für die Missionsarbeit gesammelt, die Briefe befreundeter Missionare werden am Sonntag in der guten Stube vorgelesen und besprochen. Friedrich Spiecker wird aber kein Missionar. Er studiert an der Technischen Hochschule. Der Betrieb für telegrafische Apparate, den er gründet, wird schnell zu einem Unternehmen mit vielen Mitarbeitern (Siemens & Halske-Werke). Als Leiter der Missionsgesellschaft gibt er aber neben der beruflichen Tätigkeit in Technik und Wirtschaft seinem Leben Sinn und Tiefe.

Anfang des 20. Jahrhunderts kommen immer mehr Missionare aus Afrika zurück, die berichten, dass die konfessionellen Gegensätze eine negative Rolle spielen. Eigentlich müsste im Zeitalter der Telegraphie doch mehr weltweite Zusammenarbeit der Kirchen möglich sein. In Europa scheinen die konfessionellen Unterschiede aber unüberwindbar: Lutheraner akzeptieren die reformierte Abendmahlsauffassung nicht, Baptisten nicht die Babytaufe. Aber in Afrika dürfte dies, so Friedrich Spiecker, doch keine Rolle spielen!

1. Lest den Text durch und schreibt in vier Spalten an die Tafel, warum jeweils nach mehr Einheit im Christentum gestrebt werden sollte.
2. Die Klasse ist in vier Gruppen aufgeteilt, die das Streben nach Einheit der Kirche aus der Sicht der vier Personen nachgehen. Anschließend werden die Positionen diskutiert und mit eigenen Einschätzungen verglichen.

M3 Eine Kirche für Eine Welt: Philip Potter

Philip Potter war der erste schwarze Generalsekretär des Ökumenischen Rates der Kirchen (ÖRK). Seine Vorgänger waren der Niederländer (Visser 't Hooft) und der Amerikaner (Blake). Als er 1972 gewählt wurde, bildeten 300 verschiedene protestantische und orthodoxe Kirchen den ÖRK, mit 400 Millionen Christen als Mitglieder.

Philip Potter wurde 1921 auf der Karibischen Insel Dominica geboren. Sein Vater war Protestant, seine Mutter katholisch. Er studierte Theologie in Kingston, der Hauptstadt von Jamaika, und in London. Schon 1948 war er als Jugenddelegierter seiner methodistischen Kirche bei der Gründung der ÖRK in Amsterdam anwesend. Nachdem er ein paar Jahre als Pfarrer auf Haiti gearbeitet hatte, zog er 1954 nach Genf, dem Sitz des ÖRK. Er war Leiter der Jugendabteilung. Von 1961–1966 arbeitete er als Sekretär für Mission bei der Methodistischen Missionsgesellschaft. Ab 1967 war er wieder in Genf und dort „Direktor der Abteilung für Mission und Evangelisation". Hier befand er sich mitten in den Debatten über den weltweiten Rassismus und insbesondere die südafrikanische „Apartheid". 1968 beschloss die ÖRK auf einer Konferenz in Uppsala, die (nicht gewaltfreie) Befreiungsbewegung in Südafrika zu unterstützen (Program to Combat Racism/PCR). Insbesondere in traditionellen Kreisen war das sehr umstritten. Philip Potter wurde als Farbiger Zielscheibe der Kritik von evangelikalen weißen Christen. Er stand aber für das Streben der Ökumene, „Eine Kirche für Eine Welt" zu sein. Unter seiner Leitung kam auch die große Einigung über Taufe, Abendmahl und Amt zustande (Lima 1982). Auch entstand der große Entwurf, in dem auf den Zusammenhang der globalen Probleme und auf den Auftrag der weltweiten christlichen Kirchen hingewiesen wurde: *Frieden, Gerechtigkeit und Bewahrung der Schöpfung* (Justice, Peace, Integrity of Creation/JPIC).

Nach seinem Rücktritt 1984 arbeitete Potter noch ein paar Jahre als Studentenpfarrer in Jamaika. Er ist mit Bärbel von Wartenberg-Potter verheiratet, die von 2001–2008 Bischöfin der nordelbischen Kirche in Lübeck war. Es war Philip Potter immer wichtig mit einem Auge die Bibel zu lesen und mit dem anderen Auge die Welt im Blick zu haben. „Als Mann der Karibik, der in sich viele Kulturen vereinigt, bin ich fasziniert vom Dialog der Kulturen. Ich habe gefunden, dass mit Demut und Phantasie, Humor und Mut in dieser Begegnung der Kulturen wirklich die einzige Hoffnung der Menschheit liegt, die Fülle des Lebens in seiner ganzen Vielfalt in Christus zu finden, in dem der alle Dinge erfüllt und zusammenhält."

Rassismus ist eine ketzerische Ideologie – Erklärung des ÖRK in Uppsala 1968

27. Die Rassendiskriminierungen unserer Zeit lassen alle Menschenrechte bedeutungslos werden und stellen eine unmittelbare Gefahr für den Weltfrieden dar. Die offizielle Politik gewisser Regierungen [gemeint war hier Südafrika], der offene Rassenkampf in vielen Ländern und die rassische Komponente in der Kluft zwischen reichen und armen Nationen unterstreichen den Entscheidungscharakter der gegenwärtigen Situation. Nur sofortige Maßnahmen gegen Beseitigung der Ursachen können weitverbreitete Gewalttätigkeit und Krieg vermeiden.

28. Rassendiskriminierung ist eine krasse Leugnung des christlichen Glaubens.

28.d. Das Sekretariat für Rassenbeziehungen des ÖRK sollte verstärkt werden, um den Kirchen zu helfen, kraftvoll gegen alle Erscheinungen der Rassendiskriminierung zu Felde zu ziehen.

▷ Entwickle Ideen dafür, wie die Kirchen der Welt die Gerechtigkeit und die Einheit in der Welt fördern können.

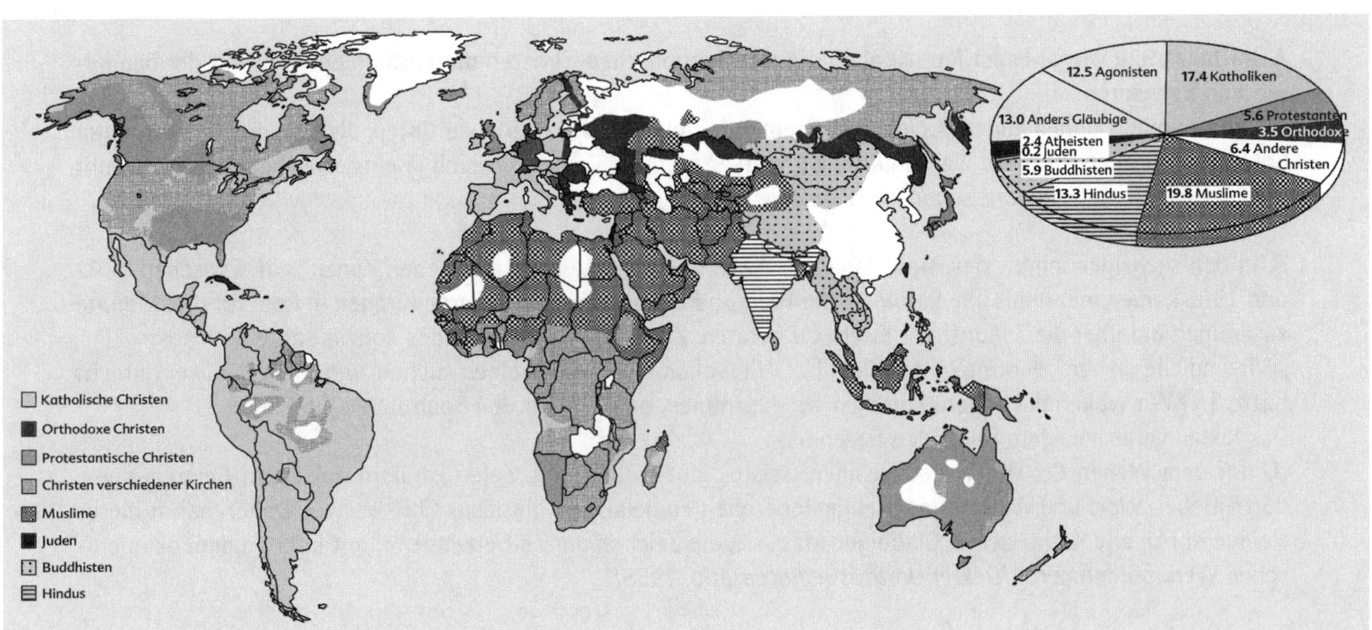

Religionen in der Welt

1. Diskutiert, wie ihr die Position des Christentums im Vergleich zu den anderen Religionen seht?

Die Orthodoxen und die Ökumene

Die Orthodoxen Kirchen bilden, nach der Katholischen Kirche, die zweitgrößte christliche Konfession. Als Kirche des Oströmischen Reiches breiteten sie sich vor allem in Griechenland, dem Balkan, der Ukraine und Russland aus. Der Orthodoxe Patriarch hat noch immer seinen Sitz in Konstantinopel. Die 15 nationalen Kirchen sind unabhängig.
Ortho-dox bedeutet sowohl der wahre (*orthos*) Glauben (*dokeo*) als der wahre Lobpreis (*doxaso*).
Seit den 20er Jahren, seit Gründung der Sowjetunion, sind die Orthodoxen mit den protestantischen Kirchen in der ökumenischen Bewegung verbunden. Für ihr Fortbestehen unter der atheistischen Sowjetdiktatur waren diese Beziehungen sehr wichtig. Für die Protestanten haben die Beziehung mit dem „Glauben aus dem Osten" zur Erneuerung der Spiritualität (Ikonen) und der Liturgie geführt. Die Orthodoxen finden es aber schwierig, dass die Evangelischen in der Ökumene so stark die weltweiten sozialen und politischen Probleme ansprechen. Auch dürfen in ihren Augen Frauen nicht Pfarrer werden. Nachdem der Eiserne Vorhang (1990) fiel und die Sowjetunion zu Ende kam, wurde die Orthodoxe Kirche in Russland wieder mächtig. Sie brauchten die anderen christlichen Kirchen nicht mehr so, drohten auszutreten, es sei denn, sie bekommt in dem Ökumenischen Rat der Kirchen mehr Einfluss.
Das Verhältnis der Römisch-Katholischen Kirche zur ökumenischen Bewegung ist wechselhaft. Drei Zitate aus den Jahren 1928, 1965 und 2000 beschreiben dies:

2. Analysiere, warum das Streben nach Einheit der Kirchen ein steiniger Weg ist.

M5 Römisch-Katholische Kirche und Ökumene

A. Im Jahr 1928 verbot Papst Pius XI allen römisch-katholischen Christen die Zusammenarbeit mit der ökumenischen Bewegung:
„Es gibt nämlich keinen anderen Weg, die Vereinigung aller Christen herbeizuführen, als den, die Rückkehr aller getrennten Brüder zur einen wahren Kirche Christi zu fördern, von der sie sich ja einst unseligerweise getrennt haben" *(Enzyklika Quadragessiomo anno, 1928)*

B. In den sechziger Jahren rief Papst Johannes XXIII. zum „Zweiten Vatikanischen Konzil" auf. Zwischen 1962 und 1965 kamen mehrmals alle Kardinäle der Welt und Beobachter aus anderen Kirchen in Rom für drei Monate zusammen um über die Zukunft der Kirche zu beraten. Zum Auftrag und Ziel des Konzils sagte der Papst:
„Wir sind alle an der Trennung mitschuldig [...] Wir wollen nicht aufzuzeigen suchen, wer recht und wer unrecht hatte. [...] Wir wollen nur sagen: Kommen wir zusammen, machen wir den Spaltungen ein Ende."
Das Konzil verabschiedete folgenden Beschluss:
„Unter dem Wehen der Gnade des Heiligen Geistes gibt es heute in vielen Ländern auf Erden Bestrebungen, durch Gebet, Wort und Werk zu jener Fülle der Einheit zu gelangen, die Jesus Christus will. Daher mahnt dieses Heilige Konzil alle Katholischen Gläubigen, dass sie, die Zeichen der Zeit erkennend, mit Eifer an dem ökumenischen Werk teilnehmen." *(Dekret Unitatis redintegratio, 1965)*

C. Unter der Leitung von Kardinal Joseph Ratzinger, dem jetzigen Papst Benedikt XVI., wurde im Jahr 2000 das Dekret *Dominus Iesus* veröffentlicht. Hier stand [mit einigen Erklärungen in Klammern] geschrieben:
„Es gibt also eine einzige Kirche Christi, die in der katholischen Kirche besteht (*subsistit*) und vom Nachfolger Petri und den Bischöfen in Gemeinschaft mit ihm geleitet wird. [...] Die kirchlichen Gemeinschaften hingegen, die den gültigen Episkopat [d. h. der Bischof von Rom: der Papst] und die ursprüngliche und vollständige Wirklichkeit des eucharistischen Mysteriums [d. h. die Art wie die Katholische Kirche Abendmahl feiert] nicht bewahrt haben, sind nicht Kirchen im eigentlichen Sinn." *(Dekret Dominus Iesus, 2000)*

Thomas Plassmann: Ökumene-Sprint

1. Fasse die drei Positionen der Römisch-Katholischen Kirche zur Ökumene zusammen. Beziehe auch den Cartoon in deine Überlegungen mit ein.
2. Diskutiert mit einem/einer katholischen Religionslehrer/-in, welche Chancen und Grenzen es gibt für einen gemeinsamen „ökumenischen" Religionsunterricht.
3. Untersuche, welche ökumenische Aktivitäten und Initiativen es in deiner Stadt bzw. in deiner Region gibt.

2000 Jahre Kirchengeschichte

Kulturelle und politische Geschichte

Römisches Reich

6: Kaiser Augustus. In Israel herrscht Statthalter Pontius Pilatus.
64: Brand Roms
70: Zerstörung des Tempel in Jerusalem
285–305: Vier Kaiser, u.a. Diokletian, Galerius
311: Toleranzedikt Kaiser Galerius'
312: Konstantin siegt über Maxentius (Milvische Brücke)
330: Konstantinopel (das neue Rom) gegründet
379–395: Kaiser Theodosius
410: Westgoten erobern Rom (Der „Fall Roms")
476: Untergang des weströmischen Reiches
499 (488?): Taufe König Chlodwig in Reims (Frankreich)

Mittelalter

632: Mohammed flüchtet von Mekka nach Medina: Hedschra. Beginn der islamische Zeitrechnung
732: Karl Martell stoppt bei Poitiers den Vormarsch des Islam
800: Kaiserkrönung Karls des Großen (durch Papst Leo III.)
988: Wladimir von Kiew lässt sich (orthodox) taufen
1077: Gang nach Canossa
1096–1099: Erster Kreuzzug
1122: Investiturstreit beendet (Wormser Konkordat)
1152–1190: Kaiser Friedrich I. (Barbarossa)
1244: Jerusalem von den Arabern zurückerobert
1337–1453: Hundertjähriger Krieg (England – Frankreich)
1384–1350: Große Pestepidemie in Europa
1431: Jeanne d'Arc verbrannt
1453: Einnahme Konstantinopel durch Türken

Renaissance und Entstehung der nationalen Staaten

1492: Columbus entdeckt Amerika
1494: Vertrag von Tordesillas (Spanien und Portugal verteilen die Welt)
1519–1556: Karl V. König von Deutschland, 1530 Kaiser
1521: Reichtag in Worms. Verurteilung Luther

Kirchengeschichte

Alte Kirche

0: Geburt Jesu. Beginn christlicher Zeitrechnung
33: Jesus gekreuzigt
33–60: Pfingstansprache des Petrus/Missionsreisen Paulus
64: Verfolgung in Rom (Nero)
95/250–258: Christenverfolgungen
303–305: Verfolgung Diokletian
312: Wende bei Konstantin (Christus-Zeichen)
381: Theodosius: Christentum wird Staatsreligion
354–430: Augustinus Bischof in Karthago
529: Benedikt von Nursia: Erste Mönchsregel

Mittelalter

719: Kloster Sankt Gallen (Schweiz) gegründet
719: Bonifatius (*672) erhält Missionsauftrag
754: Bonifatius in Friesland ermordet
1033–1109: Anselm von Canterbury
1054: Schisma zwischen. lat. und orth. Kirche

1088–1099: Papst Urban II.
1091–1153: Bernhard von Clairvaux
1098–1179: Hildegard von Bingen
1130–1139: Zwei Päpste: Rom und Avignon
1182–1226: Franziskus von Assisi
1198–1216: Papst Innozenz III.
1215: Viertes Laterankonzil
1225–1274: Thomas von Aquin („Summa")
1415: Jan Hus als Ketzer verbrannt

Reformationszeit

1483–1546: Martin Luther
1484–1531: Ulrich Zwingli
1491–1556: Ignatius von Loyola (Jesuitenorden)
1509–1564: Johannes Calvin
1517: Thesenanschlag Luthers in Wittenberg
1521: Luther auf der Wartburg. Bibelübersetzung

1524–1525: Bauernkriege
1529: Türken vor Wien
1534–1535: Täuferreich in Münster
1553: Michael Servet in Genf als Ketzer verbrannt
1555: Augsburger Religionsfrieden
1572: Bartholomäusnacht in Paris. Hugenotten fliehen
1598: Edikt von Nantes

1530: Confessio Augustana (CA)
1541: Calvin in Genf: Kirchenordnung
1559: Calvin gründet Genfer Akademie
1563: Heidelberger Catechismus
1545–1563: Konzil von Trient
1580: Lutherisches Konkordienbuch

Neuzeit (Barock, Absolutismus, Rationalismus)

1618–1648: 30-jähriger Krieg.
1630–1635: Schwedischer Krieg
1641: Descartes (1596–1650) „Ich denke also bin ich"
1642: Galileo Galilei stirbt
1643–1715: Ludwig XIV. König von Frankreich.
1648: Westfälischer Frieden
1685: Aufhebung des Ediktes von Nantes
18. Jh.: Kolonialismus
1726: Vivaldi, Vier Jahreszeiten
1776: Unabhängigkeitserklärung Amerika
1784: Immanuel Kant: „Aufklärung ist ...."
1789: Französische Revolution

Das konfessionelle Zeitalter

1607–1676: Paul Gerhardt
1610: Johann Arndt, Pietismus
1635–1705: Jacob Philipp Spener (*Pia desideria*)
1654: Blaise Pascal wird Christ
1685–1750: Johann Sebastian Bach

18. Jh.: Missionsorganisationen arbeiten an weltweiter Ausbreitung des Christentums
1762: Jesuitenorden in Frankreich (bis 1814) verboten

Zeitalter der Industrialisierung und des Kolonialismus

1799–1813: Napoleon I. Kaiser von Frankreich
1803: Säkularisierung: Verstaatlichung von Kirchenbesitz
1806: Ende des Heiligen Römischen Reiches Deutscher Nation
1814–1815: Wiener Kongress
1831: Hegel stirbt
1835: Bau der ersten Eisenbahnstrecke in Deutschland
ca. 1840: Feuerbachs Religionskritik
1848: Karl Marx und Friedrich Engels: Kommunistisches Manifest
1848: Frankfurter Nationalversammlung (Paulskirche)
1860: Charles Darwin formuliert die Evolutionstheorie
1860–1890: Bismarck Reichskanzler
1864: Abschaffung der Sklaverei in den USA
1871–1878: „Kulturkampf", Einschränkung kirchlicher Rechte
1902: Frankreich: Kein Religionsunterricht mehr an öffentlichen Schulen
1911: Untergang der *Titanic*

Kirche im 19. Jahrhundert

Erweckungsbewegungen (persönliche Glaubenserfahrung) breiten sich aus; Stärkung der Missionsgesellschaften
1768–1834: Friedrich Schleiermacher
1794–1859: Amalie Sieveking
1806–1881: Johann Henrich Wichern
1833: Wichern gründet das „Rauhe Haus" in Hamburg
1848: Wicherns Rede in Wittenberg. Gründung des „Centralausschusses der Inneren Mission"
1849: Adolf Kolping gründet Gesellenverein
1854: Dogma „Maria unbefleckte Empfängnis"
1870: Erstes Vatikanisches Konzil (Dogma „Unfehlbarkeit des Papstes")
1871: Altkatholische Kirche gegründet
1886–1968: Karl Barth
1891: Papst Leo XII., Enzyklika über Arbeiterbewegung
1910: Weltmissionskonferenz in Edinburgh

Zeitalter der Globalisierung

1914–1918: Erster Weltkrieg
1918: Gründung Sowjetunion (UdSSR)
1920: Gründung des Völkerbundes
1922: Faschismus in Italien: Mussolini
1929: Erste weltweite Finanzkrise
1933: Hitler in Deutschland Reichskanzler (Nationalsozialismus)
1939–1945: Zweite Weltkrieg
1945: Atombombe auf Hiroshima und Nagasaki
1945: Gründung der Vereinten Nationen (UNO)
1948: Gründung des Staat Israel
1949–1990: Deutsche Demokratische Republik (DDR)
1950–1980: Kalter Krieg zwischen Amerika und UdSSR
1957: Gründung der Europäischen Gemeinschaften
ca. 1960: Dekolonisierung
1963: Ermordung John F. Kennedys
1968: Ermordung Martin Luther King
1968: Studentenbewegung
1989: Fall der Berliner Mauer
1990: Wiedervereinigung Deutschlands
1992: Ende der Apartheid in Südafrika
1992: Gründung der EU
2001: (9/11) Zerstörung World Trade Centre, New York
2008: Barack Obama erster schwarzer Präsident der USA

Kirche im 20. Jahrhundert

1919: Ende des Landesherrlichen Kirchenregiments in Deutschland
1922: Gründung des Deutschen Evangelischen Kirchenbunds
20er Jahre: Karl Barths Dialektische Theologie
1925: Gründung des „Praktischen Christentums" in Stockholm
1934: Barmer Synode. Bekennende Kirche
1945: Dietrich Bonhoeffer hingerichtet
1945: Stuttgarter Schuldbekenntnis
1948: Gründung Ökumenischer Rat der Kirche
1957: Innere Mission und Ev. Hilfswerk bilden zusammen das Diakonische Werk
1958–1963: Papst Johannes XXIII
1962–1965: Zweite Vatikanisches Konzil
1968: ÖRK-Konferenz in Uppsala gegen Apartheid
1981: ÖRK, Lima-Erklärung (Taufe, Abendmahl, Amt)
1986: Papst Johannes Paul II. hält Friedensgebet der Religionen in Assisi
1989: „Wir sind das Volk." Friedensbewegung ausgehend von der Nicolaikirche in Leipzig
1999: Erklärung zur Rechtsfertigungslehre (Evangelische und Kathlische Kirche)
2005: Papst Benedikt XVI. (Joseph Ratzinger)

Strömungsdiagramm: Kirche in der Vielfalt

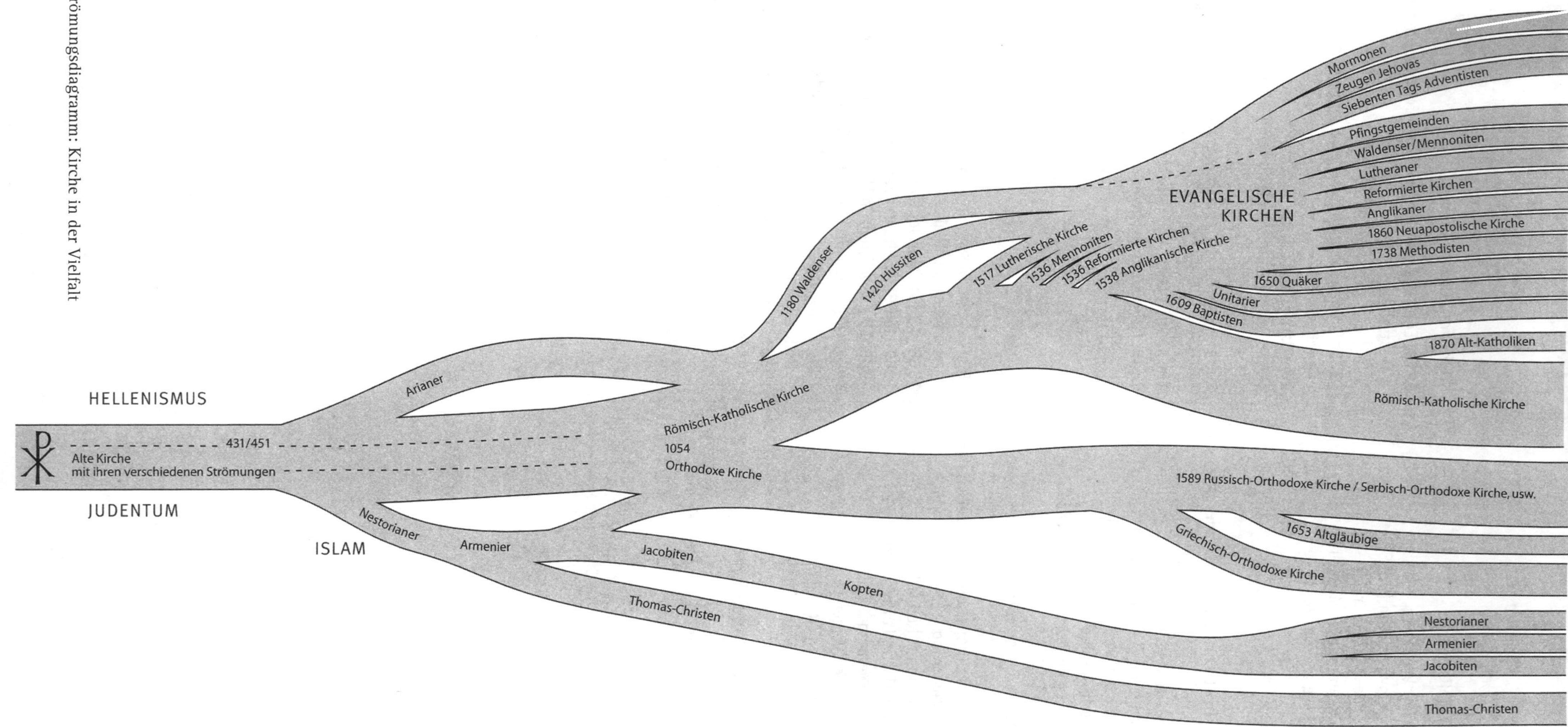